建设工程法规

主　编　于　杰
副主编　何　檀　唐弟勇　叶　飞　张文博
　　　　　曹　艺　李雨珊　林　颖　孙晓琳

哈尔滨工业大学出版社

图书在版编目(CIP)数据

建设工程法规/于杰主编. —哈尔滨:哈尔滨工业大学出版社,2024.12. —ISBN 978－7－5767－1662－7

Ⅰ.D922.297

中国国家版本馆 CIP 数据核字第 20242BA470 号

策划编辑	闻 竹 常 雨
责任编辑	王 雪
封面设计	童越图文
出版发行	哈尔滨工业大学出版社
社　　址	哈尔滨市南岗区复华四道街10号 邮编150006
传　　真	0451－86414749
网　　址	http://hitpress.hit.edu.cn
印　　刷	哈尔滨久利印刷有限公司
开　　本	787 mm×1 092 mm　1/16　印张 10.75　字数 258 千字
版　　次	2025 年 1 月第 1 版　2025 年 1 月第 1 次印刷
书　　号	ISBN 978－7－5767－1662－7
定　　价	78.00 元

(如因印装质量问题影响阅读,我社负责调换)

前 言

为了加强建设工程项目管理,提高工程项目总承包及施工管理人员的素质,规范管理行为,培养具有较强实际操作能力的人才,更好地为行业服务,课题组组织具有丰富实践经验的教师、技术人员共同编写本书。

本书共八章。第一章介绍了建设工程法律基础知识,第二至第八章分别阐述了建设工程许可与执业制度、建设工程合同法律制度、建设工程招标投标制度、建设工程质量法律制度、建设工程安全生产法律制度、建设工程环境保护法律制度和建设工程纠纷解决机制。本书详细梳理了建设工程法律法规、施工许可、发包承包、招标投标、合同管理、质量管理、安全生产管理、环境保护、工程纠纷解决等建设工程活动的全过程,重点阐述建设工程各阶段所涉及的法律法规以及重要的规范性文件,强调基础知识,注重理论联系实际,突出专业特色。

本书知识全面、系统,内容翔实可靠,逻辑清晰缜密,可作为高职高专、成人高校及民办高校建筑工程技术、工程管理、工程造价、工程监理等土建施工类专业教材,同时也可作为结构设计人员、施工技术人员、工程监理人员等相关专业技术人员、企业管理人员业务知识学习培训用书。

由于编者水平有限,书中难免存在不足之处,恳请广大读者提出宝贵意见。

编 者
2024 年 2 月

目 录

第一章 建设工程法律基础知识 … 1
- 第一节 建设工程法律基础 … 1
- 第二节 建设工程主体制度 … 12
- 第三节 建设工程物权与债权制度 … 21
- 第四节 建设工程担保与保险制度 … 25
- 第五节 建设工程知识产权制度 … 29

第二章 建设工程许可与执业制度 … 34
- 第一节 建设工程许可制度 … 34
- 第二节 建设工程从业单位执业资质制度 … 43
- 第三节 建设工程从业人员执业资格制度 … 49

第三章 建设工程合同法律制度 … 55
- 第一节 建设工程合同概述 … 55
- 第二节 建设工程合同的订立 … 57
- 第三节 建设工程合同的履行 … 61
- 第四节 建设工程相关合同制度 … 65

第四章 建设工程招标投标制度 … 73
- 第一节 招标投标概述 … 73
- 第二节 建设工程招标 … 75
- 第三节 建设工程投标 … 85
- 第四节 建设工程开标 … 88
- 第五节 建设工程评标 … 89
- 第六节 建设工程中标 … 91

第五章 建设工程质量法律制度 … 93
- 第一节 施工单位的质量责任和义务 … 93
- 第二节 建设、勘察、设计、工程监理单位的质量责任和义务 … 95
- 第三节 建设工程竣工验收制度 … 100
- 第四节 建设工程质量保修制度 … 101

第六章 建设工程安全生产法律制度 … 104
- 第一节 建设工程安全生产概述 … 104
- 第二节 建设工程安全生产责任制度 … 105
- 第三节 施工安全生产许可证制度 … 112

第四节　施工现场安全防护制度……………………………………………… 114
　　第五节　建设工程安全事故的应急救援和调查处理…………………………… 119
　　第六节　建设工程安全生产评价…………………………………………… 126
第七章　建设工程环境保护法律制度………………………………………… 128
　　第一节　建设工程大气污染防治…………………………………………… 128
　　第二节　建设工程水污染防治……………………………………………… 131
　　第三节　建设工程固体废物污染防治……………………………………… 133
第八章　建设工程纠纷解决机制……………………………………………… 137
　　第一节　建设工程纠纷主要种类…………………………………………… 137
　　第二节　协商解决机制……………………………………………………… 141
　　第三节　行政解决机制……………………………………………………… 144
　　第四节　仲裁解决机制……………………………………………………… 153
　　第五节　民事诉讼解决机制………………………………………………… 156
参考文献……………………………………………………………………… 165

第一章 建设工程法律基础知识

第一节 建设工程法律基础

党的二十大报告指出,全面依法治国是国家治理的一场深刻革命,关系党执政兴国,关系人民幸福安康,关系党和国家长治久安。必须更好发挥法治固根本、稳预期、利长远的保障作用,在法治轨道上全面建设社会主义现代化国家。我们要坚持走中国特色社会主义法治道路,建设中国特色社会主义法治体系、建设社会主义法治国家,围绕保障和促进社会公平正义,坚持依法治国、依法执政、依法行政共同推进,坚持法治国家、法治政府、法治社会一体建设,全面推进科学立法、严格执法、公正司法、全民守法,全面推进国家各方面工作法治化。

作为一名建设工程领域的工程师,除了要具备工程施工的实践经验和经历,一定要了解工程建设的法律、法规、工程建设强制性标准及有关行业管理的规定,增强法律意识和法治观念,做到知法、学法、懂法、用法、守法,用法律的武器保护自己的合法权益,同时以更严格的要求、更高的标准从事建设工程执业活动。

一、法律概述

(一)法的基本概念和特征

1. 法的基本概念

在古代文献中,"法"往往与"律"通用,据《尔雅·释诂》记载,在秦汉时期,"法"与"律"二字已同义,都有常规、均布、划一的意思。清朝末期以来,"法"与"法律"是并用的。在现代汉语中,"法律"一词有广义和狭义之分。广义的法律指法律的整体。例如,就我国现在的法律而论,它包括宪法、全国人民代表大会及其常务委员会制定的法律、国务院制定的行政法规、地方国家权力机关制定的地方性法规、民族自治地方的人民代表大会制定的自治条例和单行条例等。狭义的法律仅指全国人民代表大会及其常务委员会制定的法律。

2. 法的基本特征

(1)法是调整社会关系的行为规范。

法通过规范人们的行为而达到调整社会关系的目的。

(2)法是由国家制定或认可的行为规范。

社会规范泛指在人类社会生活中调整人们之间交互行为的准则,社会规范的种类繁多,法律规范只是其中的一种,法律规范是由国家制定或认可的普遍适用于一切社会成员的规范。

(3)法是规定权利和义务的社会规范。

法通过规定人们的权利和义务,以权利和义务为机制,影响人们的行为动机、指引人们的行为、调节社会关系。

(4)法是由国家强制力保证实施的社会规范。

对于违法和犯罪的行为,国家将通过一定的程序对行为者进行强制制裁。

(二)法的主要分类

1. 国内法与国际法

按照制定法律主体的区别,可将法分为国内法与国际法。国内法是指由一国的立法机关制定或认可并适用于本国主权范围内的法律规范的总称,如《中华人民共和国民法典》《中华人民共和国刑法》《中华人民共和国建筑法》。国际法是作为国际关系主体的国家、地区或国际组织之间缔结或参加并适用的法律法规的总称,如《经济、社会及文化权利国际公约》《联合国海洋法公约》《国际民用航空公约》。自然人可以作为国内法主体,但不能成为国际法主体。国内法与国际法的关系密切,它们的关系由宪法规定,有的由具体法律部门加以规定。一般来讲,国际法优于国内法,但必须以该国缔结或加入该国际条约或协定为前提。

2. 成文法与不成文法

按照法的创新方式和表达方式的不同,法可分为成文法与不成文法。成文法是指有权制定法律规范的国家机关依照法定程序所制定的规范性文件,如宪法、行政法规、地方性法规等。不成文法是指未经国家制定,但经国家认可和赋予法律效力的行为规则,如习惯法、判例。

3. 实体法与程序法

按照法规定的内容的不同和价值取向的差异,法可分为实体法与程序法。凡规定法律关系主体之间权利、义务本体的法律为实体法,如《中华人民共和国宪法》《中华人民共和国著作权法》《中华人民共和国招标投标法》《中华人民共和国土地管理法》《中华人民共和国城乡规划法》《中华人民共和国城市房地产管理法》。凡规定实现实体法有关诉讼手续的法律为程序法,如《中华人民共和国民事诉讼法》《中华人民共和国刑事诉讼法》。实体法与程序法的关系为:前者居于主导地位,又称主法;后者是为了保证实现前者的,又称助法。审判实践就是实体法和程序法的综合运用。

除了以上分类,还有公法和私法、根本法和普通法、一般法和特别法的分类方法,但作为建筑行业的工程人员只要了解基本分类方式即可。

(三)法的效力

法的效力,从某种意义上讲是法的生命。法之所以存在和发生作用,就在于它对人们的行为具有约束力,在于它通过其效力来调整人们的相互关系、控制和维护社会秩序。由于法制定的主体、程序、时间、适用范围等的不同,法具有不同的效力。法律效力层级如图1.1所示。

1. 法律效力层级

(1)宪法至上。宪法是国家的根本大法,具有最高的法律效力,占据核心地位。宪法作为根本法和母法,还是其他立法活动的最高法律依据。任何法律、法规都必须遵循宪法而产生,无论是维护社会稳定、保障社会秩序,还是规范经济秩序,都不能违背宪法的基本准则。

图 1.1 法律效力层级

(2)上位法优于下位法。在我国法律体系中,行政法规的法律地位和法律效力仅次于宪法和法律,高于地方性法规和部门规章。地方性法规的效力,高于本级和下级地方政府规章。省、自治区人民政府制定的规章的效力,高于本行政区域内的设区的市、自治州人民政府制定的规章。

(3)自治条例和单行条例依法对法律、行政法规、地方性法规作变通规定的,在本自治地方适用自治条例和单行条例的规定。经济特区法规根据授权对法律、行政法规、地方性法规作变通规定的,在本经济特区适用经济特区法规的规定。

(4)部门规章之间、部门规章与地方政府规章之间具有同等效力,在各自的权限范围内施行。

(5)特别法优于一般法。特别法优于一般法是指公法权力主体在实施公权力行为中,当一般规定与特别规定不一致时,优先适用特别规定。《中华人民共和国立法法》规定,同一机关制定的法律、行政法规、地方性法规、自治条例和单行条例、规章,特别规定与一般规定不一致的,适用特别规定。

(6)新法的效力优于旧法。新法、旧法对同一事项有不同规定时,《中华人民共和国立法法》规定,同一机关制定的法律、行政法规、地方性法规、自治条例和单行条例、规章,新的规定与旧的规定不一致的,适用新的规定。

2.法律需要由有关机关裁决适用的特殊情况

(1)法律之间对同一事项的新的一般规定与旧的特别规定不一致,不能确定如何适用时,由全国人民代表大会常务委员会裁决。

(2)行政法规之间对同一事项的新的一般规定与旧的特别规定不一致,不能确定如何适用时,由国务院裁决。

(3)地方性法规、规章之间不一致时,由有关机关依照下列规定的权限作出裁决:①同一机关制定的新的一般规定与旧的特别规定不一致时,由制定机关裁决。②地方性法规与部门规章之间对同一事项的规定不一致,不能确定如何适用时,由国务院提出意见,国务院认为应当适用地方性法规的,应当决定在该地方适用地方性法规的规定;认为应当适用部门规章的,应当提请全国人民代表大会常务委员会裁决。③部门规章之间、部门规章与地方政府规章之间对同一事项的规定不一致时,由国务院裁决。

(4)根据授权制定的法规与法律规定不一致,不能确定如何适用时,由全国人民代表大会常务委员会裁决。

3.备案和审查

行政法规、地方性法规、自治条例和单行条例、规章应当在公布后的三十日内依照下列规定报有关机关备案:①行政法规报全国人民代表大会常务委员会备案。②省、自治区、直辖市的人民代表大会及其常务委员会制定的地方性法规,报全国人民代表大会常务委员会和国务院备案;设区的市、自治州的人民代表大会及其常务委员会制定的地方性法规,由省、自治区的人民代表大会常务委员会报全国人民代表大会常务委员会和国务院备案。③自治州、自治县的人民代表大会制定的自治条例和单行条例,由省、自治区、直辖市的人民代表大会常务委员会报全国人民代表大会常务委员会和国务院备案;自治条例、单行条例报送备案时,应当说明对法律、行政法规、地方性法规作出变通的情况。④部门规章和地方政府规章报国务院备案;地方政府规章应当同时报本级人民代表大会常务委员会备案;设区的市、自治州的人民政府制定的规章应当同时报省、自治区的人民代表大会常务委员会和人民政府备案。⑤根据授权制定的法规应当报授权决定规定的机关备案;经济特区法规报送备案时,应当说明对法律、行政法规、地方性法规作出变通的情况。

国务院、中央军事委员会、最高人民法院、最高人民检察院和各省、自治区、直辖市的人民代表大会常务委员会认为行政法规、地方性法规、自治条例和单行条例同宪法或者法律相抵触的,可以向全国人民代表大会常务委员会书面提出进行审查的要求,由常务委员会工作机构分送有关的专门委员会进行审查、提出意见。其他国家机关和社会团体、企业事业组织以及公民认为行政法规、地方性法规、自治条例和单行条例同宪法或者法律相抵触的,可以向全国人民代表大会常务委员会书面提出进行审查的建议,由常务委员会工作机构进行研究,必要时,送有关的专门委员会进行审查、提出意见。有关的专门委员会和常务委员会工作机构可以对报送备案的规范性文件进行主动审查。

(四)当代中国的法律体系的构成

中华人民共和国成立以来,我国立法工作取得了举世瞩目的巨大成就。到2010年底,涵盖社会关系各个方面的法律部门已经齐全,各法律部门中基本的、主要的法律已经制定,相应的行政法规和地方性法规比较完备,法律体系内部总体做到了科学、和谐、统一。一个立足中国国情和实际、适应社会主义现代化建设需要、集中体现党和人民意志的,以宪法为统帅,以宪法相关法、民法商法等多个法律部门的法律为主干,由法律、行政法规,地方性法规等多个层次的法律规范构成的中国特色社会主义法律体系已经形成,国家经济建设、政治建设、文化建设、社会建设以及生态文明建设的各个方面实现有法可依。这是我国社会主义民主法制建设史上的重要里程碑,具有重大的现实意义和深远的历史意义。

中国特色社会主义法律体系可划分为七个不同的法律部门:宪法及宪法相关法、民法商法、行政法、经济法、社会法、刑法、诉讼与非诉讼程序法。

(1)宪法及宪法相关法。

宪法是根本大法,是国家活动的总章程。宪法及宪法相关法是我国法律体系的主导法律部门,它是规定我国社会制度、国家制度、公民的基本权利和义务及国家机关的组织与活动原则等方面的法律规范的总和。例如,《中华人民共和国宪法》《中华人民共和国国旗法》《中华人民共和国国徽法》等。

(2)民法商法。

民法是调整平等主体的公民之间、法人之间、公民和法人之间的财产关系和人身关系的法律规范,遵循民事主体地位平等、意思自治、公平、诚实信用等基本原则。例如,《中华人民共和国民法典》。商法调整商事主体之间的商事关系,遵循民法的基本原则,同时秉承保障商事交易自由、等价有偿、便捷安全等原则。例如,《中华人民共和国公司法》。

(3)行政法。

行政法是调整有关国家行政管理活动的法律规范的总和。例如,《中华人民共和国行政处罚法》《中华人民共和国行政复议法》《中华人民共和国行政许可法》等。

(4)经济法。

经济法是调整国家从社会整体利益出发对经济活动实行干预、管理或调控所产生的社会经济关系的法律规范的总和。例如,《中华人民共和国反垄断法》《中华人民共和国反不正当竞争法》《中华人民共和国消费者权益保护法》等。

(5)社会法。

社会法是调整有关劳动关系、社会保障和社会福利关系的法律规范的总和,它主要是保障劳动者、失业者、丧失劳动能力的人和其他需要扶助的人的权益的法律。例如,《中华人民共和国劳动法》《中华人民共和国劳动合同法》《中华人民共和国安全生产法》《中华人民共和国职业病防治法》。

(6)刑法。

刑法是规定犯罪与刑罚的法律规范的总和,刑法所调整的是因犯罪而产生的社会关系。例如,《中华人民共和国刑法》。

(7)诉讼与非诉讼程序法。

诉讼与非诉讼程序法是调整因诉讼活动和非诉讼活动而产生的社会关系的法律规范的总和。例如,《中华人民共和国刑事诉讼法》《中华人民共和国民事诉讼法》《中华人民共和国行政诉讼法》《中华人民共和国仲裁法》。

二、建设工程法规概述

建设工程涉及的环节很多,如工程立项、土地规划、施工许可、工程造价、安全监督、委托监理、工程验收等环节,在建设工程的各个环节都有可能出现纠纷。工程建设纠纷的解决是需要相关法律、法规作为依据的。

建设工程法规是分散于各法律部门、各级行政法规和规章中的有关建设活动的法律规范的总和,它不是一个独立的法律部门,但它是国家法律体系的重要组成部分。

(一)建设工程法规的概念和调整对象

1. 建设工程法规的概念

建设工程法规是指有立法权的国家机关或其授权的行政机关制定的,旨在调整国家机关、企事业单位、社会团体、其他经济组织以及公民个人在建设活动中相互之间所发生的各种社会关系的法律规范的总称。

2. 建设工程法规的调整对象

建设工程法规的调整对象分为三类,分别是建设活动中的行政管理关系、经济协作关系和相关的民事关系。

(1)建设活动中的行政管理关系。

建设活动中的行政管理关系是调整国家或授权部门对建设单位、设计单位、监理单位、施工单位等产生管理与被管理的关系,即建设工程法规调整和规范国家机关及其授权机构对工程建设活动的组织、监督、协调、管理等行政性职能活动。例如,建筑工程施工许可管理、建设工程勘察、建筑工程质量监督登记、设计质量监督管理、违法违规建设工程项目施工图技术评价、建设工程勘察设计质量投诉处理程序、商品混凝土质量监督登记。

(2)建设活动中的经济协作关系。

建设活动中的经济协作关系是调整工程建设活动平等主体之间协作中所产生的权利和义务关系。

(3)建设活动中的民事关系。

建设活动中的民事关系包括建设活动中涉及的土地征用、房屋拆迁、从业人员及相关人员的人身和财产的伤害,转让等涉及公民个人权利的问题,这些也由建设工程法规调整。

(二)建设工程法规的特征和作用

1. 建设工程法规的特征

我国有世界上最庞大的建设力量,建筑产品自带的特有属性,让建设工程法规呈现出行政性、经济性、科学性、标准性、稳定性的特征。

(1)行政性。

行政性指建设工程法规大量使用行政手段作为调整工具,如授权、命令、禁止、许可、免除、确认、计划、撤销等。国家必须通过大量使用行政手段以达到对建设活动进行有效控制的目的,因为工程建设活动关乎人民群众生命财产安全。

(2)经济性。

工程建设活动的重要目的之一就是要实现经济效益,能直接为社会创造财富,建筑业是可以为国家增加积累的一个重要产业部门。因此建设工程法规的经济性是十分明显的。

(3)科学性。

建设工程法规的制定具体来自大量的科学论证与配套工程理论实践实际检验,是建设行业中独立执业人员普遍遵守的科学规范。

(4)标准性。

建设工程法规所规定的内容是普遍接受的技术标准,其中包括国际化标准、专业标准、团体标准及行业标准,所采用的术语解释、各种符号、内部编号、常见方法是按照统一标准建立起来的。

(5)稳定性。

作为法律条款,建设工程法规一方面集中体现国家统治阶层的意志,另一方面建设工程法规作为人们认识自然、改造自然的科学总结,又是人们普遍接受和认可的统一规范,在一定时期内是稳定的。

2. 建设工程法规的作用

建设工程法规的作用具体表现在维护建筑市场秩序，对建筑活动起到规范、指导作用，处罚违法建筑行为。

(1)维护建筑市场秩序。

在建筑行业相应的法律、法规出台以后，建设行政主管单位对行业的监管有了强有力的法律依据。例如，《中华人民共和国招标投标法》出台之后，我国建筑行业的发展步入正轨，行业之间的合作、交易更加公平，一定程度上减少了利用不正当手段竞标得到土地的现象。

(2)对建筑活动起到规范、指导作用。

建设工程法规有助于建筑企业规范管理，是确保建筑工程文明施工、安全施工和优质施工的基础和前提。

(3)处罚违法建筑行为。

建设工程法规对违法建筑行为的处罚措施作了相关规定，以使建设工程法规规定的相关制度在建设过程中能得以有效实施。

随着全球经济一体化的加快和加深、市场经济机制的发育和完善，我国的建设工程法律、法规已经形成了一套相对完善的体系，为建筑行业的有序发展贡献了力量。

(三)建设工程法规的法律关系

1. 建设工程法规的法律关系构成

法律关系都是由法律关系主体、法律关系客体和法律关系内容三个要素构成的，缺少其中一个要素就不能构成法律关系。工程建设法律关系也是由主体、客体和内容三个要素所组成。

(1)建设法律关系主体。

法律关系主体，主要是指参加或管理、监督建设活动，受建设工程法律、规范调整，在法律上享有权利、承担义务的自然人、法人或其他组织。

①作为法律关系主体的社会组织一般应为法人。法人是指具有民事权利能力和民事行为能力，依法享有民事权利和承担民事义务的组织。法人必须依法成立；有必要的财产或者经费；有自己的名称、组织机构和场所；能够独立承担民事责任。

②自然人也可以成为工程建设法律关系的主体。例如，建筑企业工作人员（建筑工人、专业技术人员、注册执业人员等）同企业签订劳动合同时，即成为劳动法律关系主体。

(2)建设法律关系客体。

法律关系客体，是指参加法律关系的主体享有的权利和承担的义务所共同指向的对象。在通常情况下，主体都是为了某一客体，彼此才设立一定的权利、义务，从而产生法律关系，这里的权利、义务所指向的事物，即法律关系客体。法学理论上，一般客体分为财、物、行为和非物质财富。法律关系客体也不外乎这四类。

①表现为财的客体。财一般指资金及各种有价证券。在法律关系中表现为财的客体主要是建设资金，如基本建设贷款合同的标的，即一定数量的货币。

②表现为物的客体。法律意义上的物是指可为人们控制的并具有经济价值的生产资料

和消费资料,如建设原料、建设产品等。

③表现为行为的客体来源。法律意义上的行为是指人的有意识的活动,如建筑施工活动。

④表现为非物质财富的客体。法律意义上的非物质财富是指人们脑力劳动的成果或智力方面的创作,也称智力成果,如设计图纸、工程预算、工程造价等。

(3)建设法律关系的内容,即权利和义务。

①权利。指法律关系主体在法定范围内有权进行各种活动。权利主体可要求其他主体作出一定的行为或抑制一定的行为,以实现自己的权利,因其他主体的行为而使权利不能实现时有权要求国家机关加以保护并予以制裁。

②义务。指法律关系主体必须按法律规定或约定承担应负的责任。义务和权利是相互对应的,相应主体应自觉履行建设义务,义务主体如果不履行或不适当履行,就要承担相应的法律责任。

2.建设法律关系的产生、变更和消灭

建设法律关系的产生,是指建设法律关系主体之间形成了一定的权利和义务关系。例如,建设单位和施工单位签订了合同,主体双方就产生了相应的权利和义务。此时,受法律规范调整的法律关系即产生。

建设法律关系的变更,是指建设法律关系的三个要素发生变化,即主体、客体和内容。主体变更,是指建设法律关系主体数目增多或减少,也可以是主体改变。客体变更,是指建设法律关系中权利和义务所指向的事物发生变化,即客体的性质或范围发生变化。建设法律关系主体与客体的变更,必然导致相应的权利和义务的变更,即内容的变更。

建设法律关系的消灭,是指建设法律关系主体之间的权利和义务不复存在,彼此丧失了约束力。消灭的原因可以是自然消灭、协议消灭或违约消灭。例如,一个建设工程合同履行完毕,建设单位和施工单位之间的法律关系就自然消灭;建设工程合同双方协商一致取消已经订立的合同,双方的建设法律关系就因协议这一法律事实而取消;建设工程合同的承包方可以因发包方不按合同支付工程款的违约行为而停止履行合同,该建设法律关系就因一方的违约事实而消灭。

三、我国建设工程法规的构成

(一)我国建设工程法规体系

按照法律效力层级,我国建设工程方面有法律、行政法规、部门规章、地方性法规、地方政府规章、技术规范等六级法律、法规规范(表1.1),共同实现对工程建设活动全过程、全方位的控制。

建设工程法规对工程建设活动所有环节的各个主体的行为进行规范,必须围绕工程建设的程序。工程建设活动是一种周期长、参与者众多的复杂活动。以房地产项目为例,其一般程序包括:策划、立项,取得土地使用权,取得规划许可,拆迁安置,勘察设计,施工,竣工验收,交易,物业管理等不同阶段的工程建设,每个程序都有相应的法律、法规来约束,见表1.2。

表 1.1 我国建设工程法规体系

表现形式	含义	具体法律名称
法律	法律的效力仅次于宪法,在全国范围内具有普遍约束力。指由全国人民代表大会及其常务委员会颁行的属于国务院建设行政主管部门主管业务范围的各项法律	《中华人民共和国建筑法》
		《中华人民共和国民法典》
		《中华人民共和国招标投标法》
		《中华人民共和国城乡规划法》
		《中华人民共和国城市房地产管理法》
		《中华人民共和国土地管理法》
		《中华人民共和国物权法》
行政法规	行政法规仅次于法律的重要立法层次。指由国务院制定颁行的、属于建设行政主管部门主管业务范围的各项法规	《物业管理条例》
		《中华人民共和国注册建筑师条例》
		《国有土地上房屋征收与补偿条例》
		《建设工程勘察设计管理条例》
		《建设工程质量管理条例》
		《城市房地产开发经营管理条例》
部门规章	部门规章是指建设行政主管部门根据法律和行政法规在本部门的权限范围内所制定的规范性文件,其表现形式有规定、办法、实施办法、规则等	《注册建造师管理规定》
		《建筑业企业资质管理规定》
		《房屋建筑和市政基础设施工程质量监督管理规定》

续表 1.1

表现形式	含义	具体法律名称
地方性法规	地方性法规是指地方国家权力机关在不与宪法、法律和行政法规相抵触的前提下制定的在本行政区域范围内实施的规范性文件	《云南省建设工程招标投标管理条例》《江西省建设工程质量管理条例》《陕西省建设工程质量管理条例》
地方政府规章	地方政府规章是指由省、自治区、直辖市人民政府根据法律和行政法规制定的普遍适用于本地区的规定、办法、规则等规范性文件	《广东省建筑市场管理规定》《陕西省建设工程勘察设计监督管理办法》
技术规范	技术规范是指由国家制定或认可的在全国范围内有效的技术规程、规范、标准、定额、方法等技术文件	《建设工程施工技术标准》《建设工程施工现场消防安全技术规范》

表 1.2 房地产项目各个程序需遵守的法律、法规

策划、立项	《中华人民共和国城市房地产管理法》
取得土地使用权	《中华人民共和国土地管理法》以及各省、自治区、直辖市的城镇国有土地使用权出让和转让实施办法
取得规划许可	《中华人民共和国城乡规划法》以及各省、自治区、直辖市的城乡规划条例
拆迁安置	《国有土地上房屋征收与补偿条例》以及各省、自治区、直辖市的国有土地上房屋征收与补偿办法等
勘察设计	《建设工程勘察设计管理条例》以及各省、自治区、直辖市各行业的建设工程勘察设计管理办法
施工	《中华人民共和国建筑法》《中华人民共和国民法典》《中华人民共和国招标投标法》《建筑业企业资质管理规定》《工程监理企业资质管理规定》以及各省、自治区、直辖市的建设项目管理办法、建设监理管理办法
竣工验收	《建设工程质量管理条例》以及各省、自治区、直辖市的建设工程质量监督、检测、竣工验收管理办法
交易	《城市房地产开发经营管理条例》《城市商品房预售管理办法》以及各省、自治区、直辖市的城市房地产交易管理条例
物业管理	《物业管理条例》以及各省、自治区、直辖市的物业管理条例

(二)《中华人民共和国民法典》

《中华人民共和国民法典》被称为"社会生活的百科全书",是我国第一部以法典命名的法律,在法律体系中居于基础性地位,也是市场经济的基本法。《中华人民共和国民法典》共七编,依次为总则、物权、合同、人格权、婚姻家庭、继承、侵权责任,以及附则。2020年5月28日,第十三届全国人民代表大会第三次会议通过了《中华人民共和国民法典》,自2021年1月1日起施行。

《中华人民共和国民法典》对建设工程领域的影响主要体现在建设工程合同法律适用方面,第三编第十八章"建设工程合同"专门对此进行了规定,从第七百八十八条始至八百零八条止,共二十一条,内容涵盖了建设工程合同的订立、无效、验收不合格处理、解除及后果的处理,保障了发包人和承包人的权利。

在《中华人民共和国民法典》颁布前,建设工程领域的法律纠纷主要依靠《中华人民共和国合同法》第十六章"建设工程合同"的相关规定,以及《最高人民法院关于审理建设工程施工合同纠纷案件适用法律问题的解释》和《最高人民法院关于审理建设工程施工合同纠纷案件适用法律问题的解释(二)》(分别于2004年和2019年出台)进行规范,其为建设工程领域的法律纠纷解决发挥了积极作用,也为《中华人民共和国民法典》建设工程领域内容制定奠定了不可或缺的基础,但随着《中华人民共和国民法典》的实施,《中华人民共和国合同法》不再具有效力。

(三)《中华人民共和国建筑法》

《中华人民共和国建筑法》于1997年11月1日第八届全国人民代表大会常务委员会第二十八次会议通过,根据2011年4月22日第十一届全国人民代表大会常务委员会第二十次会议《关于修改〈中华人民共和国建筑法〉的决定》第一次修正,根据2019年4月23日第十三届全国人民代表大会常务委员会第十次会议《关于修改〈中华人民共和国建筑法〉等八部法律的决定》第二次修正。《中华人民共和国建筑法》(以下简称《建筑法》)分总则、建筑许可、建筑工程发包与承包、建筑工程监理、建筑安全生产管理、建筑工程质量管理、法律责任、附则,共八章八十五条,自1998年3月1日起施行。

《建筑法》调整的对象和范围是建筑业,即从事工程建设的总称,包括土木建筑业,线路、管道和设备安装,装饰装修业,以及工程勘察、设计、施工和相应的管理工作。

《建筑法》主要规定了建筑许可、建筑工程发包与承包、建筑工程监理、建筑安全生产管理、建筑工程质量管理及相应法律责任等方面的内容,确立了施工许可证制度、单位和人员从业资格制度、安全生产责任制度、群防群治制度、项目安全技术管理制度、施工现场环境安全防护制度、安全生产教育培训制度、意外伤害保险制度、伤亡事故处理报告制度等各项制度。

1. 建筑许可

建筑许可,是指建设行政主管部门或者其他有关行政主管部门准许、变更或终止公民、法人和其他组织从事建筑活动的具体行政行为。根据《建筑法》的规定,建筑许可包括三项许可制度,即建筑工程施工许可制度、从事建筑活动的单位资质许可制度和从事建筑活动的个人资格制度。《建筑法》对三项许可制度作出明确规定,体现了国家对建设活动作为一种特殊的经济活动,进行从严和事前控制的管理,具有非常重要的意义。

2. 建筑工程发包与承包

建筑工程发包,是指建筑工程的建设单位(或总承包单位)将建筑工程任务(勘察设计、施工等)的全部或一部分通过招标或其他方式,交付给具有从事建筑活动的法定从业资格的单位完成,并按约定支付报酬的行为。建筑工程承包,是指具有从事建筑活动的法定从业资格的单位,通过投标或其他方式,承揽建筑工程任务,并按约定取得报酬的行为。建筑工程发包与承包是建筑市场活动的两个重要组成部分,《建筑法》对建筑工程发包与承包活动的基本原则及发包与承包活动应遵守的具体行为规范作了规定,如建筑工程发包方式、公开招标发包的基本程序、联合共同承包等。

3. 建筑工程监理

《建筑法》规定:"国家推行建筑工程监理制度。""建筑工程监理应当依据法律、行政法规及有关的技术标准、设计文件和建筑工程承包合同,对承包单位在施工质量、建设工期和建设资金使用等方面,代表建设单位实施监督。"《建筑法》分别从实行强制监理的建设工程范围,工程监理单位资质等级许可,工程监理的依据、内容和权限及禁止工程监理单位实施的违法行为等四个方面作了详细的规定。

4. 建筑安全生产管理

《建筑法》明确建筑安全生产管理制度,主要包括建筑安全责任制度、群防群治制度、安全生产教育培训制度、安全生产检查制度、伤亡事故处理报告制度和安全责任追究制度等方面的内容。

5. 建筑工程质量管理

《建筑法》根据建筑工程质量问题的重要性,对从事建筑活动的各方主体应当履行的保证工程质量的基本义务和责任,作了明确的规定。

《建筑法》的颁布对加强建筑活动的监督管理、维护建筑市场秩序、保证建设工程质量和安全、促进建筑业的健康发展提供了法律保障,规范了市场主体行为及市场主体的基本关系,规范了市场竞争秩序。

第二节 建设工程主体制度

一、建设工程法人制度

(一)法人的概念

法人是相对于自然人而言的一类民事权利主体。法律上的人与通常所称的人的概念不同,其不限于自然人,还包括法人和非法人组织。早在古罗马时期,罗马法学家就已经注意到除了自然人之外还存在另一类主体,即团体(universitas)。"Universitas"是罗马法中团体概念的总称,有时仅用于指公共团体法人,即现代西方学者所称的公法人。而针对从事经济活动一类的团体,罗马法学家常用"societas"或"collegia"一词。但是,罗马法学家并没有提出明确的法人概念。在大陆法系各国,1794年的《普鲁士国家一般邦法》最早采纳了法人的概念，1900年的《德国民法典》承认了法人是一类独立的民事主体。但《德国民法典》并没有给法人下一个明确的定义，而是将法人规定为与自然人并列的民事主体，将法人分为社团、财团和公法人，规定了社团法人的成立、登记、章程、法人机关、破产和清算等，建立了完备的法人制度。

中华人民共和国成立后，我国虽然在一些规范性文件中，一直使用法人概念，但并未在法律中明确规定法人制度，真正从法律上确认法人制度的是《中华人民共和国民法通则》《中华人民共和国民法总则》和《中华人民共和国民法典》。《中华人民共和国民法典》总则编第三章专门对法人制度作出了详尽的规定，第五十七条规定："法人是具有民事权利能力和民事行为能力，依法独立享有民事权利和承担民事义务的组织。"

（二）法人应当具备的条件

法人应当具备的条件与法人的特征有联系，但并不完全相同。法人的特征指的是社会组织取得法人资格后具有的特点。法人应当具备的条件是指取得法人资格所必须具备的基本条件。不同的法人要求具备的具体条件不同，各国法律规定也不同。

根据《中华人民共和国民法典》的规定，法人应当具备以下条件。

1. 依法成立

依法成立是指依照法律规定而成立。依法成立包括两个方面：首先，法人组织的合法性，即设立合法，其设立的目的、宗旨要符合国家和社会公共利益的要求，其组织机构、设立方式、经营范围、经营方式等要符合法律的要求；其次，法人的成立程序的合法性，即法人的成立必须符合法律、法规的规定。

2. 有自己的章程

法人作为团体组织必须要有章程，无章程无以成团体，法人章程应对法人的设立目的、法人名称、宗旨、组织机构及成员地位等重要事项加以规定。法人章程是法人成员权利、义务的依据，是法人进行民事活动的基本准则。对于公司法人而言，其章程是公司的纲领性文件，对公司、股东、董事、监事、高级管理人员具有约束力。《中华人民共和国民法典》第七十九条规定："设立营利法人应当依法制定法人章程。"第九十一条规定："设立社会团体法人应当依法制定法人章程。"第九十三条规定："设立捐助法人应当依法制定法人章程。"

3. 有自己的名称、组织机构和住所

社会组织成为法人必须有自己的名称、组织机构和住所。名称是用来代表一个法人的符号，是一个法人区别于其他法人或者出资人个人的标志。法人只有在自己的名义下，才能独立进行民事活动，并以自己的名义享受权利和负担义务。所以，法人的名称是社会组织成为法人应当具备的必要条件之一。法人的名称应当符合法律关于法人名称的规定，不得使用法律禁止使用的名称。我国《企业名称登记管理规定》对企业名称的组成、使用等作了规定。根据该规定，企业名称由行政区划名称、字号、行业或者经营特点、组织形式组成。企业名称应当使用规范汉字，民族自治地方的企业名称可以同时使用本民族自治地方通用的民族文字。可见，企业名称不是可随便确定而使用的。企业只准使用一个名称，在主管登记机关辖区内不得与已登记注册的同行企业名称相同或者近似。作为机关法人、事业单位法人、社会团体法人等非企业法人的名称，应与其活动范围、活动内容等相适应。这类非企业法人的名称,有的是由国家直接命名而无须工商登记,如国家机关法人名称;有的则应根据活动性质命名,并依法进行登记,如社会团体法人依法由民政部门登记。总之,每一个法人都应有自己的名称。

社会组织成为法人,除了应当具备法人名称,还必须具有自己的组织机构。法人的组织机构,是指根据法律或者法人章程的规定,形成法人意志并执行法人意志的机构或者个人。例如,按照《中华人民共和国民法典》的规定,营利法人的设立,除了制定营利法人的章程,还要设立营利法人的权力机构、执行机构和监督机构。非营利法人(社会团体法人)的成立,除了制定非营利法人的章程,也要设立会员大会、会员代表大会等法人的权力机构、决策机构与执行机构。事业单位法人、基金会法人的成立,除了制定法人章程,还要设立理事会等法人的决策机构或者执行机构等。特别法人的成立,除了制定特别法人的章程以外,其组织机构应当按照法律、法规的特别规定设立。法人只有具有自己的组织机构,才能保证形成法人的意志并执行该意志,保证法人作为一个独立民事主体的民事活动得以实现。

法人的住所,是法人进行业务活动的固定地点或依托。没有特定场所,法人无法进行活动,法人的目的或宗旨则无法实现。法人的场所与法人的住所不同,通常情况下,法人的场所可能有多个,而法人的住所只能有一个。在法人具有多个场所的情况下,依《中华人民共和国民法典》第六十三条的规定,"法人以其主要办事机构所在地为住所。依法需要办理法人登记的,应当将主要办事机构所在地登记为住所。"例如,总公司所在地、总厂所在地、总行所在地等。法人仅有一个事务所的,以该事务所的所在地为住所。

4.具备必要的财产或者经费

符合法律规定的财产或者经费,是社会组织取得法人资格、独立进行民事活动的物质基础,也是法人独立承担民事责任的财产保障。这里的财产,是指营利法人依法应当具备的财产;这里的经费,主要是指营利法人以外的法人应当具备的目的范围内的财产。因此,法人应有必要的财产或者经费,否则,法人无法进行各种民事活动。所谓必要的财产或者经费是指法人的财产或者经费应与法人的性质、规模等相适应。必要的财产或者经费是法人生存和发展的基础,也是法人独立承担民事责任的物质基础。因此,法人具备必要的财产或者经费是法人应具备的最重要的基础条件。

(三)法人的分类

1.大陆法系民法关于法人的分类

(1)公法人与私法人。

以设立法人依据的不同为标准,将法人分为公法人与私法人。公法人是指依据公法设立的法人,如依照宪法、行政法设立的各级国家机关法人、地方自治团体法人等。私法人是指依据私法(民法商法)设立的法人,如依照民法设立的企业法人、事业单位法人或社会团体法人,依照公司法设立的公司法人等。

(2)社团法人与财团法人。

根据法人成立的基础的不同,可将法人分为社团法人与财团法人。社团法人,是指以成员的集合为基础而成立的法人,其以一定的成员的集合为基础、以成员的共同设立行为为成立条件,如公司法人。应当注意的是,大陆法系民法中的社团法人与《中华人民共和国民法典》中规定的社会团体法人有着本质的区别,在理论上不能将二者加以混同。财团法人,是指以一定的目的财产的集合为基础而成立的法人,其以捐助的一定财产为基础,以单方的捐助行为为成立条件,如基金会法人。

(3)营利法人、公益法人与中间法人。

根据社团法人设立目的的不同,可将社团法人分为营利法人、公益法人与中间法人。营利法人,是指以营利和向成员分配盈余为目的的法人,其设立的目的是为其成员谋取经济上的利益,如公司法人。公益法人,是指以从事公益事业为目的、不向成员分配盈余的法人,如学校、医院等事业单位法人。既不以营利为目的,又不以从事公益事业为目的的法人,属于中间法人,如校友会、同乡会以及各种学会等。

(4)本国法人与外国法人。

根据法人的国籍的不同,可将法人分为本国法人与外国法人。本国法人,是指根据本国法设立的具有本国国籍的法人。外国法人,是指本国法人以外的法人。

2. 我国民法关于法人的分类

《中华人民共和国民法典》以法人设立的目的、性质以及是否以营利为目的为标准,将法人分为营利法人、非营利法人与特别法人。

(1)营利法人。

所谓营利法人,按照《中华人民共和国民法典》第七十六条的规定,是指以取得利润并分配给股东等出资人为目的成立的法人。在我国,营利法人具体包括有限责任公司、股份有限公司和其他企业法人等。

有限责任公司又称有限公司,依据《中华人民共和国公司法》第三条的规定,有限责任公司的股东以其认缴的出资额为限对公司承担责任,公司以其全部财产对公司的债务承担责任。有限责任公司既是我国营利法人的法定组织形式,又是我国营利法人的主要组织形式。

股份有限公司又称股份公司,依据《中华人民共和国公司法》第三条的规定,股份有限公司的股东以其认购的股份为限对公司承担责任,公司以其全部财产对公司的债务承担责任。股份有限公司也是我国营利法人的法定组织形式和主要组织形式。

除了有限责任公司和股份有限公司,其他企业法人也属于营利法人,如股份合作制企业等。

按照《中华人民共和国民法典》第七十七条和第七十八条的规定,营利法人经依法登记成立。依法设立的营利法人,由登记机关发给营利法人营业执照。营业执照签发日期为营利法人的成立日期。

设立营利法人应当依法制定法人章程,营利法人应当设权力机构(股东大会)、执行机构(董事会、执行董事或章程规定的主要负责人)与监事会或监事等监督机构。

营利法人成立后,营利法人的出资人不得滥用出资人权利损害法人或者其他出资人的利益;滥用出资人权利给法人或者其他出资人造成损失的,应当依法承担民事责任。营利法人的出资人不得滥用法人独立地位和出资人有限责任损害法人债权人的利益;滥用法人独立地位和出资人有限责任,逃避债务,严重损害法人债权人的利益的,应当对法人债务承担连带责任。营利法人的控股出资人、实际控制人、董事、监事、高级管理人员不得利用其关联关系损害法人的利益;利用关联关系给法人造成损失的,应当承担赔偿责任。

营利法人的权力机构、执行机构作出决议的会议召集程序、表决方式违反法律、行政法规、法人章程,或者决议内容违反法人章程的,营利法人的出资人可以请求人民法院撤销该决议。但是,营利法人依据该决议与善意相对人形成的民事法律关系不受影响。

(2)非营利法人。

所谓非营利法人,按照《中华人民共和国民法典》第八十七条的规定,是指为公益目的或者其他非营利目的成立,不向出资人、设立人或者会员分配所取得利润的法人。非营利法人包括事业单位、社会团体、基金会、社会服务机构等。

事业单位法人,是指以从事非营利性的社会各项公益事业为目的的法人。例如,学校、研究所、医院等以公益为目的的教育、科研、文化、体育和卫生组织。事业单位法人不以营利为目的,其从事的事业虽也可以取得一定的收益,但其收益主要用于公益事业的发展,不得作为利润分配,出资者可以依法取得合理的工资收入。

社会团体法人,是指由自然人自愿组成的为实现会员共同意愿的,按照章程缴纳会费并开展活动的具有法人资格的非营利性组织,如中国法学会、中国消费者协会、中国房地产业协会等。按照我国法律规定,设立社会团体法人应当依法制定法人章程,社会团体法人应当设权力机构、执行机构和法定代表人。

具备法人条件,为公益目的以捐助财产设立的基金会、社会服务机构等,经依法登记成立,取得捐助法人资格。其以捐助的一定财产为基础,以单方的捐助行为为成立条件,以实现特定的公益目的,如诺贝尔基金会、中国宋庆龄基金会等。按照《中华人民共和国民法典》第九十三条的规定,设立捐助法人应当依法制定法人章程,设决策机构、执行机构和法定代表人。第九十四条规定,"捐助人有权向捐助法人查询捐助财产的使用、管理情况,并提出意见和建议,捐助法人应当及时、如实答复。捐助法人的决策机构、执行机构或者法定代表人作出决定的程序违反法律、行政法规、法人章程,或者决定内容违反法人章程的,捐助人等利害关系人或者主管机关可以请求人民法院撤销该决定。但是,捐助法人依据该决定与善意相对人形成的民事法律关系不受影响。"

按照《中华人民共和国民法典》第九十五条的规定,为公益目的成立的非营利法人终止时,不得向出资人、设立人或者会员分配剩余财产。剩余财产应当按照法人章程的规定或者权力机构的决议用于公益目的;无法按照法人章程的规定或者权力机构的决议处理的,由主管机关主持转给宗旨相同或者相近的法人,并向社会公告。

(3)特别法人。

所谓特别法人,是指我国民法特别规定的法人。按照《中华人民共和国民法典》第九十六条的规定,特别法人包括机关法人、农村集体经济组织法人、城镇农村的合作经济组织法人和基层群众性自治组织法人(具体指居民委员会、村民委员会)。

机关法人是指依照法律和行政命令组建的、以其财政预算经费为独立财产的、从事国家管理活动的具有法人资格的各级国家机关。按照近现代法治观念,国家机关作为行政法主体,只有在从事民事活动时才为民法上的法人。机关法人在进行民事活动时,应当依法严格限制在公益目的或者完成管理职能的目的范围内,即仅以为完成公共管理职能所必要者为限,而不能擅自超越目的范围从事其他的民事活动。按照我国国家机关的性质,机关法人可以划分为国家权力机关法人、行政机关法人、司法机关法人、军事机关法人与国家监督机关法人。《中华人民共和国民法典》第九十八条规定,机关法人被撤销的,法人终止,其民事权利和义务由继任的机关法人享有和承担;没有继任的机关法人的,由作出撤销决定的机关法人享有和承担。

按照《中华人民共和国民法典》第九十九条和第一百条的规定,农村集体经济组织、城镇农村的合作经济组织,依法取得特别法人的资格。按照《中华人民共和国民法典》第一百零一条的规定,居民委员会、村民委员会具有基层群众性自治组织法人资格,可以从事为履行职能所需要的民事活动。未设立村集体经济组织的,村民委员会可以依法代行村集体经济组织的职能。

(四)法人在建设工程中的地位和作用

1. 法人在建设工程中的地位

在建设工程中,建设单位可以是法人或自然人,包括房地产开发商。但是在实际生活中大多数活动主体都是法人,如勘察设计单位、施工单位、监理单位,以及通常具有法人资格的建设单位。

法人在建设工程中扮演着至关重要的角色。作为独立的法律实体,法人享有民事权利,承担民事义务,可以独立进行民事活动。在建设工程项目中,法人主体通过签订合同,明确各方的权利义务关系,确保项目的顺利进行。

建设单位作为建设工程的投资主体,对工程项目的质量、安全、进度和资金使用负总责。建设单位通常委托具有相应资质的勘察设计单位进行工程勘察、设计,委托具备相应资质的施工单位进行工程施工,并委托监理单位对施工过程进行监督管理。建设单位需要协调各参建方的工作,确保项目按照预期目标完成。

勘察设计单位负责工程项目的勘察与设计工作。勘察设计是建设工程的基础和前提,直接影响工程质量和投资效益。勘察设计单位需要根据建设单位的要求,结合工程所在地的地质、水文、气象等条件,进行工程设计,编制施工图纸和技术文件,为施工提供指导。

施工单位是工程项目实施的主体,负责工程项目的具体施工。施工单位必须具备相应的资质,拥有专业的管理和技术人员,以及先进的施工设备。施工单位需要严格按照设计图纸和技术标准进行施工,确保工程质量和安全,并按照合同约定的工期完成施工任务。

监理单位受建设单位委托,对施工过程进行全过程的监督管理。监理单位需要控制工程质量、进度和投资,协调各参建方的关系,处理施工中出现的问题,确保工程项目的顺利实施。监理单位作为建设单位的代表,在工程项目中发挥着重要的监管作用。

除了上述主要参建方,建设工程项目还涉及众多其他法人主体,如材料供应商、设备制造商、专业分包商等。这些法人主体通过与建设单位或施工单位签订合同,提供相应的材料、设备或服务,共同完成建设工程项目。

在建设工程领域,法人主体之间的关系错综复杂、利益交织。为了维护各方的合法权益、解决纠纷,我国颁布了一系列法律、法规,如《中华人民共和国民法典》《建筑法》《建设工程质量管理条例》等,对建设工程活动进行规范和调整。这些法律、法规明确了各参建方的权利和义务,规定了工程发包、承包、分包、转包等行为的法律责任,为建设工程领域的法人主体提供了法律保障。

2. 法人在建设工程中的作用

法人作为有别于自然人的民事主体,具有单个自然人不可比拟的优势,就营利法人而言,其优势或作用表现为:①聚集财产的优势。营利法人财产是由其成员出资构成的,特别是股份制的制度设计,可以使营利法人在短时间内聚集巨资,完成单个自然人无法完成的事业。②事业程序的永久性。营利法人在理论上具有永久性,可以突破自然人的生命限制,成员的去留不影响法人的存在。③分散风险。营利法人在经营中的风险由营利法人承担,其成员只在出资范围内承担责任。④优化管理。营利法人聚集其成员智慧,通过相关制度优化管理,特别是管理人员的职业化,更能使优化管理的价值目标得以实现。具体在建设工程中体现为以下方面。

首先,建设工程的投资主体需要负责项目的资金筹措和财务管理。工程项目通常需要大量资金投入,对比自然人,法人可以根据项目规模和建设需求,合理安排自有资金和外部融资,确保项目资金供给。这就要求法人具备雄厚的资本实力和良好的资信状况。同时,法人还要加强资金使用的监管,控制成本支出,提高资金使用效率,保障项目投资收益。

其次,建设工程的决策者和管理者负责制订项目建设的总体规划和实施方案。在项目决策阶段,法人需要对项目进行可行性研究和评估论证,选择最优的建设方案;在建设实施阶段,法人要对设计、采购、施工、监理等环节进行全过程管理和协调控制,优化资源配置,提高工程建设效率和质量。法人的科学决策和有效管理是项目成功的关键。

再次,建设工程合同的缔约方和管理方负责与各参建单位签订合同,明确各方权利和义务,规范合同行为。法人需要根据工程项目特点,选择合适的发包方式和合同类型,合理分配风险责任;在合同履行过程中,法人要加强合同管理,严格控制合同变更,及时处理合同纠纷,维护合同效力和权益,促进项目有序进行。

最后,建设工程质量安全的第一责任人对工程项目的质量安全负有首要责任。法人要高度重视工程质量安全,健全质量安全管理体系,加大管理力度,加强对设计、施工、监理等单位的监督考核,从制度、人员、技术等方面保障工程质量安全。同时,法人还要注重施工现场管理,做好安全防护措施,及时消除质量安全隐患,确保工程建设平稳推进。

工程建设涉及方方面面,需要各参建主体通力合作、密切配合。法人作为项目核心,理应发挥统筹协调作用,加强与业主,以及设计、施工、监理等单位的沟通协调,及时化解各方矛盾、分歧,形成合力,推动项目有序开展。法人还要与政府主管部门保持良性互动,主动配合监督检查,及时报告项目进展情况。

依法合规参建是法人应尽的法定义务。建设工程必须符合国家法律、法规要求,法人要严格遵守各项法律规定,依法办理立项审批、施工许可、竣工验收等手续,缴纳相关规费、税费,接受有关部门的监督管理。法人还要履行环境保护、节能减排等社会责任,保护生态环境,节约资源、能源,树立有责任的形象。

随着建设工程项目日益复杂化、专业化,法人主体的作用将进一步凸显。建设工程领域需要与时俱进,不断完善相关法律、法规,加强对各参建方的监管,促进行业健康发展。同时,各法人主体也需要提高自身的法律意识和专业能力,严格遵守法律规范,恪守职业道德,推动建设工程行业的持续进步。

二、建设工程代理制度

(一)代理的概念

代理是指代理人在代理权限范围内,以被代理人的名义向第三人进行意思表示或者自该第三人接受意思表示,该意思表示所产生的法律后果直接归属被代理人的行为。在代理法律关系中,本人称为被代理人,相对人称为第三人。从事法律行为时,既可以由个人自己实施,也可以使用代理人,其法律后果均归属于本人。非法律行为,不适用代理。

(二)代理的特征

1. 代理涉及三方法律关系

代理必须存在三方主体,即代理人、被代理人和第三人,缺少任何一方,都不可能形成代理。如果进一步分析代理关系,代理包括三种法律关系:一是被代理人和代理人之间的授权关系。代理权的授权关系与被代理人、代理人之间的基础关系不同,被代理人对代理人的授权既可以根据被代理人的授权产生,也可以基于法律的直接规定产生。二是代理人和第三人之间的关系,即代理人依据代理权实施代理行为,以被代理人的名义向第三人进行意思表示或接受意思表示。三是效果承担关系,即代理人在代理权限内,以被代理人的名义同第三人所实施的行为,其法律后果由被代理人完全承担。代理实际上是这三种关系的结合。

2. 代理人为法律行为时,须以本人名义实施

以本人名义实施法律行为,就意味着法律行为的后果将归属于本人,同时也是代理行为的法律后果归属于本人的前提条件。这就是代理的"显名主义"。当然,如果代理人的行为没有以代理人名义实施,但根据其他情形相对人明知或者可得而知代理人是为本人实施法律行为时,其行为的法律后果与以本人名义实施的行为相同。

3. 代理行为应当在代理权的范围内实施

代理权的存在是代理人行为的法律后果归属于本人的基础,不享有代理权则无从取得代理人资格。代理人超出代理权范围的行为,实际上没有体现本人的意志或违反了法律的规定,等同于代理人不享有代理权,从而构成无权代理。

4. 代理的法律后果由被代理人承担

代理人以被代理人的名义与第三人从事民事法律行为,由此产生的法律后果完全归属被代理人。这就是说,一方面,代理人与第三人发生法律上的交往时,只要代理人是在代理权限内独立发出或接受意思表示,则代理人不应当成为合同当事人,而应当由被代理人成为合同当事人。另一方面,法律后果由被代理人承担,不仅意味着代理行为所形成的权利、义务应当由被代理人承受,而且意味着由此引起的民事责任也要由被代理人而不是代理人承担。当然,如果代理人从事无权代理而又不构成表见代理,或者代理行为违法的,所产生的法律后果不应当完全由被代理人承担。

(三)代理的分类

根据不同的标准,代理大体上可以分为以下几类。

1. 法定代理与意定代理

依据代理权产生的依据不同,代理可以分为法定代理与意定代理。

法定代理是指依照法律规定直接由法律授予代理权的代理。法定代理发生的原因在于被代理人不具备完全民事行为能力,为维护其利益,法律直接指定特定人员担任代理人,例如,父母是未成年子女的法定代理人;监护人是被监护人的法定代理人。

意定代理是指基于被代理人的授权,代理人与被代理人通过协商一致而产生的代理。意定代理的建立有赖于当事人意思表示的一致,体现了意思自治原则。当被代理人希望由他人代为处理事务时,可以采取意定代理的方式。《中华人民共和国民法典》第一百六十三条中规定的委托代理就属于意定代理。

2. 单独代理与共同代理

依据代理权属于一人还是多人,代理可以分为单独代理与共同代理。

单独代理又称独立代理,指代理权属于一人的代理,其核心要件是代理权属于一人。至于被代理人为一人还是多人均可。另外,无论法定代理还是意定代理都可产生单独代理。

共同代理指代理权属于两人以上的代理。《中华人民共和国民法典》第一百六十六条规定,"数人为同一代理事项的代理人的,应当共同行使代理权,但是当事人另有约定的除外。"依照该条规定共同代理存在两种情况:在通常情况下,共同代理人应共同行使代理权,如其中一人或者数人未与其他代理人协商,其实施的行为侵害被代理人权益的,由实施行为的代理人承担民事责任;在当事人有约定的情况下,代理权的行使及其民事责任承担依照当事人的约定。

3. 本代理与复代理

依据代理人是由被代理人选任还是由代理人选任,代理可以分为本代理与复代理。

本代理是指基于被代理人选任代理人或者依法律规定而产生的代理,又称原代理。本代理是相对于复代理而言,没有复代理存在,也就无本代理。

复代理是指代理人为被代理人的利益将其所享有的代理权转托他人而产生的代理,故又称再代理、转代理。因代理人的转托而享有代理权的人,称为复代理人。代理人选择他人作为复代理人的权利称为复任权。

4. 一般代理与特别代理

依据代理权限范围,代理可以分为一般代理与特别代理。

一般代理是特别代理的对称,是指代理权范围及于代理事项的全部的代理,故又称概括代理、全权代理。在实践中,如未指明为特别代理时则为一般代理。

特别代理是指代理权被限定在一定范围或者一定事项的某些方面的代理,又称部分代理、特定代理或者限定代理。

第三节 建设工程物权与债权制度

一、建设工程物权制度

(一)物权的概念

物权是指物权人直接支配特定物、享受利益,并排除他人干涉的财产权利。《中华人民共和国民法典》第一百一十四条规定,"物权是权利人依法对特定的物享有直接支配和排他的权利,包括所有权、用益物权和担保物权。"

(二)物权的种类

1. 所有权

所有权是指对一定物享有直接支配、使用、收益和处分的最高、最完整的权利。所有权包括动产所有权和不动产所有权,如对房屋、土地、交通工具等的所有权。具体包括:国家所有权、集体所有权、私人所有权以及其他主体的所有权(如慈善团体所有权、法人所有权和业主的建筑物区分所有权等)。

2. 用益物权

用益物权是指对他人的物享有占有、使用、收益的权利。具体包括:土地承包经营权、建设用地使用权、宅基地使用权、居住权、地役权。

3. 担保物权

担保物权是指为债务履行提供担保的物权。担保物权主要包括抵押权、质权和留置权。

(三)物权的变动原则

物权是对于物进行直接支配的权利,具有优先权和物上请求权的效力。基于物权这样的性质,如果不以一定的可以从外部查知的方式表现物权的产生、变更、消灭,必然纠纷不断,难以保证交易的安全,因此民法上对于物权的变动,就需要有公示原则和公信原则。

1. 公示原则

公示原则要求物权的产生、变更、消灭,必须以一定的可以从外部查知的方式表现出来。否则,因为物权具有排他的性质,如果没有通过公示方式将物权的变动表现出来,就会给第三人带来不测的损害,影响交易的安全。

我国物权法采取不动产物权登记生效主义,规定不动产物权的设立、变更、转让和消灭,经依法登记,发生效力;未经登记,不发生效力,但法律另有规定的除外。人们可以通过登记了解物权变动的事实,不动产登记在很大程度上起着维护不动产交易安全的作用。

2. 公信原则

物权的变动以登记或者交付为公示方法,当事人如果信赖这种公示而为一定的行为(如买卖、赠与),即使登记或者交付所表现的物权状态与真实的物权状态不相符合,也不能影响物权变动的效力。公信原则包括两方面的内容：第一，记载于不动产登记簿的人推定为该不动产的权利人，动产的占有人推定为该动产的权利人，除非有相反的证据证明。这称为"权利的正确性推定效力"。第二，凡善意信赖公示的表象而为一定的行为，在法律上应当受到保护，保护的方式就是承认此行为所产生的物权变动的效力。

（四）建设工程相关的物权制度

在市场经济条件下，为维护建设工程各方主体的合法权益，促进建筑业健康发展，建设工程物权主要包括以下几个方面。

1. 土地使用权

在我国，土地的所有权分为国有和集体所有两种形式，但无论是国有土地还是集体土地，其使用权可以通过出让、租赁、划拨等方式授予企业、个人或者其他组织。土地使用权的取得是建设工程启动的前提条件之一，它直接关系到建设项目能否顺利进行。出让是指国有土地通过竞拍、招标、挂牌等市场化方式确定受让方，受让方支付土地出让金取得土地的使用权。租赁是指通过支付租金的方式获得土地的使用权。划拨是指针对国有土地，根据特定的社会公共利益需要，国家无偿或以较低价格将土地使用权划拨给特定的单位或个人。

2. 建筑物所有权

建筑物所有权是指对建筑物及其所依附的土地使用权进行占有、使用、收益和处分的权利。在建设工程中，建筑物所有权的主体可以是国家、集体、企业、个人或其他组织。建筑物所有权的确立通常伴随着建设工程的竣工验收和不动产权证的颁发。

3. 地役权

地役权是指为了提高一个不动产（需役地）的效益，而利用另一不动产（供役地）的用益物权。设立地役权须有利于需役地，不可过分损害供役地的利用。在建设工程领域，地役权的应用主要有：通行地役权，一宗土地为通往公路须经过另一宗土地时，要与土地权利人协商，设立通行地役权；排水地役权，一宗土地的污水须经过毗邻土地排出时，可与相邻权利人协商，设立排水地役权；采光、通风地役权，一宗土地上的建筑物采光、通风需要利用毗邻土地时，可设立采光、通风地役权。

地役权的设立须经供役地和需役地权利人协商一致，订立书面合同，并办理登记。地役权一经设立，不因需役地或供役地权利人的变更而消灭。

4. 抵押权

抵押权是指债务人或第三人以其财产作为债务履行的担保，而不转移该财产占有的权利。在建设工程融资中，企业或个人可以将其土地使用权、建筑物所有权等不动产或动产设定抵押，以获取银行或其他金融机构的贷款。抵押权的设立需要登记，而抵押权的实现通常在债务不履行时通过司法程序处理。

二、建设工程债权制度

(一)债的概念

债是指按照合同的约定或者法律的规定,在特定的当事人之间形成的、以特定的给付为内容的权利义务关系。其中,享有债权的当事人称为债权人,负有债务的当事人称为债务人。债的本质是债权人实现其特定利益的一种手段。债的关系的成立,在于达到一定的法律目的,即将债权转变为物权或其他权利。债的存在,表明债权人的利益尚未实现;当债权人的利益实现时,债权即告消灭。

(二)债的特征

1.债反映财产流转关系

财产关系依其形态分为财产的归属利用关系和财产流转关系。前者为静态的财产关系,后者为动态的财产关系。物权关系反映财产的归属利用关系,其目的是保护财产的静态的安全;而债的关系反映的是财产利益从一个主体转移给另一主体的财产流转关系,其目的是保护财产的动态的安全。

2.债的主体双方是特定的

债是特定当事人间的民事法律关系,因此,债的主体无论是权利主体还是义务主体都是特定的。债权人只能向特定的债务人主张权利。

3.债以债务人的特定行为为客体

债的客体是给付,即债务人应为的特定行为。

4.债须通过债务人的特定行为才能实现其目的

债的目的的实现,只有通过债务人的给付才能达到,没有债务人为其应为的特定行为也就不能实现债权人的权利。而物权关系权利人可以通过自己的行为实现其权利,无须借助于义务人的行为。

5.债的发生具有任意性、多样性

债既可以因合法行为发生,也可以因不法行为而发生。对于合法行为设定的债权,法律并不特别规定其种类,当事人可依法自行任意设定债。而物权关系只能依合法行为取得,并且其类型具有法定性,当事人不能任意自行设定法律上没有规定的物权。

6.债具有相容性、平等性

物权具有优先性和排他性,在同一物上不能成立内容不相容的数个物权关系,同一物上有数个物权关系时,其效力有先后之分。而债的关系却具有相容性和平等性,在同一标的物上不仅可成立内容相同的数个债,并且债的关系相互间是平等的,不存在优先性和排他性。

(三)债的发生原因

1.合同

合同是当事人之间设立、变更、终止债权债务关系的协议。基于合同产生的债的关系,是合同之债。合同行为是引起债务关系发生的最主要、最普遍的根据。合同之债必须以有效的合同为依据,无效的合同或者被撤销的合同,虽也可能发生财产返还以及损害赔偿等效果,但是这并不是合同之债的法律效力的体现,而是依缔约过失责任引发的另一类债的效果。

2. 缔约过失

缔约过失是指当事人在合同缔结过程中具有过失,从而导致合同不成立、无效、被撤销或者不被追认等,使他方当事人受到损害的情况。在此情况下,具有过失的一方应赔偿对方因此所受的损失,由此产生缔约上的过失责任。该责任成立,使过错的一方负有向受害的一方赔偿的义务,受害的一方享有请求过错的一方赔偿的权利,形成债的关系。

3. 侵权行为

侵权行为是指不法侵害他人的民事权益,应承担民事责任的行为。通常认为,侵权行为发生,侵权人应依法承担侵权责任,被侵权人有权请求侵权人承担民事责任,这种责任关系也形成债的关系。

4. 无因管理

无因管理是指既未受人之托,也不负有法律规定的义务,自觉为他人管理事务。管理他人事务的人叫管理人,负有将开始管理事务通知本人、适当管理、继续管理、报告及计算等项义务,本人负有偿还必要费用、赔偿损失等项义务,管理人与本人之间形成债的关系。

5. 不当得利

不当得利是指没有合法依据,致使他人受有损失而取得的利益。由于该项利益没有法律上的依据,应返还给受害人,从而形成以不当得利返还为内容的债的关系。

6. 其他

除了上述事实,其他法律事实也可引起债的产生。例如,拾得遗失物的保管和交还、遗嘱执行人与受遗赠人之间的保管和交付遗产等,也会形成债的关系。

(四)建设工程常见的债权

在建设工程领域,涉及的合同和债务类型繁多,这些合同和债务关系对于确保工程顺利进行和保护各方权益具有重要意义,由于类型较多,不能一一列举,在此仅论述一些常见的债权。

1. 施工合同债

施工合同债是指发生在建设单位(甲方)和施工单位(乙方)之间的法律关系。在这种关系中,施工合同的义务主要包括完成施工任务和支付工程款两个方面。就施工任务而言,建设单位作为债权人,负责提供施工条件并验收工程;施工单位则作为债务人,负责按照合同约定的质量、时间完成施工任务。在支付工程款方面,情况则相反,施工单位成为债权人,建设单位成为债务人,建设单位需按合同约定向施工单位支付相应的工程款。这种债权债务关系的设立,旨在确保工程按期、按质完成,同时保障施工单位的经济权益。

2. 买卖合同债

买卖合同债涉及的是在建设工程活动中所需采购的材料和设备。这类合同通常发生在建设单位、施工单位与材料供应商、设备制造商之间。买卖合同规定了交易物品的规格、数量、交货时间及付款方式等,确保了工程所需的材料和设备能够及时、准确地供应,从而不会因材料或设备问题导致工程延期。

3. 劳务合同债

建设工程的实施离不开大量的劳务工作,包括管理人员、技术工人、普通劳动者等。劳务人员与施工单位之间形成劳务合同关系,约定提供劳务并获得工资报酬。在劳务合同债中,施工单位是支付工资的债务人,劳务人员是获得工资的债权人。施工单位应当按照劳务合同的约定,及时足额支付劳动者的工资,提供必要的劳动保护。

4. 租赁合同债

建设工程施工过程中,经常涉及大型机械设备、周转材料等的租赁。出租人将机械设备或材料租赁给承租人使用,由此产生租金债权;承租人则有权在约定期限内占有、使用租赁物,同时负有支付租金、妥善保管和按约返还租赁物的义务。在租赁合同债中,出租人是租金的债权人,承租人是债务人。

5. 侵权之债

侵权之债是指在工程施工过程中可能发生的侵害他人合法权益的行为产生的债。最常见的包括施工引起的噪声污染、废水和废弃物的排放等环境污染问题,这些问题可能对工地附近的居民生活造成影响,构成对他们权益的侵害。侵权之债的存在,要求施工单位不仅要注重工程进度和质量,还要充分考虑施工活动对周边环境和居民生活的影响,采取有效措施减少负面影响。

第四节 建设工程担保与保险制度

一、建设工程担保制度

(一)担保的概念

担保是为担保某项债务的实现而采取的措施,该项债务是主法律关系,担保是从法律关系。担保包括物保、人保和金钱担保。

物保,即担保物权,它以物的交换价值作为债权实现的担保。大陆法系国家的担保物权制度继受于罗马法的物的担保制度,包括抵押权、质押权和留置权三类。其中,抵押权的客体包括三类,分别是动产、不动产和不动产用益物权(即建设用地使用权和土地经营权)。质押权的客体包括两类,即动产和权利。留置权的客体只有一类,即动产。

人保,即保证,它以人的信用(信誉)作为债权实现的担保,包括一般保证和连带保证。其设立属于意定,需要保证人和债权人订立书面的保证合同且无须转移标的物的占有。

金钱担保,即定金,它以特定的货币作担保,其设立亦属于意定,需要双方当事人签订书面的定金合同且需要转移标的物的占有。

(二)担保的从属性

1. 效力上的从属性

实践中,当事人往往会在担保合同中约定:即便主合同无效,担保人也应承担相当于担保合同有效的责任,或者即便担保合同无效,担保人也应对合同无效的后果提供担保。此类有关排除担保从属性的约定无效,但其无效并不当然导致整个担保合同无效。担保合同的效力还要看主合同是否有效:主合同有效,则有关担保独立性的约定无效不影响担保合同的效力;主合同无效,则当然导致担保合同无效,担保人依法承担缔约过失责任。

2. 担保范围的从属性

担保责任本质上系担保人替债务人承担责任,担保人承担担保责任后可以向债务人追偿。如果担保人承担的责任范围大于债务人所应承担责任的范围,或者针对担保责任约定专门的违约责任,那么担保人承担责任后,超出部分将无法向债务人追偿,从而违反担保的从属性。担保责任超出主债务范围的,担保人对超出部分不承担责任。

(三)担保合同无效后的法律效果

主合同有效而担保合同无效时,一种情形是在债权人没有过错而担保人有过错的情况下,担保人应当承担缔约过失责任,其应对确信担保合同能够有效成立的债权人造成的损失承担赔偿责任,即对于债务人不能清偿的部分承担全部赔偿责任。另一种情形是债权人和担保人均存在过错,此时应当按照各自过错程度分担相应的法律责任,债权人和担保人作为两方,按照均分计算,担保人承担的责任份额的上限为二分之一,故担保人承担的赔偿责任不应超过债务人不能清偿部分的二分之一。

如果债权人有过错而担保人无过错,则担保人不承担责任。例如,在债权人与债务人恶意串通骗取担保的场合,以及债权人未告知担保人借新还旧事实导致担保人提供担保的场合,就存在仅债权人一方有过错而担保人无过错的情形。

主合同无效导致担保合同无效时,一是担保人无过错不承担民事责任。担保人无过错是指担保人对于主合同无效不知道或者不应当知道,或者未促成主合同的成立。需要注意的是,此时担保人的过错和主合同有效而担保合同无效时担保人的过错存在本质区别,担保人的过错并非对于主合同无效上的过错,因为主合同的当事人是债权人和债务人,担保人并非合同的主体。具体而言,担保人明知主合同无效仍为之提供担保,或者担保人明知主合同无效仍作为中介促成合同的订立等情形,均属于担保人应当承担民事责任的事由。二是担保人存在过错的情况下其责任限额问题。由于担保合同无效是因为主合同无效导致,在担保人存在过错的情况下,主合同当事人原则上也有过错,对于债权人的损失,应当以债权人、债务人、担保人三方均分计算为标准,担保人对于债权人的损失赔偿责任应限定在债务人不能清偿部分的三分之一。

(四)流担保条款无效

流担保条款是指担保权人与担保人之间关于"在债务人不履行到期债务时担保财产归担保权人所有"的条款。在典型担保中,若流担保条款被订立在抵押合同中,则为流押条款。

《中华人民共和国民法典》第四百零一条规定:"抵押权人在债务履行期限届满前,与抵押人约定债务人不履行到期债务时抵押财产归债权人所有的,只能依法就抵押财产优先受偿。"即流押条款无效。若流担保条款被订立在质押合同中,则为流质条款。《中华人民共和国民法典》第四百二十八条规定:"质权人在债务履行期限届满前,与出质人约定债务人不履行到期债务时质押财产归债权人所有的,只能依法就质押财产优先受偿。"即流质条款无效。

(五)一般保证

《中华人民共和国民法典》第六百八十七条规定:"当事人在保证合同中约定,债务人不能履行债务时,由保证人承担保证责任的,为一般保证。"一般保证与连带责任保证最大的区别在于保证人是否享有先诉抗辩权。先诉抗辩权的核心在于,在主合同债权债务纠纷未经审判或仲裁,并就主债务人财产依法强制执行仍不能履行债务前,保证人可以对主债权人拒绝承担保证责任。这种权利的行使可以达到延期履行保证债务的结果,因此其性质为一种延期履行的抗辩权。

(六)物保与人保并存的处理

《中华人民共和国民法典》第三百九十二条规定:"被担保的债权既有物的担保又有人的担保的,债务人不履行到期债务或者发生当事人约定的实现担保物权的情形,债权人应当按照约定实现债权;没有约定或者约定不明确,债务人自己提供物的担保的,债权人应当先就该物的担保实现债权;第三人提供物的担保的,债权人可以就物的担保实现债权,也可以请求保证人承担保证责任。提供担保的第三人承担担保责任后,有权向债务人追偿。"

(七)担保人的追偿权和法定代位权

《中华人民共和国民法典》第七百条规定:"保证人承担保证责任后,除当事人另有约定外,有权在其承担保证责任的范围内向债务人追偿,享有债权人对债务人的权利,但是不得损害债权人的利益。"

《最高人民法院关于适用〈中华人民共和国民法典〉有关担保制度的解释》规定承担了担保责任或者赔偿责任的担保人,在其承担责任的范围内向债务人追偿的,人民法院应予支持。同一债权既有债务人自己提供的物的担保,又有第三人提供的担保,承担了担保责任或者赔偿责任的第三人,主张行使债权人对债务人享有的担保物权的,人民法院应予支持。

二、建设工程保险制度

(一)建设工程保险的概念和分类

建设工程保险是指为规避建设工程施工过程中可能发生的各种风险损失而投保的一种财产保险。建设工程保险有利于化解施工过程中可能发生的各种风险,保障建设单位、施工单位等利益相关方权益,维护工程顺利进行,是工程建设的重要保障措施。

建设工程保险制度一般可以分为财产保险和人身保险,财产保险包括建筑工程一切险和安装工程一切险;人身保险包括人寿保险、伤害保险和健康保险。

在财产保险中,财产保险合同经保险公司同意后可以转让。保险合同有效期内,保险标的的危险程度显著增加的,被保险人应当及时通知保险人,保险人可以按照合同约定增加保费或解除合同。

在人身保险中,人身保险合同不能转让。保险人对人身保险的保费,不可以通过诉讼的方式要求投保人支付。

(二)保险合同

保险合同是指保险人和投保人之间订立的,以保险人承担赔付或给付保险金责任为内容的合同。保险合同主体包括保险合同的当事人,即保险人和投保人;保险合同的关系人,即被保险人和受益人;保险合同的辅助人,即保险代理人和保险经纪人。保险合同中还规定了保险责任和保险期限。

1. 保险人

保险人是承担赔付或给付保险金责任的一方,通常是经营保险业务的公司。保险人的主要义务是按照合同约定,在被保险人发生约定的保险事故时,按时足额赔付或给付保险金。

2. 投保人

投保人是向保险人支付保险费、要求保险人承担保险责任的一方。即具有可保利益的工程参与各方均可以作为被保险人,包括业主、承包商、分包商、技术顾问等。投保人的主要权利是支付约定的保险费后获得保险保障,主要义务是按期交纳保险费。

3. 被保险人

被保险人是保险事故的风险对象,一旦发生保险事故将获得赔付或给付。被保险人可以与投保人合并为一人,也可以由投保人指定第三人作为被保险人。

4. 受益人

受益人是发生保险事故后有权获得保险金给付的一方。受益人由投保人指定,如未指定,被保险人为受益人。

5. 保险责任

保险责任是指保险人依照保险合同对被保险人或者受益人承担的保险给付责任。保险公司一般都会在保险条款中列明可以作为保险事故的特定损害事件。例如,地震、海啸、雷电、台风、暴雨等破坏力较大的自然灾害;火灾、爆炸等意外事故。

6. 保险期限

保险期限指自被保险工程在工地动工或用于被保险工程的材料、设备运抵工地之时起始,至工程所有人对部分或全部工程签发完工验收证书或验收合格,或者工程所有人实际占用或使用或接收该部分或全部工程之时终止,以先发生为准。但在任何情况下,保险期限的起始或终止不得超出保单明细表中列明的保险生效日或终止日。安装工程一切险的保险期限一般应包括试车考核期。考核期的保险责任一般不超过三个月,若超过三个月,加收保费。安装工程一切险对于旧机器设备不负考核期的保险责任,也不承担其维修期的保险责任。

（三）保险索赔

保险事故发生后，按照保险合同请求保险人赔偿或者给付保险金时，投保人、被保险人或者受益人应当向保险人提供其所能提供的与确认保险事故的性质、原因、损失程度等有关的证明和资料。保险人按照合同的约定，认为有关证明和资料不完整的，应当及时一次性通知投保人、被保险人或者受益人补充提供。

保险财产虽然没有全部毁损或者灭失，但其损坏程度已无法修理或虽然能够修理但修理费将超过赔偿金额的，也应当按照全损定损。

若一个建设项目由多家保险公司联合承保，应按照约定比例分别向不同保险公司索赔。

第五节　建设工程知识产权制度

知识产权是基于创造成果和工商业标记依法产生的权利的统称。最主要的三种知识产权是著作权、专利权和商标权。《中华人民共和国民法典》第一百二十三条规定："民事主体依法享有知识产权。"知识产权是权利人依法就下列客体享有的专有的权利：作品；发明、实用新型、外观设计；商标；地理标志；商业秘密；集成电路布图设计；植物新品种；法律规定的其他客体。

一、著作权制度

（一）著作权的概念

著作权是指自然人、法人或者其他组织对文学、艺术和科学作品享有的财产权利和精神权利的总称。在我国，著作权即指版权。

（二）著作权的主体

《中华人民共和国著作权法》第十一条规定："著作权属于作者，本法另有规定的除外。创作作品的自然人是作者。由法人或者非法人组织主持，代表法人或者非法人组织意志创作，并由法人或者非法人组织承担责任的作品，法人或者非法人组织视为作者。"

在建设工程中常见的作品类型有以下几种。

1. 一般职务作品

自然人为完成法人或者非法人组织工作任务所创作的作品是职务作品，著作权由作者享有，但法人或者非法人组织有权在其业务范围内优先使用。

2. 特殊职务作品

特殊职务作品主要是利用法人或者非法人组织的物质技术条件创作，并由法人或者非法人组织承担责任的工程设计图、产品设计图、地图、示意图、计算机软件等职务作品。作者享有署名权，著作权的其他权利由法人或者非法人组织享有。

3. 委托作品

受委托创作的作品，著作权的归属由委托人和受托人通过合同约定。合同未作明确约定或者没有订立合同的,著作权属于受托人。

(三)著作权侵权行为

著作权侵权行为(包括相关权侵权行为)是指侵犯著作权或者相关权的行为。具体而言,著作权侵权行为是指未经著作权人或者相关权人许可,擅自实施其受著作权保护的客体(包括作品、表演、录音录像制品或者广播电视节目等),法律另有规定的除外。

《中华人民共和国著作权法》规定的直接侵权行为有十九种,且可以划分为两种类别,即只承担民事责任的侵权行为,以及须承担民事责任,可能还须承担行政责任,甚至可能要承担刑事责任的侵权行为。

有下列侵权行为的,应当根据情况,承担停止侵害、消除影响、赔礼道歉、赔偿损失等民事责任:

未经著作权人许可,发表其作品的;未经合作作者许可,将与他人合作创作的作品当作自己单独创作的作品发表的;没有参加创作,为谋取个人名利,在他人作品上署名的;歪曲、篡改他人作品的;剽窃他人作品的;未经著作权人许可,以展览、摄制视听作品的方法使用作品,或者以改编、翻译、注释等方式使用作品的,法律另有规定的除外;使用他人作品,应当支付报酬而未支付的;未经视听作品、计算机软件、录音录像制品的著作权人、表演者或者录音录像制作者许可,出租其作品或者录音录像制品的原件或者复制件的,法律另有规定的除外;未经出版者许可,使用其出版的图书、期刊的版式设计的;未经表演者许可,从现场直播或者公开传送其现场表演,或者录制其表演的;其他侵犯著作权以及与著作权有关的权利的行为。

有下列侵权行为的,应当根据情况,承担民事责任;侵权行为同时损害公共利益的,由主管著作权的部门责令停止侵权行为,予以警告,没收违法所得,没收、无害化销毁处理侵权复制品以及主要用于制作侵权复制品的材料、工具、设备等,违法经营额五万元以上的,可以并处违法经营额一倍以上五倍以下的罚款;没有违法经营额、违法经营额难以计算或者不足五万元的,可以并处二十五万元以下的罚款;构成犯罪的,依法追究刑事责任:

未经著作权人许可,复制、发行、表演、放映、广播、汇编、通过信息网络向公众传播其作品的,法律另有规定的除外;出版他人享有专有出版权的图书的;未经表演者许可,复制、发行录有其表演的录音录像制品,或者通过信息网络向公众传播其表演的,法律另有规定的除外;未经录音录像制作者许可,复制、发行、通过信息网络向公众传播其制作的录音录像制品的,法律另有规定的除外;未经许可,播放、复制或者通过信息网络向公众传播广播、电视的,法律另有规定的除外;未经著作权人或者与著作权有关的权利人许可,故意避开或者破坏技术措施的,故意制造、进口或者向他人提供主要用于避开、破坏技术措施的装置或者部件的,或者故意为他人避开或者破坏技术措施提供技术服务的,法律、行政法规另有规定的除外;未经著作权人或者与著作权有关的权利人许可,故意删除或者改变作品、版式设计、表演、录音录像制品或者广播、电视上的权利管理信息的,知道或者应当知道作品、版式设计、表演、录音录像制品或者广播、电视上的权利管理信息未经许可被删除或者改变,仍然向公众提供的,法律、行政法规另有规定的除外;制作、出售假冒他人署名的作品的。

二、专利权制度

(一)专利权的概念

专利权是指国家根据发明人或设计人的申请,以向社会公开发明创造的内容,以及发明创造对社会具有符合法律规定的利益为前提,根据法定程序在一定期限内授予发明人或设计人的一种排他性权利。

(二)专利权的客体

专利权的客体是专利权人的权利和义务所指向的对象,就我国而言,是指发明创造,即发明、实用新型和外观设计。

发明是指对产品、方法或者其改进所提出的新的技术方案。

实用新型是指对产品的形状、构造或者其结合所提出的适于实用的新的技术方案。

外观设计是指对产品的形状、图案或者其结合以及色彩与形状、图案的结合所作出的富有美感并适于工业应用的新设计。

(三)专利权的保护

根据《中华人民共和国专利法》的规定,发明专利权的期限为二十年,实用新型专利权的期限为十年,外观设计专利权的期限为十五年,均自申请日起计算。

对未经专利权人许可,实施其专利的侵权行为,专利权人或者利害关系人可以请求管理专利工作的部门进行处理,也可以直接向人民法院起诉。管理专利工作的部门在处理时,认定侵权行为成立的,可以责令侵权人立即停止侵权行为,当事人不服的,可以在收到处理通知之日起十五日内向人民法院起诉;侵权人期满不起诉又不停止侵权行为的,管理专利工作的部门可以申请人民法院强制执行。

专利侵权纠纷涉及新产品制造方法的发明专利的,制造同样产品的单位或者个人应当提供其产品制造方法不同于专利方法的证明。

三、商标权制度

(一)商标的概念

商标是一种商业标志,用以将不同的经营者所提供的商品或者服务区别开来。商标一般由文字、图形、字母、数字、三维标志、颜色或者其组合构成,附着于商品、商品包装、服务设施或者相关的广告宣传品上,目的是帮助消费者将一定的商品或者服务项目与其经营者联系起来,并且与其他经营者的同类商品或者服务项目相区别。

(二)商标权的内容

商标权是商标法的核心概念,商标法基本的任务就是确认并保护商标权。但是我国的商标法并没有"商标权"这一概念,而是以"商标专用权"代之。商标专用权的内容只包括财产权,设计者的人身权受著作权法保护。商标专用权包括使用权和禁止权两个方面。

使用权是指将商标用于商品、商品包装或者容器以及商品交易文书上,或者将商标用于广告宣传、展览以及其他商业活动中,用于识别商品来源的行为。

禁止权是指商标权人有权禁止他人未经许可使用其注册商标。商标权是一种绝对权,具有较强的排他性。排除他人干涉,在商标权即表现为禁止他人非法使用、非法印制注册商标以及禁止他人非法销售侵犯注册商标的商品。

使用权和禁止权是彼此联系的两个权利,使用权涉及的是商标权人使用注册商标的问题,禁止权涉及的是其他人非法使用注册商标的问题。

(三)侵害商标权的行为

侵害商标权是指未经商标所有人同意,擅自使用与注册商标相同或近似的标志,或者妨碍商标所有人使用注册商标,并足以引起消费者混淆的行为。《中华人民共和国商标法》以列举的方式规定了侵犯注册商标专用权的行为:

未经商标注册人的许可,在同一种商品上使用与其注册商标相同的商标的;未经商标注册人的许可,在同一种商品上使用与其注册商标近似的商标,或者在类似商品上使用与其注册商标相同或者近似的商标,容易导致混淆的;销售侵犯注册商标专用权的商品的;伪造、擅自制造他人注册商标标识或者销售伪造、擅自制造的注册商标标识的;未经商标注册人同意,更换其注册商标并将该更换商标的商品又投入市场的;故意为侵犯他人商标专用权行为提供便利条件,帮助他人实施侵犯商标专用权行为的;给他人的注册商标专用权造成其他损害的。

(四)商标权侵权纠纷的处理方式

因侵犯商标权引起纠纷时,当事人可以协商解决;不愿协商或者协商不成的,商标注册人或者利害关系人可以向人民法院起诉,也可以请求工商行政管理部门处理。

(五)商标权侵权行为的法律责任

1.民事责任

赔偿损失是侵权人承担民事责任的主要方式。故意或过失侵犯注册商标专用权给商标权人造成财产损失的,商标权人可以请求赔偿损失。损害赔偿请求权行使的目的是对侵权行为造成的损害获得经济补偿。

2.行政责任

《中华人民共和国商标法》规定,工商行政管理部门处理时,认定侵权行为成立的,责令立即停止侵权行为,没收、销毁侵权商品和主要用于制造侵权商品、伪造注册商标标识的工具,违法经营额五万元以上的,可以处违法经营额五倍以下的罚款,没有违法经营额或者违法经营额不足五万元的,可以处二十五万元以下的罚款。对五年内实施两次以上商标侵权行为或者有其他严重情节的,应当从重处罚。销售不知道是侵犯注册商标专用权的商品,能证明该商品是自己合法取得并说明提供者的,由工商行政管理部门责令停止销售。

3.刑事责任

《中华人民共和国刑法》第二百一十三条、第二百一十四条和第二百一十五条规定了三种侵害商标权行为的刑事责任。

(1)假冒注册商标罪。

未经注册商标所有人许可,在同一种商品、服务上使用与其注册商标相同的商标,情节严重的,处三年以下有期徒刑,并处或者单处罚金;情节特别严重的,处三年以上十年以下有期徒刑,并处罚金。

(2)销售假冒注册商标的商品罪。

销售明知是假冒注册商标的商品,违法所得数额较大或者有其他严重情节的,处三年以下有期徒刑,并处或者单处罚金;违法所得数额巨大或者有其他特别严重情节的,处三年以上十年以下有期徒刑,并处罚金。

(3)伪造、擅自制造他人注册商标标识罪。

伪造、擅自制造他人注册商标标识或者销售伪造、擅自制造的注册商标标识,情节严重的,处三年以下有期徒刑,并处或者单处罚金;情节特别严重的,处三年以上十年以下有期徒刑,并处罚金。

第二章　建设工程许可与执业制度

建筑活动是一种专业性和技术性很强的生产活动,对工程项目是否具备施工条件、从事项目的相关单位和个人是否具备相应专业技术能力进行严格监管,能够规范建筑市场秩序,保证工程质量和施工安全,保障公民生命财产安全和国家财产安全。

第一节　建设工程许可制度

建设工程项目按照行政监督流程,可以划分为立项、用地规划、工程规划、施工许可、竣工验收备案等阶段。建设工程规划许可、建设工程施工许可除了本身构成行政许可,还构成其他许可或备案等制度的前提条件。

一、建设工程规划许可

(一)城乡规划概述

2008年1月1日,《中华人民共和国城乡规划法》(以下简称《城乡规划法》)正式实施,它是一部关于城乡规划建设和管理的基本法律。在规划区内进行建设活动,必须遵守《城乡规划法》的规定,符合城乡规划的实施要求。

1. 城乡规划的分类

城乡规划,包括城镇体系规划、城市规划、镇规划、乡规划和村庄规划。城市规划、镇规划分为总体规划和详细规划。详细规划分为控制性详细规划和修建性详细规划。规划区,是指城市、镇和村庄的建成区以及因城乡建设和发展需要,必须实行规划控制的区域。规划区的具体范围由有关人民政府在组织编制的城市总体规划、镇总体规划、乡规划和村庄规划中,根据城乡经济社会发展水平和统筹城乡发展的需要划定。

2. 城乡规划的制订

(1)城镇体系规划的制订。

国务院城乡规划主管部门会同国务院有关部门组织编制全国城镇体系规划,用于指导省域城镇体系规划、城市总体规划的编制。全国城镇体系规划由国务院城乡规划主管部门报国务院审批。省、自治区人民政府组织编制省域城镇体系规划,报国务院审批。省域城镇体系规划的内容应当包括:城镇空间布局和规模控制,重大基础设施的布局,为保护生态环境、资源等需要严格控制的区域。

(2)城市规划的制订。

城市人民政府组织编制城市总体规划。直辖市的城市总体规划由直辖市人民政府报国务院审批。省、自治区人民政府所在地的城市以及国务院确定的城市的总体规划,由省、自治区人民政府审查同意后,报国务院审批。其他城市的总体规划,由城市人民政府报省、自治区人民政府审批。

城市人民政府城乡规划主管部门根据城市总体规划的要求,组织编制城市的控制性详细规划,经本级人民政府批准后,报本级人民代表大会常务委员会和上一级人民政府备案。

(3)镇规划的制订。

县人民政府组织编制县人民政府所在地镇的总体规划,报上一级人民政府审批。其他镇的总体规划由镇人民政府组织编制,报上一级人民政府审批。镇人民政府根据镇总体规划的要求,组织编制镇的控制性详细规划,报上一级人民政府审批。县人民政府所在地镇的控制性详细规划,由县人民政府城乡规划主管部门根据镇总体规划的要求组织编制,经县人民政府批准后,报本级人民代表大会常务委员会和上一级人民政府备案。

(4)乡规划和村庄规划的制订。

乡规划、村庄规划应当从农村实际出发,尊重村民意愿,体现地方和农村特色。乡、镇人民政府组织编制乡规划、村庄规划,报上一级人民政府审批。村庄规划在报送审批前,应当经村民会议或者村民代表会议讨论同意。

3. 城乡规划的实施

实施城乡规划,应当遵循城乡统筹、合理布局、节约土地、集约发展和先规划后建设的原则,改善生态环境,促进资源、能源节约和综合利用,保护耕地等自然资源和历史文化遗产,保持地方特色、民族特色和传统风貌,防止污染和其他公害,并符合区域人口发展、国防建设、防灾减灾和公共卫生、公共安全的需要。县级以上地方人民政府应当根据当地经济社会发展的实际,在城市总体规划、镇总体规划中合理确定城市、镇的发展规模、步骤和建设标准。

(二)建设用地规划许可证制度

在城市规划区内进行建设需要用地的,必须得到批准,确定其用地位置、界限,取得建设用地规划许可证,它是申请工程开工的必备证件。规划用地审批单位是规划行政主管部门,如规划局等。

1. 建设用地规划许可证制度的主要精神

《城乡规划法》第三十七条规定:"在城市、镇规划区内以划拨方式提供国有土地使用权的建设项目,经有关部门批准、核准、备案后,建设单位应当向城市、县人民政府城乡规划主管部门提出建设用地规划许可申请,由城市、县人民政府城乡规划主管部门依据控制性详细规划核定建设用地的位置、面积、允许建设的范围,核发建设用地规划许可证。建设单位在取得建设用地规划许可证后,方可向县级以上地方人民政府土地主管部门申请用地,经县级以上人民政府审批后,由土地主管部门划拨土地。"第三十八条规定:"在城市、镇规划区内以出让方式提供国有土地使用权的,在国有土地使用权出让前,城市、县人民政府城乡规划主管部门应当依据控制性详细规划,提出出让地块的位置、使用性质、开发强度等规划条件,作为国有土地使用权出让合同的组成部分。未确定规划条件的地块,不得出让国有土地使用权。以出让方式取得国有土地使用权的建设项目,建设单位在取得建设项目的批准、核准、备案文件和签订国有土地使用权出让合同后,向城市、县人民政府城乡规划主管部门领取建设用地规划许可证。城市、县人民政府城乡规划主管部门不得在建设用地规划许可证中,擅自改变作为国有土地使用权出让合同组成部分的规划条件。"

2. 建设用地的审批、管理及调整

(1)建设用地的审批。

建设用地的审批程序按以下步骤进行。

①现场踏勘。城乡规划主管部门受理了建设单位用地申请后,应与建设单位会同有关部门到选址地点进行现场调查和踏勘。这是一项直观的、感性的审查工作,可以及时发现问题,避免纸上谈兵可能带来的弊端。

②征求意见。在城市、镇规划区安排建设项目,占用土地会涉及许多单位和部门。城乡规划主管部门在审批建设用地前,应征求占用土地单位和部门以及环境保护、消防安全、文物保护、土地管理等部门的意见。

③提供设计条件。城乡规划主管部门初审通过后,应向建设单位提供建设用地地址和范围的红线图,在红线图上应当标明现状和规划道路,并提出用地规划设计条件和要求。建设单位可以依据城乡规划主管部门下达的红线图委托设计单位进行项目规划方案设计。

④审查总平面图及用地面积。建设单位根据城乡规划主管部门提供的设计条件完成项目规划设计后,应将总平面图及其相关文件报送城乡规划主管部门进行审查批准,并根据城乡规划设计用地定额指标和该地块具体情况审核用地面积。

⑤核发建设用地规划许可证。经审查合格后,城乡规划主管部门即向建设单位或个人核发建设用地规划许可证。

(2)建设用地审批后的管理。

建设用地批准后,城乡规划主管部门应当加强监督检查工作。监督检查的内容包括建设项目征用土地范围复核和用地性质检查。

征用土地范围复核主要是指城乡规划主管部门对征用划拨的土地地界进行验核,杜绝违章占地情况的发生。

用地性质检查主要是指城乡规划主管部门根据城市规划的要求,对征用土地的用途进行监督检查,纠正随意改变征地用途等违法行为。

(3)建设用地的调整。

为了适应国民经济和社会发展的需要,城市人民政府可以根据城市规划对建设用地进行调整。建设用地的调整分为两种情况。

①政府对建设用地的调整。调整用地的情况主要有:一是在土地所有权和使用权不变的情况下,改变用地的性质;二是在土地所有权不变的情况下,改变土地使用权或者土地使用性质;三是对早征晚用、多征少用、征而不用的土地,或者现状不合理、存在大量浪费的土地,进行局部调整。用地调整是城市人民政府从国民经济和城市发展的大局出发,保证城市规划实施所采取的措施。

②建设单位申请对原建设用地进行调整。建设单位在领取建设用地许可证后,如果因情况变化,确需改变用地规划许可证所核定的用地位置和界线的,必须事先经城乡规划主管部门审查同意,换发建设用地规划许可证。

3. 建设用地规划许可证的核发

建设用地规划许可证的核发方式有以下两种。

(1) 以划拨方式取得土地使用权。

《城乡规划法》对在城市、镇规划区内以划拨方式取得土地使用权的建设项目,规定了先申请、后核定、再核发的程序。这类建设项目经有关部门批准(核准、备案)后,建设单位应向城市、县人民政府城乡规划主管部门提出建设用地规划许可申请,由城市、县人民政府城乡规划主管部门依据控制性详细规划核定建设用地的位置、面积、允许建设的范围后,再核发建设用地规划许可证。

建设单位在取得建设用地规划许可证后,方可向县级以上地方人民政府土地主管部门申请用地,经县级以上人民政府审批后,由土地主管部门划拨土地。

(2) 以出让方式取得土地使用权。

《城乡规划法》对在城市、镇规划区内以出让方式获得土地使用权的建设项目,则采取了先核定、再出让、然后申领的程序。在国有土地使用权出让前,城市、县人民政府城乡规划主管部门应当依据控制性详细规划,提出出让地块的位置、使用性质、开发强度等规划条件,作为国有土地使用权出让合同的组成部分。未确定规划条件的地块,国有土地使用权不得出让;已出让的,出让合同无效。建设单位在取得国有土地使用权,签订国有土地使用权出让合同后,须持建设项目的批准(核准、备案)文件和国有土地使用权出让合同,向城市、县人民政府城乡规划主管部门申请领取建设用地规划许可证。城市、县人民政府城乡规划主管部门在建设用地规划许可证中,不得擅自改变作为国有土地使用权出让合同组成部分的规划条件。建设单位在取得建设用地规划许可证后,再由县级以上人民政府批准建设单位的用地申请。对未取得建设用地规划许可证就批准建设用地的,县级以上人民政府应撤销有关批准文件;已占用土地的,应及时退回;给当事人造成损失的,应依法赔偿。

(三) 建设工程规划许可证制度

建设工程规划许可证是指在城市、镇规划区内进行建筑物、构筑物、道路、管线和其他工程建设的建设单位或者个人依照规定,向城市、县人民政府城乡规划主管部门或者省、自治区、直辖市人民政府确定的镇人民政府申请领取的建设工程的法律凭证。

建设工程规划许可证制度主要包括以下几个方面的内容。

1. 建设工程审批

城市各项建设工程安排得当与否,关系着城市经济和社会的发展及城市风貌、城市环境的好坏,各项建设工程必须严格按照城市规划进行。凡在城市规划区内的各项建设活动,无论是永久性的,还是临时性的,都必须由城乡规划主管部门审查批准方可进行。

建设单位或者个人在取得建设用地规划许可证后,需要建设用地的,应当按照有关法规向土地管理部门办理有关手续,领取土地使用权证等有关批准文件,然后向城乡规划主管部门提出建设申请。城乡规划主管部门受理建设申请后,便进入了建设工程审批阶段。

2. 建设工程审批后的管理

建设工程审核批准后,城乡规划主管部门要加强监督检查工作,主要包括验线、现场检查和竣工验收。

(1) 验线。

建设单位应当按照建设工程规划许可证的要求放线,并经城乡规划主管部门验线后方可施工。

(2)现场检查。

现场检查是指城乡规划管理工作人员进入有关单位或施工现场,了解建设工程的位置、施工等情况是否符合规划设计条件。在检查中,任何单位和个人都不得阻拦城乡规划管理人员进入现场或者拒绝提供与规划有关的情况。城乡规划管理人员有为被检查者保守技术秘密或者业务秘密的义务。

(3)竣工验收。

《城乡规划法》第四十五条规定:"县级以上地方人民政府城乡规划主管部门按照国务院规定对建设工程是否符合规划条件予以核实。未经核实或者经核实不符合规划条件的,建设单位不得组织竣工验收。建设单位应当在竣工验收后六个月内向城乡规划主管部门报送有关竣工验收资料。"竣工验收是工程项目建设程序中的最后一个阶段。城乡规划部门参加竣工验收,是对建设工程是否符合规划设计条件的要求进行最后把关,以保证城市、镇规划区内各项建设符合城乡规划。该规定赋予了城乡规划主管部门参加竣工验收的权力。竣工验收资料包括该工程的各种批准文件和该工程竣工时的总平面图,各层平面图、立面图、剖面图,设备图、基础图,以及城乡规划主管部门制定需报送的其他图纸。

3. 临时建设的管理

临时建设是指城乡规划主管部门批准的在城市、镇规划区内建设的临时性使用并在限期内必须拆除的建筑物、构筑物及其他设施。

《城乡规划法》第四十四条规定:"在城市、镇规划区内进行临时建设的,应当经城市、县人民政府城乡规划主管部门批准。临时建设影响近期建设规划或者控制性详细规划的实施以及交通、市容、安全等的,不得批准。临时建设应当在批准的使用期限内自行拆除。临时建设和临时用地规划管理的具体办法,由省、自治区、直辖市人民政府制定。"

(四)建设单位违反规划管理的法律责任

(1)未取得建设工程规划许可证或者未按照建设工程规划许可证的规定进行建设的,由县级以上地方人民政府城乡规划主管部门责令停止建设;尚可采取改正措施消除对规划实施的影响的,限期改正,处建设工程造价百分之五以上百分之十以下的罚款;无法采取改正措施消除影响的,限期拆除,不能拆除的,没收实物或者违法收入,可以并处建设工程造价百分之十以下的罚款。

(2)在乡、村庄规划区内未依法取得乡村建设规划许可证或者未按照乡村建设规划许可证的规定进行建设的,由乡、镇人民政府责令停止建设、限期改正;逾期不改正的,可以拆除。

(3)建设单位或者个人有下列行为之一的,由所在地城市、县人民政府城乡规划主管部门责令限期拆除,可以并处临时建设工程造价一倍以下的罚款:

①未经批准进行临时建设的;

②未按照批准内容进行临时建设的;

③临时建筑物、构筑物超过批准期限不拆除的。

(4)建设单位未在建设工程竣工验收后六个月内向城乡规划主管部门报送有关竣工验收资料的,由所在地城市、县人民政府城乡规划主管部门责令限期补报;逾期不补报的,处一万元以上五万元以下的罚款。

(5)城乡规划主管部门作出责令停止建设或者限期拆除的决定后,当事人不停止建设或者逾期不拆除的,建设工程所在地县级以上地方人民政府可以责成有关部门采取查封施工现场、强制拆除等措施。

二、建设工程施工许可

《建筑法》规定,建筑工程开工前,建设单位应当按照国家有关规定向工程所在地县级以上人民政府建设行政主管部门申请领取施工许可证。《建筑工程施工许可管理办法》进一步规定,应当申请领取施工许可证的建筑工程未取得施工许可证的,一律不得开工。

我国目前对建设工程开工条件的审批,存在着颁发施工许可证和批准开工报告两种形式。

(一)施工许可证和开工报告的适用范围

1. 施工许可证的适用范围

(1)建筑工程。

我国建设工程施工许可证主要适用于建筑工程。建筑工程是通过定义"建筑活动"而间接定义的,建筑活动是指各类房屋建筑及其附属设施的建造和与其配套的线路、管道、设备的安装活动。《建筑工程施工许可管理办法》明确,在中华人民共和国境内从事各类房屋建筑及其附属设施的建造、装修装饰和与其配套的线路、管道、设备的安装,以及城镇市政基础设施工程的施工,建设单位在开工前应当依照规定,向工程所在地的县级以上地方人民政府住房城乡建设主管部门申请领取施工许可证。

(2)工程总承包项目。

《住房城乡建设部办公厅关于工程总承包项目和政府采购工程建设项目办理施工许可手续有关事项的通知》(建办市[2017]46号)规定,对采用工程总承包模式的工程建设项目,在施工许可证及其申请表中增加"工程总承包单位"和"工程总承包项目经理"栏目。各级住房城乡建设主管部门可以根据工程总承包合同及分包合同确定设计、施工单位,依法办理施工许可证。

(3)政府采购工程项目。

国务院法制办公室《对政府采购工程项目法律适用及申领施工许可证问题的答复》(国法秘财函[2015]736号)规定,依法通过竞争性谈判或者单一来源方式确定供应商的政府采购建设工程项目,符合建筑法规定的申请领取施工许可证条件的,应当颁发施工许可证,不应当以未进入有形市场进行招标为由拒绝颁发施工许可证。

2. 开工报告的适用范围

开工报告制度是我国沿用已久的一种建设项目开工管理制度。1979年,原国家计划委员会、国家基本建设委员会设立了该项制度。1984年将其简化,1988年以后又恢复了开工报告制度。2019年4月公布的《政府投资条例》(国令第712号)规定,国务院规定应当审批开工报告的重大政府投资项目,按照规定办理开工报告审批手续后方可开工建设。

3. 不需要办理施工许可证和开工报告的情形

（1）限额以下的小型工程。

根据《建筑法》，国务院建设行政主管部门确定的限额以下的小型工程，是申请领取施工许可证的除外情形。关于"小型工程"的规模标准，《建筑工程施工许可管理办法》作出规定，工程投资额在 30 万元以下或者建筑面积在 300 平方米以下的建筑工程，可以不申请办理施工许可证。此外，该办法还向各地方住房城乡建设主管部门作出了授权，即省、自治区、直辖市人民政府住房城乡建设主管部门可以根据当地的实际情况，对限额进行调整，并报国务院住房城乡建设主管部门备案。

（2）抢险救灾及其他临时性房屋建筑和农民自建低层住宅的建筑活动。

抢险救灾及其他临时性房屋建筑和农民自建低层住宅的建筑活动不适用《建筑法》。抢险救灾直接涉及人民生命和财产，因其时效性极强，不适用严格的行政许可程序。其他临时性房屋建筑和农民自建低层住宅的建筑活动，因其重要程度、行政资源等因素，未被列入现行《建筑法》的调整范围，不属于应当办理施工许可证的范围。

（3）作为文物保护的纪念建筑物和古建筑等的修缮。

《建筑法》规定，依法核定作为文物保护的纪念建筑物和古建筑等的修缮，依照文物保护的有关法律规定执行。《文物保护工程管理办法》规定，修缮工程是指为保护文物本体所必需的结构加固处理和维修，包括结合结构加固而进行的局部复原工程。修缮工程等文物保护工程按照文物保护单位级别实行分级管理，并按规定履行报批程序。

（4）军用房屋建筑工程建筑活动。

《建筑法》第八十四条规定："军用房屋建筑工程建筑活动的具体管理办法，由国务院、中央军事委员会依据本法制定。"

以上作为文物保护的纪念建筑物和古建筑等的修缮、军用房屋建筑工程建筑活动虽然无须办理施工许可证和开工报告，但仍须按规定办理有关审批手续。

（二）施工许可证的申请

1. 施工许可证的申请主体

施工许可证的名称易令人误解为施工单位需取得的证书。事实上，虽然施工许可证上同时注明建设单位和施工单位的名称，但根据《建筑法》，按照国家有关规定向工程所在地县级以上人民政府建设行政主管部门申请领取施工许可证的主体是建设单位。

建设工程实施代建模式，代建单位全面代表建设单位履行职责的，可以根据实际情况以自己的名义申请领取施工许可证，也可以在施工许可证中建设单位之后注明代建单位的身份。

2. 施工许可证的申请条件

（1）依法应当办理用地批准手续的，已经办理该建筑工程用地批准手续。

《中华人民共和国土地管理法》规定，经批准的建设项目需要使用国有建设用地的，建设单位应当持法律、行政法规规定的有关文件，向有批准权的县级以上人民政府自然资源主管部门提出建设用地申请，经自然资源主管部门审查，报本级人民政府批准。

(2)依法应当办理建设工程规划许可证的,已经取得建设工程规划许可证。

《城乡规划法》规定了依法应当办理建设工程规划许可证的情形,详见本节第一部分内容。

(3)施工场地已经基本具备施工条件,需要征收房屋的,其进度符合施工要求。

施工场地需要符合专业、技术、安全、卫生等基本条件。根据《建设工程施工合同(示范文本)》(GF-2017-0201),施工所需要的条件包括:

①将施工用水、电力、通信线路等施工所必需的条件接至施工现场内;

②保证向承包人提供正常施工所需要的进入施工现场的交通条件;

③协调处理施工现场周围地下管线和邻近建筑物、构筑物、古树名木的保护工作,并承担相关费用;

④按照专用合同条款约定应提供的其他设施和条件。

《中华人民共和国民法典》规定,为了公共利益的需要,依照法律规定的权限和程序可以征收集体所有的土地和组织、个人的房屋以及其他不动产。征收集体所有的土地,应当依法及时足额支付土地补偿费、安置补助费以及农村村民住宅、其他地上附着物和青苗等的补偿费用,并安排被征地农民的社会保障费用,保障被征地农民的生活,维护被征地农民的合法权益。征收组织、个人的房屋以及其他不动产,应当依法给予征收补偿,维护被征收人的合法权益;征收个人住宅的,还应当保障被征收人的居住条件。任何组织或者个人不得贪污、挪用、私分、截留、拖欠征收补偿费等费用。

(4)已经确定施工企业。

建设单位应当依法通过招标或直接发包的方式确定具备相应资质的施工企业,并签订建设工程承包合同。《建筑工程施工许可管理办法》规定,按照规定应当招标的工程没有招标,应当公开招标的工程没有公开招标,或者肢解发包工程,以及将工程发包给不具备相应资质条件的企业的,所确定的施工企业无效。

(5)有满足施工需要的资金安排,建设单位应当提供建设资金已经落实承诺书。

《建筑法》在2019年修正后,将原来的"建设资金已经落实"条件放宽至"有满足施工需要的资金安排"。《建筑工程施工许可管理办法》进一步采取承诺制,将该规定明确为建设单位应当提供建设资金已经落实承诺书。《保障农民工工资支付条例》规定,建设单位应当有满足施工所需要的资金安排。没有满足施工所需要的资金安排的,工程建设项目不得开工建设;依法需要办理施工许可证的,相关行业工程建设主管部门不予颁发施工许可证。

(6)有满足施工需要的施工图纸及技术资料,施工图设计文件已按规定审查合格。

《建设工程勘察设计管理条例》规定,从事建设工程勘察、设计活动,应当坚持先勘察、后设计、再施工的原则。施工图设计文件是施工的直接依据,有满足施工需要的施工图纸及技术资料是取得施工许可证的先决条件。施工图审查,是指施工图审查机构按照有关法律、法规,对施工图涉及公共利益、公众安全和工程建设强制性标准的内容进行的审查。《房屋建筑和市政基础设施工程施工图设计文件审查管理办法》规定,施工图未经审查合格的,不得使用。从事房屋建筑工程、市政基础设施工程施工、监理等活动,以及实施对房屋建筑和市政基础设施工程质量安全监督管理,应当以审查合格的施工图为依据。施工图设计文件未按规定审查,或者审查不合格的,不得办理施工许可证。

(7)有保证工程质量和安全的具体措施。

《建筑工程施工许可管理办法》规定,施工企业编制的施工组织设计中有根据建筑工程特点制定的相应质量、安全技术措施。建立工程质量安全责任制并落实到人。专业性较强的工程项目编制了专项质量、安全施工组织设计,并按照规定办理了工程质量、安全监督手续。

县级以上地方人民政府住房城乡建设主管部门不得违反法律法规规定,增设办理施工许可证的其他条件。

3. 申请办理施工许可证的程序

《建筑工程施工许可管理办法》规定,申请办理施工许可证,应当按照下列程序进行:

(1)建设单位向发证机关领取"建筑工程施工许可证申请表"。

(2)建设单位持加盖单位及法定代表人印鉴的"建筑工程施工许可证申请表",并附相应的证明文件,向发证机关提出申请。

(3)发证机关在收到建设单位报送的"建筑工程施工许可证申请表"和所附证明文件后,对于符合条件的,应当自收到申请之日起七日内颁发施工许可证;对于证明文件不齐全或者失效的,应当当场或者五日内一次告知建设单位需要补正的全部内容,审批时间可以自证明文件补正齐全后作相应顺延;对于不符合条件的,应当自收到申请之日起七日内书面通知建设单位,并说明理由。

(三)施工许可证的后期管理

1. 变更

建筑工程在施工过程中,建设单位或者施工单位发生变更的,应当重新申请领取施工许可证。建设单位申请领取施工许可证的工程名称、地点、规模,应当符合依法签订的施工承包合同。施工许可证应当放置在施工现场备查,并按规定在施工现场公开。施工许可证不得伪造和涂改。

2. 延期开工

《建筑法》规定,建设单位应当自领取施工许可证之日起三个月内开工。因故不能按期开工的,应当向发证机关申请延期;延期以两次为限,每次不超过三个月。既不开工又不申请延期或者超过延期时限的,施工许可证自行废止。

《建筑工程施工许可管理办法》进一步规定,申请延期应当在期满前提出,并说明理由;申请延期超过延期次数的,施工许可证自行废止。

3. 核验施工许可证

《建筑法》规定,在建的建筑工程因故中止施工的,建设单位应当自中止施工之日起一个月内,向发证机关报告,并按照规定做好建筑工程的维护管理工作。建筑工程恢复施工时,应当向发证机关报告;中止施工满一年的工程恢复施工前,建设单位应当报发证机关核验施工许可证。

《建筑工程施工许可管理办法》进一步规定,报告内容包括中止施工的时间、原因、在施部位、维修管理措施等,并按照规定做好建筑工程的维护管理工作。

4. 重新办理批准

《建筑法》规定,按照国务院有关规定批准开工报告的建筑工程,因故不能按期开工或者中止施工的,应当及时向批准机关报告情况。因故不能按期开工超过六个月的应当重新办理开工报告的批准手续。

第二节 建设工程从业单位执业资质制度

建设工程从业单位只有事先依法取得相应的资质,才允许其在法律所规定的范围内从事一定建筑活动。我国很早就实行了严格的单位执业资质认证制度,对各种建筑企事业单位的资质等级标准和允许执业范围作出明确的规定。

建设工程从业单位执业资质包括建筑业企业资质、监理企业资质、工程建设项目招标代理机构资格、房地产开发企业资质、建设工程设计企业资质、建设工程勘察企业资质。

一、建设工程从业单位的划分

根据我国现行法规,我国从事建设工程活动的单位分为房地产开发企业、工程总承包企业、工程勘察设计单位、工程监理单位、建筑业企业、混凝土预制构件和商品混凝土生产企业。

(一)房地产开发企业

房地产开发企业是指在城市及村镇从事土地开发、房屋及基础设施和配套设备开发经营业务,具有企业法人资格的经济实体。房地产开发企业有专营和兼营两类。专营企业是指以房地产开发经营为主的企业;兼营企业是指以其他经营项目为主,兼有房地产开发经营业务的企业。

(二)工程总承包企业

工程总承包企业是指对工程从立项到交付使用的全过程进行承包的企业。工程总承包企业可以对工程建设全过程总承包,也可以分阶段承包;可独立承包,也可与其他单位联合总承包。

(三)工程勘察设计单位

工程勘察设计单位是指依法取得资格,从事工程勘察、工程设计活动的单位。工程勘察分为工程地质勘察、水文地质勘察、岩土工程、工程测量四个专业。工程设计按归口管理部门分为电力、煤炭、石油天然气、交通、通信、水利水电、建筑材料、医药、人防、建筑工程、市政工程等三十类行业。

(四)工程监理单位

工程监理单位是指取得监理资质证书,具有法人资格的单位。监理单位的形式有监理公司,监理事务所,兼营监理业务的工程设计、科学研究及工程建设咨询单位。

(五)建筑业企业

建筑业企业是指从事土木建筑工程、线路管道及设备安装工程、装修装饰工程等新建、扩建、改建活动的企业。它又分为工程施工总承包企业、专业承包企业和劳务分包企业三类。

(六)混凝土预制构件和商品混凝土生产企业

混凝土预制构件和商品混凝土生产企业是指建筑、市政建设工程混凝土预制构件生产企业和商用混凝土生产企业。

二、建筑业企业资质条件和等级

(一)建筑业企业资质条件

《建筑业企业资质管理规定》规定,企业应当按照其拥有的资产、主要人员、已完成的工程业绩和技术装备等条件申请建筑业企业资质,经审查合格,取得建筑业企业资质证书后,方可在资质许可的范围内从事建筑施工活动。

1. 有符合规定的净资产

企业净资产是指企业的资产总额减去负债以后的净额,是属于企业所有并可以自由支配的资产,即所有者权益。相对于注册资本而言,它能够更准确地体现企业的经济实力。

2. 有符合规定的主要人员

《住房城乡建设部关于简化建筑业企业资质标准部分指标的通知》(建市〔2016〕226号)要求,除各类别最低等级资质外,取消关于注册建造师、中级以上职称人员、持有岗位证书的现场管理人员、技术工人的指标考核。

《住房和城乡建设部等部门关于加快培育新时代建筑产业工人队伍的指导意见》(建市〔2020〕105号)规定,加快自有建筑工人队伍建设。引导建筑企业加强对装配式建筑、机器人建造等新型建造方式和建造科技的探索和应用,提升智能建造水平,通过技术升级推动建筑工人从传统建造方式向新型建造方式转变。

3. 有符合规定的已完成工程业绩

《住房城乡建设部关于简化建筑业企业资质标准部分指标的通知》(建市〔2016〕226号)中要求,调整建筑工程施工总承包一级及以下资质的建筑面积考核指标。对申请建筑工程、市政公用工程施工总承包特级、一级资质的企业,未进入全国建筑市场监管与诚信信息发布平台的企业业绩,不作为有效业绩认定。

4. 有符合规定的技术装备

施工单位必须使用与其从事施工活动相适应的技术装备,我国目前的企业资质标准对技术装备的要求主要是具有与承包工程范围相适应的施工机械和质量检测设备。许多大中型机械设备都可以采用租赁或融资租赁的方式取得。

(二)建筑业企业资质等级

1. 施工企业的资质序列

按照《建设工程企业资质管理制度改革方案》(建市〔2020〕94号)的规定,施工资质分为综合资质、施工总承包资质、专业承包资质和专业作业资质。

2. 施工企业的资质类别和等级

《建设工程企业资质管理制度改革方案》(建市〔2020〕94号)将10类施工总承包企业特级资质调整为施工综合资质,可承担各行业、各等级施工总承包业务;保留12类施工总承包资质,将民航工程的专业承包资质整合为施工总承包资质;将36类专业承包资质整合为18类;将施工劳务企业资质改为专业作业资质,由审批制改为备案制。综合资质和专业作业资质不分等级;施工总承包资质、专业承包资质等级原则上压减为甲、乙两级(部分专业承包资质不分等级),其中,施工总承包甲级资质在本行业内承揽业务规模不受限制。

施工总承包资质分为13个类型,分别为:建筑工程施工总承包、公路工程施工总承包、铁路工程施工总承包、港口与航道工程施工总承包、水利水电工程施工总承包、市政公用工程施工总承包、电力工程施工总承包、矿山工程施工总承包、冶金工程施工总承包、石油化工工程施工总承包、通信工程施工总承包、机电工程施工总承包、民航工程施工总承包。

专业承包资质分为18个类型,分别为:建筑装修装饰工程专业承包、建筑机电工程专业承包、公路工程类专业承包、港口与航道工程类专业承包、铁路电务电气化工程专业承包、水利水电工程类专业承包、通用专业承包、地基基础工程专业承包、起重设备安装工程专业承包、预拌混凝土专业承包、模板脚手架专业承包、防水防腐保温工程专业承包、桥梁工程专业承包、隧道工程专业承包、消防设施工程专业承包、古建筑工程专业承包、输变电工程专业承包、核工程专业承包。

三、建筑业企业资质的申请、延续与变更、监督管理

(一)建筑业企业资质的申请

《优化营商环境条例》规定,国家推进"证照分离"改革,持续精简涉企经营许可事项,依法采取直接取消审批、审批改为备案、实行告知承诺、优化审批服务等方式,对所有涉企经营许可事项进行分类管理,为企业取得营业执照后开展相关经营活动提供便利。除法律、行政法规规定的特定领域外,涉企经营许可事项不得作为企业登记的前置条件。

《建筑业企业资质管理规定》规定,企业可以申请一项或多项建筑业企业资质。企业首次申请或增项申请资质,应当申请最低等级资质。企业申请建筑业企业资质,在资质许可机关的网站或审批平台提出申请事项,提交资金、专业技术人员、技术装备和已完成业绩等电子材料。

《住房和城乡建设部办公厅关于做好建筑业"证照分离"改革衔接有关工作的通知》(建办市〔2021〕30号)规定,自2021年7月1日起,建筑业企业施工劳务资质由审批制改为备案制,由企业注册地设区市住房和城乡建设主管部门负责办理备案手续。企业提交企业名称、统一社会信用代码、办公地址、法定代表人姓名及联系方式、企业净资产、技术负责人、技术工人等信息材料后,备案部门应当场办理备案手续,并核发建筑业企业施工劳务资质证书。企业完成备案手续并取得资质证书后,即可承接施工劳务作业。

《住房和城乡建设部办公厅关于建设工程企业资质有关事宜的通知》(建办市函〔2022〕361号)规定,具有法人资格的企业可直接申请施工总承包、专业承包二级资质。企业按照新申请或增项提交相关材料,企业资产、技术负责人需满足《建筑业企业资质标准》(建市

〔2014〕159号)规定的相应类别二级资质标准要求,其他指标需满足相应类别三级资质标准要求。持有施工总承包、专业承包三级资质的企业,可按照现行二级资质标准要求申请升级,也可按照上述要求直接申请二级资质。

(二)建筑业企业资质的延续与变更

1.建筑业企业资质证书的使用与延续

《住房城乡建设部办公厅关于规范使用建筑业企业资质证书的通知》(建办市函〔2016〕462号)中指出,为切实减轻企业负担,各有关部门和单位在对企业跨地区承揽业务监督管理、招标活动中,不得要求企业提供建筑业企业资质证书原件,企业资质情况可通过扫描建筑业企业资质证书复印件的二维码查询。

《建筑业企业资质管理规定》规定:"资质证书有效期为5年。""建筑业企业资质证书有效期届满,企业继续从事建筑施工活动的,应当于资质证书有效期届满3个月前,向原资质许可机关提出延续申请。资质许可机关应当在建筑业企业资质证书有效期届满前做出是否准予延续的决定;逾期未做出决定的,视为准予延续。"

《住房和城乡建设部办公厅关于建设工程企业资质有关事宜的通知》(建办市函〔2022〕361号)规定,地方各级住房和城乡建设主管部门核发的工程勘察、工程设计、建筑业企业、工程监理企业资质,资质延续有关政策由各省级住房和城乡建设主管部门确定,相关企业资质证书信息应及时报送至全国建筑市场监管公共服务平台。

2.建筑业企业资质证书的变更

《优化营商环境条例》规定,企业申请办理住所等相关变更登记的,有关部门应当依法及时办理,不得限制。除法律、法规、规章另有规定外,企业迁移后其持有的有效许可证件不再重复办理。

《建筑业企业资质管理规定》规定,企业在建筑业企业资质证书有效期内名称、地址、注册资本、法定代表人等发生变更的,应当在工商部门办理变更手续后1个月内办理资质证书变更手续。企业需更换、遗失补办建筑业企业资质证书的,应当持建筑业企业资质证书更换、遗失补办申请等材料向资质许可机关申请办理。资质许可机关应当在2个工作日内办理完毕。企业发生合并、分立、重组以及改制等事项,需承继原建筑业企业资质的,应当申请重新核定建筑业企业资质等级。

(三)建筑业企业资质的监督管理

1.建筑业企业资质证书的撤回

《建筑业企业资质管理规定》规定,取得建筑业企业资质证书的企业,应当保持资产、主要人员、技术装备等方面满足相应建筑业企业资质标准要求的条件。企业不再符合相应建筑业企业资质标准要求条件的,县级以上地方人民政府住房城乡建设主管部门、其他有关部门,应当责令其限期改正并向社会公告,整改期限最长不超过3个月;企业整改期间不得申请建筑业企业资质的升级增项,不能承揽新的工程;逾期仍未达到建筑业企业资质标准要求条件的,资质许可机关可以撤回其建筑业企业资质证书。

被撤回建筑业企业资质证书的企业,可以在资质被撤回后3个月内,向资质许可机关提出核定低于原等级同类别资质的申请。

2. 建筑业企业资质证书的撤销

《建筑业企业资质管理规定》规定,有下列情形之一的,资质许可机关应当撤销建筑业企业资质:①资质许可机关工作人员滥用职权、玩忽职守准予资质许可的;②超越法定职权准予资质许可的;③违反法定程序准予资质许可的;④对不符合资质标准条件的申请企业准予资质许可的;⑤依法可以撤销资质许可的其他情形。

以欺骗、贿赂等不正当手段取得资质许可的,应当予以撤销。

3. 建筑业企业资质证书的注销

《建筑业企业资质管理规定》规定,有下列情形之一的,资质许可机关应当依法注销建筑业企业资质,并向社会公布其建筑业企业资质证书作废,企业应当及时将建筑业企业资质证书交回资质许可机关:①资质证书有效期届满,未依法申请延续的;②企业依法终止的;③资质证书依法被撤回、撤销或吊销的;④企业提出注销申请的;⑤法律、法规规定的应当注销建筑业企业资质的其他情形。

四、相关禁止规定

施工单位应具备企业法人营业执照和相应的资质证书,并只可从事资质等级许可经营范围内的施工活动。

(一)禁止无资质承揽工程

《建设工程质量管理条例》规定,施工单位应当依法取得相应等级的资质证书,并在其资质等级许可的范围内承揽工程。《建设工程安全生产管理条例》进一步规定,施工单位从事建设工程的新建、扩建、改建和拆除等活动,应当具备国家规定的注册资本、专业技术人员、技术装备和安全生产等条件,依法取得相应等级的资质证书,并在其资质许可的范围内承揽工程。《建筑法》规定,禁止总承包单位将工程分包给不具备相应资质条件的单位。

(二)禁止越级承揽工程

《建筑法》《建设工程质量管理条例》均规定,禁止施工单位超越本单位资质等级许可的业务范围承揽工程。

《建筑法》规定,两个以上不同资质等级的单位实行联合共同承包的,应当按照资质等级低的单位的业务许可范围承揽工程。

《房屋建筑和市政基础设施工程施工分包管理办法》规定,分包工程承包人必须具有相应的资质,并在其资质等级许可的范围内承揽业务。

(三)禁止借用或出借资质承揽工程

《建筑法》规定,禁止建筑施工企业超越本企业资质等级许可的业务范围或者以任何形式用其他建筑施工企业的名义承揽工程。禁止建筑施工企业以任何形式允许其他单位或者个人使用本企业的资质证书、营业执照,以本企业的名义承揽工程。《房屋建筑和市政基础设施工程施工分包管理办法》规定,分包工程发包人没有将其承包的工程进行分包,在施工现场所设项目管理机构的项目负责人、技术负责人、项目核算负责人、质量管理人员、安全管理人员不是工程承包人本单位人员的,视同允许他人以本企业名义承揽工程。

(四)不予批准企业资质升级申请和增项申请的规定

《建筑业企业资质管理规定》规定,企业申请建筑业企业资质升级、资质增项,在申请之日起前一年至资质许可决定作出前,有下列情形之一的,资质许可机关不予批准其建筑业企业资质升级申请和增项申请:①超越本企业资质等级或以其他企业的名义承揽工程,或允许其他企业或个人以本企业的名义承揽工程的;②与建设单位或企业之间相互串通投标,或以行贿等不正当手段谋取中标的;③未取得施工许可证擅自施工的;④将承包的工程转包或违法分包的;⑤违反国家工程建设强制性标准施工的;⑥恶意拖欠分包企业工程款或者劳务人员工资的;⑦隐瞒或谎报、拖延报告工程质量安全事故,破坏事故现场、阻碍对事故调查的;⑧按照国家法律、法规和标准规定需要持证上岗的现场管理人员和技术工种作业人员未取得证书上岗的;⑨未依法履行工程质量保修义务或拖延履行保修义务的;⑩伪造、变造、倒卖、出租、出借或者以其他形式非法转让建筑业企业资质证书的;⑪发生过较大以上质量安全事故或者发生过两起以上一般质量安全事故的;⑫其他违反法律、法规的行为。

五、违法行为的法律责任

(一)企业申请办理资质违法行为应承担的法律责任

《建筑法》规定,以欺骗手段取得资质证书的,吊销资质证书,处以罚款;构成犯罪的,依法追究刑事责任。《建设工程质量管理条例》规定,以欺骗手段取得资质证书承揽工程的,吊销资质证书,按规定处以罚款;有违法所得的,予以没收。

《建筑业企业资质管理规定》规定,申请企业隐瞒有关真实情况或者提供虚假材料申请建筑业企业资质的,资质许可机关不予许可,并给予警告,申请企业在1年内不得再次申请建筑业企业资质。企业以欺骗、贿赂等不正当手段取得建筑业企业资质的,由原资质许可机关予以撤销;由县级以上地方人民政府住房城乡建设主管部门或者其他有关部门给予警告,并处3万元的罚款,申请企业3年内不得再次申请建筑业企业资质。企业未按照规定及时办理建筑业企业资质证书变更手续的,由县级以上地方人民政府住房城乡建设主管部门责令限期办理;逾期不办理的,可处以1 000元以上1万元以下的罚款。

(二)无资质承揽工程应承担的法律责任

《建筑法》规定,发包单位将工程发包给不具有相应资质条件的承包单位的,或者违反法律规定将建筑工程肢解发包的,责令改正,处以罚款。未取得资质证书承揽工程的,予以取缔,并处罚款;有违法所得的,予以没收。《建设工程质量管理条例》进一步规定,建设单位将建设工程发包给不具有相应资质等级的勘察、设计、施工单位或者委托给不具有相应资质等级的工程监理单位的,责令改正,处50万元以上100万元以下的罚款。

(三)超越资质等级承揽工程应承担的法律责任

《建筑法》规定,超越本单位资质等级承揽工程的,责令停止违法行为,处以罚款,可以责令停业整顿,降低资质等级;情节严重的,吊销资质证书;有违法所得的,予以没收。《建设工程质量管理条例》进一步规定,勘察、设计、施工、工程监理单位超越本单位资质等级承揽工程的,责令停止违法行为,对勘察、设计单位或者工程监理单位处合同约定的勘察费、设计费或者监理酬金1倍以上2倍以下的罚款;对施工单位处工程合同价款百分之二以上百分之四以下的罚款,可以责令停业整顿,降低资质等级;情节严重的,吊销资质证书;有违法所得的,予以没收。

(四)转包、违法分包等行为应承担的法律责任

《建筑法》规定,承包单位将承包的工程转包的,或者违反法律规定进行分包的,责令改正,没收违法所得,对勘察、设计单位处合同约定的勘察费、设计费百分之二十五以上百分之五十以下的罚款,并处罚款,可以责令停业整顿,降低资质等级;情节严重的,吊销资质证书。承包单位有以上违法行为的,对因转包工程或者违法分包的工程不符合规定的质量标准造成的损失,与接受转包或者分包的单位承担连带赔偿责任。

《建设工程质量管理条例》规定,承包单位将承包的工程转包或者违法分包的,责令改正,没收违法所得,对勘察、设计单位处合同约定的勘察费、设计费百分之二十五以上百分之五十以下的罚款;对施工单位处工程合同价款百分之零点五以上百分之一以下的罚款;可以责令停业整顿,降低资质等级;情节严重的,吊销资质证书。

《房屋建筑和市政基础设施工程施工分包管理办法》规定,转包、违法分包或者允许他人以本企业名义承揽工程的,按照《中华人民共和国建筑法》《中华人民共和国招标投标法》和《建设工程质量管理条例》的规定予以处罚。

第三节 建设工程从业人员执业资格制度

我国目前正在加速建设工程领域个人执业资格制度的建立。《建筑法》明确规定:"从事建筑活动的专业技术人员,应当依法取得相应的执业资格证书,并在执业资格证书许可的范围内从事建筑活动。"

个人执业资格制度是要求具有一定专业学历的技术人员,参加相关考试以获取执业资格,在按规定注册后方可实际执业的管理制度的统称。建设工程领域个人执业资格类型主要有注册建造师、注册造价工程师、注册监理工程师、注册建筑师、注册结构工程师、注册城市规划师、注册岩土工程师、注册房地产估价师、注册规划师、注册风景园林师。其中,与土木工程类专业有关的主要是注册结构工程师、注册监理工程师和注册建造师等。

一、注册结构工程师

(一)注册结构工程师的概念

注册结构工程师是指取得注册结构工程师执业资格证书和注册证书,从事房屋结构、桥梁结构及塔架结构等工程结构设计及相关业务的专业技术人员。

世界各国对注册结构工程师设置的级别有所不同,根据我国《注册结构工程师执业资格制度暂行规定》,注册结构工程师分为一级注册结构工程师和二级注册结构工程师。一级注

册结构工程师执业的范围不受工程规模及工程复杂程度的限制,而二级注册结构工程师则要受一定限制,具体限制范围由住房和城乡建设部另行规定。

(二)注册结构工程师执业资格考试

注册结构工程师考试分为基础考试和专业考试两部分。基础考试的目的是测试考生是否基本掌握进入结构工程设计实践所必须具备的基础及专业理论知识,参加考试的人员必须是大学本科毕业并达到规定年限。通过基础考试后,从事结构工程设计或相关业务满一定年限的人员,方可申请参加专业考试。

注册结构工程师考试采取全国统一大纲、统一命题、统一组织的方法,原则上每年举行一次。参考人员资格、具体考试内容和考试方式由住房和城乡建设部与人力资源和社会保障部规定,目前基础考试的科目有高等数学、普通化学、普通物理、理论力学、材料力学、流体力学、计算机应用基础、电工电子技术、工程经济、结构力学等。专业考试内容有钢筋混凝土结构、钢结构、砌体结构与木结构、桥梁结构、地基与基础、高层建筑、高耸结构与横向作用等。二级注册结构工程师专业考试内容与一级注册结构工程师基本相同,但较一级注册结构工程师要简单一些。

(三)注册结构工程师的注册

取得注册结构工程师执业资格者,要从事结构工程设计业务的,必须申请注册。有下列情形之一的,不予注册:

①不具备完全民事行为能力的;

②因受刑事处罚,自处罚完毕之日起至申请注册之日止不满5年的;

③因在结构工程设计或相关业务中犯有错误受到行政处罚或者撤职以上行政处分,自处罚、处分决定之日起至申请注册之日止不满2年的;

④受吊销注册结构工程师注册证书处罚,自处罚决定之日起至申请注册之日止不满5年的。

目前,结构工程师的注册申请只能由其所在单位代为进行,我国尚不能接受个人申请。注册有效期为2年,有效期届满需要继续注册的,应在期满前30日内办理注册手续。

注册结构工程师注册后,有下列情形之一的,由全国或省、自治区、直辖市注册结构工程师管理委员会撤销注册,收回注册证书:

①完全丧失民事行为能力的;

②受刑事处罚的;

③因在工程设计或者相关业务中造成工程事故,受到行政处罚或者撤职以上行政处分的;

④自行停止注册结构工程师业务满2年的。

注册被撤销后,要按规定要求重新申请注册。

(四)注册结构工程师的执业

1. 执业范围

注册结构工程师可从事结构工程设计、结构工程设计技术咨询,建筑物、构筑物、工程设施等调查和鉴定,对本人主持设计的项目进行施工指导和监督,住房和城乡建设部及国务院有关部门规定的其他业务。

2. 执业要求及责任

目前,我国尚不允许注册结构工程师个人单独执业。所以,注册结构工程师必须加入一个勘察设计单位后才能执业,并由单位统一接受设计业务和统一收费。注册结构工程师因结构设计质量造成经济损失时,其赔偿责任先由勘察设计单位承担,然后再向注册结构工程师追偿。注册结构工程师执业管理和处罚办法由住房和城乡建设部另行规定。

(五)注册结构工程师的权利与义务

1. 注册结构工程师的权利

《注册结构工程师执业资格制度暂行规定》指出,注册结构工程师有权以注册结构工程师的名义执行结构工程师业务。国家规定的一定跨度、高度等以上的结构工程设计,应由注册结构工程师主持设计。任何单位和个人修改注册结构工程师的设计图纸,应当征得该注册结构工程师的同意;但是因特殊情况不能征得该注册结构工程师同意的除外。

2. 注册结构工程师的义务

注册结构工程师必须遵守法律、法规和职业道德,维护社会公共利益;保证工程设计的质量,并在其负责的设计图纸上签字盖章;保守在执业中知悉的单位和个人的秘密;不得同时受聘于两个以上勘察设计单位执行业务;不得准许他人以本人名义执行业务。注册结构工程师还要按规定接受必要的继续教育,定期进行业务和法规培训,并作为重新注册的依据。

二、注册监理工程师

(一)注册监理工程师的概念

注册监理工程师是指经全国统一考试合格,取得监理工程师资格证书并经注册登记的工程建设监理人员。

世界上大多数国家并未建立单独的注册监理工程师制度,其工程监理资格是与其他执业资格联系在一起的。我国根据国情的需要,于1992年开始建立注册监理工程师制度,规定监理工程师为岗位职务,并按专业设置相应的岗位。

(二)注册监理工程师执业资格考试

注册监理工程师执业资格考试,由全国及省、自治区、直辖市和国务院有关部门的监理工程师资格考试委员会负责制定考试大纲,确定考试内容与合格标准,监督和指导各地各部门资格考试委员会负责考试报名和参考人员的资格审查,组织考试及评卷等工作。各级资格考试委员会为非常设机构,于每年考前6个月组成并开始工作。

1. 报名条件

报名参加注册监理工程师执业资格考试的人员,必须具有工程技术或工程经济专业大专或大专以上的学历,并具有高级专业技术职务或取得中级专业技术职务后从事工程设计、施工管理或工程监理等工程实践满3年,还要获得所在单位的推荐。

2. 考试科目

考试科目包括:建设工程监理基本理论与相关法规,建设工程合同管理,建设工程质量、投资、进度控制,建设工程监理案例分析。具有工程技术或工程经济专业高级专业职称,毕业年限及从事工程设计、施工管理或工程监理工作满足规定要求的,可免试建设工程合同管理和建设工程质量、投资、进度控制两科。

3. 考试方法

采取全国统一大纲、统一命题、统一组织的办法,每年举行一次,考场一般设在省会城市,经人力资源和社会保障部、住房和城乡建设部批准也可设置在其他城市。

(三)注册监理工程师的注册

通过监理工程师资格考试者可获取监理工程师资格证书,在执业注册前,不得以监理工程师的名义从事建设工程监理业务。领证之日起,5年内不进行执业注册的,其证书失效。申请注册时,应由其被聘用的监理单位统一向本地区或本部门注册管理机构提出,具备下述条件者可获准注册:

①热爱中华人民共和国,拥护社会主义制度,遵纪守法,遵守监理职业道德;

②身体健康,胜任建设工程的现场监理工作;

③已取得监理工程师资格证书。

国家行政机关现职工作人员,不得申请监理工程师注册。已经注册的监理工程师,不得以个人名义私自承接建设工程监理业务。注册管理机构每5年对监理工程师的注册复查一次,对不符合条件的,注销其注册。

三、注册建造师

(一)注册建造师的概念

注册建造师是指通过考核认定或考试合格取得中华人民共和国建造师资格证书(以下简称资格证书),并按照规定注册,取得中华人民共和国建造师注册证书(以下简称注册证书)和执业印章,担任施工单位项目负责人及从事相关活动的专业技术人员。

注册建造师实行注册执业管理制度,注册建造师分为一级注册建造师和二级注册建造师。

(二)注册建造师执业资格考试

一级建造师执业资格实行全国统一大纲、统一命题、统一组织的考试制度,由人力资源和社会保障部、住房和城乡建设部共同组织实施,原则上每年举行一次考试;二级建造师执业资格实行全国统一大纲,省、自治区、直辖市命题并组织考试的制度。

《建造师执业资格考试实施办法》规定,一级建造师执业资格考试设"建设工程经济""建设工程法规及相关知识""建设工程项目管理""专业工程管理与实务"4个科目;二级建造师执业资格考试设"建设工程施工管理""建设工程法规及相关知识""专业工程管理与实务"3

个科目。

(三)注册建造师的注册

取得资格证书的人员,经过注册方能以注册建造师的名义执业。申请初始注册时应当具备以下条件:①经考核认定或考试合格取得资格证书;②受聘于一个相关单位;③达到继续教育要求;④没有《注册建造师管理规定》中不予注册的情形。

初始注册者,可自资格证书签发之日起3年内提出申请。逾期未申请者,须符合本专业继续教育的要求后方可申请初始注册。申请初始注册需要提交下列材料:①注册建造师初始注册申请表;②资格证书、学历证书和身份证明复印件;③申请人与聘用单位签订的聘用劳动合同复印件或其他有效证明文件;④逾期申请初始注册的,应当提供达到继续教育要求的证明材料。

注册证书和执业印章是注册建造师的执业凭证,由注册建造师本人保管、使用。注册证书与执业印章有效期为3年。注册有效期满需继续执业的,应当在注册有效期届满30日前,按照规定申请延续注册。延续注册的,有效期为3年。申请延续注册的,应当提交下列材料:①注册建造师延续注册申请表;②原注册证书;③申请人与聘用单位签订的聘用劳动合同复印件或其他有效证明文件;④申请人注册有效期内达到继续教育要求的证明材料。

《注册建造师执业管理办法(试行)》规定,多专业注册的注册建造师,其中一个专业注册期满仍需以该专业继续执业和以其他专业执业的,应当及时办理续期注册。

(四)注册建造师的执业

注册建造师可以从事建设工程项目总承包管理或施工管理,建设工程项目管理服务,建设工程技术经济咨询,以及法律、行政法规和国务院建设主管部门规定的其他业务。

四、项目经理

(一)项目经理的概念

项目经理是受企业法定代表人委托,对工程项目施工过程全面管理的项目负责人,也是建筑施工企业法定代表人在工程项目上的代表人。《建筑施工企业项目经理资质管理办法》规定,二级以上的工程施工总承包企业和四级以上的工程施工承包企业都必须实行项目经理持证上岗制。

(二)项目经理的资质等级及其承担的工程范围

按施工管理资历和所具有的专业技术职称,项目经理的资质共分为四个等级:一级、二级、三级、四级。原建设部对具体资质标准已作规定,项目经理资质等级沿用至2008年为止,其后由主建造师担任项目经理。

一级项目经理(一级建造师)可承担一级资质建筑施工企业营业范围内所有的工程项目管理;二级项目经理(二级建造师)可承担二级资质以下(含二级)建筑施工企业营业范围内的工程项目管理;三级项目经理可承担三级资质以下(含三级)建筑施工企业营业范围内的工程项目管理;四级项目经理可承担四级资质建筑施工企业营业范围内的工程项目管理。

(三)项目经理资质管理机构

省、自治区、直辖市建设行政主管部门负责本辖区内建筑施工企业项目经理资质管理工作;国务院各有关部门及具有行政职能的总公司负责其直属建筑施工企业项目经理资质管理工作;国务院建设行政主管部门负责指导全国建筑施工企业项目经理资质管理工作。

(四)项目经理的资质考核和注册

项目经理实行持证上岗制度。从事工程项目施工管理的项目经理,必须经各省、自治区、直辖市建设行政主管部门或国务院各有关部门组织培训、考核和注册,获得全国建筑施工企业项目经理培训合格证。

取得上述合格证,并经过项目经理岗位工作实践后,达到项目经理资质申请条件的,由本人提出申请,经企业法定代表人签署意见,参加相应级别的项目经理资质考核。项目经理资质考核委员会负责对项目经理的职能、培训、经历、业绩等条件全面考核。

考核通过后,由其所属的省、自治区、直辖市建设行政主管部门或国务院各有关部门认定注册,发给相应等级的建筑施工企业项目经理资质证书(一级项目经理须报住房和城乡建设部认可),该证书全国通用。

(五)注册建造师和项目经理的关系

项目经理只是一个工作岗位,而注册建造师是一种执业资格。注册建造师制度建立后,项目经理只能由具有注册建造师执业资格的人员担任。注册建造师不只可以担任项目经理,还可以担任其他职务。

第三章 建设工程合同法律制度

第一节 建设工程合同概述

一、建设工程合同的概念

合同是平等民事主体之间设立、变更、终止民事法律关系的协议。

建设工程合同是工程建设法律关系中的当事人为了实现完成建设工程的经济目的,明确相互权利义务关系而达成的协议。当事人在合同中都确定了各自的权利和义务,合同订立生效后双方应当严格履行,在享有权利的同时必须履行义务。在建设工程合同中,承包人的主要义务是进行工程建设,权利是得到工程价款;发包人的主要义务是支付工程价款,权利是得到完整、符合约定的建筑产品。

二、建设工程合同的种类

建设工程合同根据不同的标准可以分为不同的种类。

(一)根据承包内容分类

1. 建设工程勘察合同

勘察合同涉及对建设工程项目的地质和地理状况的调查研究,是根据建设工程的要求,查明、分析、评价建设场地的地质地理环境特征和岩土工程条件,编制建设工程勘察文件的协议。

2. 建设工程设计合同

设计合同包括初步设计和施工设计,涉及项目的整体规划和具体施工图,是根据建设工程的要求,对建设工程所需的技术、经济、资源、环境等条件进行综合分析、论证,编制建设工程设计文件的协议。

3. 建设工程施工合同

施工合同是承包方根据设计图纸完成工程建设,是承包人进行工程建设施工、发包人支付价款的合同,是建设工程的主要合同,同时也是工程建设质量控制、进度控制、投资控制的主要依据。

(二)根据合同联系结构分类

1. 总承包合同

总承包合同涉及整个建设工程的承包,包括勘察、设计和施工。

2. 分别承包合同

分别承包合同将建设工程的工作分别承包给不同的承包方。

(三)根据合同计价方式分类

1. 总价合同

总价合同通常固定,不论实际成本如何。

2. 单价合同

单价合同根据实际完成的工程量计算。

3. 成本加酬金合同

成本加酬金合同包括固定成本和额外支付的酬金。

三、建设工程合同的特征

1. 合同主体的严格性

建设工程合同的主体一般是法人。发包人一般是经过批准进行工程项目建设的法人,必须有国家批准的建设项目、落实的投资计划,并且应当具备相应的协调能力。承包人则必须具备法人资格,而且应当具备相应的从事勘察设计、施工、监理等资质。无营业执照或无承包资质的单位不能作为建设工程合同的主体,资质等级低的单位不能越级承包建设工程。

2. 合同标的的特殊性

建设工程合同的标的是各类建筑产品。建筑产品是不动产,其基础部分与大地相连,不能移动。这就决定了每个建设工程合同的标的都是特殊的,具有不可替代性。这还决定了承包人工作的流动性。建筑物所在地就是勘察、设计、施工生产的现场,施工队伍、施工机械必须围绕建筑产品不断移动。另外,建筑产品的类别庞杂,其外观、结构、使用目的、使用人都各不相同,这就要求每一个建筑产品都需单独设计和施工(即使可重复利用标准设计或重复使用的图纸,也应采取必要的修改设计才能施工),即建筑产品是单体性生产,这也决定了建设工程合同标的的特殊性。

3. 合同履行期限的长期性

建设工程由于结构复杂、体积大、建筑材料类型多、工作量大,使得合同履行期限都较长(与一般工业产品的生产相比)。建设工程合同的订立和履行一般都需要较长的准备期。在合同的履行过程中,还可能因为不可抗力、工程变更、材料供应不及时等原因而导致合同顺延。所有这些情况决定了建设工程合同的履行期限具有长期性。

4. 必须符合国家关于工程建设程序的规定

由于工程建设对国家的经济发展、公民的工作和生活都有重大的影响,因此,国家对建设工程的计划和程序都有严格的管理制度。订立建设工程合同必须以国家批准的投资计划为前提,即使是国家投资以外的、以其他方式筹集的投资也要受到当年的贷款规模和批准限额的限制,纳入当年投资规模的平衡,并经过严格的审批程序。建设工程合同的订立和履行还必须符合国家关于工程建设程序的规定。

5. 合同形式采用书面形式

《中华人民共和国民法典》规定,当事人订立合同,可以采用书面形式、口头形式或者其他形式。但是,考虑到建设工程的重要性和复杂性,在建设过程中经常会发生影响合同履行的纠纷,因此,《中华人民共和国民法典》要求建设工程合同应当采用书面形式。

第二节 建设工程合同的订立

一、建设工程合同订立的形式和内容

《中华人民共和国民法典》规定,建设工程合同应采用书面形式。书面形式是合同书、信件、电报、电传、传真等可以有形地表现所载内容的形式。以电子数据交换、电子邮件等方式能够有形地表现所载内容,并可以随时调取查用的数据电文,视为书面形式。

合同的内容由当事人约定,一般包括下列条款:①当事人的姓名或者名称和住所;②标的;③数量;④质量;⑤价款或者报酬;⑥履行期限、地点和方式;⑦违约责任;⑧解决争议的方法。当事人可以参照各类合同的示范文本订立合同。

二、建设工程合同订立的程序

建设工程合同的签订具有特殊性,需要经过要约邀请(发布招标公告)—要约(投标)—承诺(发出中标通知书)三个步骤。

(一)要约邀请

要约邀请是指当事人一方邀请不特定的另一方向自己提出要约的意思表示。要约邀请行为属于事实行为,一般没有法律约束力,只有经过被邀请的一方作出要约并经邀请方承诺后,合同方能成立。因此,要约邀请的目的在于诱使他人向自己发出要约。在建设工程合同签订的过程中,发包方发布招标公告或招标邀请书的行为就是一种要约邀请行为,其目的在于邀请承包方投标。在建设工程合同签订程序中有一个显著的特点:受要约人(承诺人)是特定的,而要约人是不特定的。

(二)要约

1. 要约的概念

要约是希望与他人订立合同的意思表示,该意思表示应当符合下列条件:①内容具体确定;②表明经受要约人承诺,要约人即受该意思表示约束。

2. 要约的效力

(1)要约的生效。

要约可以对话方式或者非对话方式作出。以对话方式作出的要约,相对人知道其内容时生效。以非对话方式作出的要约,到达相对人时生效。以非对话方式作出的采用数据电文形式的要约,相对人指定特定系统接收数据电文的,该数据电文进入该特定系统时生效;未指定特定系统的,相对人知道或者应当知道该数据电文进入其系统时生效。当事人对采

用数据电文形式的要约的生效时间另有约定的,按照其约定。

(2)要约的撤回和撤销。

要约可以撤回,撤回要约的通知应当在要约到达相对人前或者与要约同时到达相对人。要约一旦被撤回,即对要约人失去拘束力。

要约可以撤销,但是有下列情形之一的除外:①要约人以确定承诺期限或者其他形式明示要约不可撤销;②受要约人有理由认为要约是不可撤销的,并已经为履行合同做了合理准备工作。

(3)要约的失效。

有下列情形之一的,要约失效:①要约被拒绝;②要约被依法撤销;③承诺期限届满,受要约人未作出承诺;④受要约人对要约的内容作出实质性变更。

在建设工程合同签订过程中,承包方向发包方递交投标文件的投标行为就是一种要约行为。投标文件中应包含建设工程合同应具备的主要条款,如工程造价、工程质量、工程工期等内容,作为要约的投标对承包方具有法律约束力,表现在承包方在投标生效后无权修改或撤回投标以及一旦中标就必须与发包方签订合同,否则要承担相应责任等。

(三)承诺

1.承诺的概念

承诺是受要约人同意要约的意思表示。一项有效的承诺应具备基本的构成要件:一是承诺须由受领要约的相对人作出;二是承诺的内容须与要约的内容一致,承诺对要约内容进行实质性变更的,不构成承诺,而视为一项新要约或反要约;三是承诺须于承诺期限内作出,否则也应视为新的要约;四是承诺须向要约人或要约人的代理人作出。

2.承诺的效力

承诺应当以通知的方式作出,但是,根据交易习惯或者要约表明可以通过行为作出承诺的除外。承诺应当在要约确定的期限内到达要约人。要约没有确定承诺期限的,承诺应当依照下列规定到达:①要约以对话方式作出的,应当即时作出承诺;②要约以非对话方式作出的,承诺应当在合理期限内到达。

3.承诺期限的起算

(1)要约以信件或者电报作出的,承诺期限自信件载明的日期或者电报交发之日开始计算。信件未载明日期的,自投寄该信件的邮戳日期开始计算。

(2)要约以电话、传真、电子邮件等快速通讯方式作出的,承诺期限自要约到达受要约人时开始计算。

承诺生效时合同成立,但是法律另有规定或者当事人另有约定的除外。当事人采用合同书形式订立合同的,自当事人均签名、盖章或者按指印时合同成立。在签名、盖章或者按指印之前,当事人一方已经履行主要义务,对方接受时,该合同成立。法律、行政法规规定或者当事人约定合同应当采用书面形式订立,当事人未采用书面形式但是一方已经履行主要义务,对方接受时,该合同成立。当事人采用信件、数据电文等形式订立合同要求签订确认书的,签订确认书时合同成立。

三、合同的效力

（一）有效合同

《中华人民共和国民法典》规定，依法成立的合同，自成立时生效，但是法律另有规定或者当事人另有约定的除外。合同生效，意味着法律允许合同按照当事人的意思产生其预设的法律后果。

依照法律、行政法规的规定，合同应当办理批准等手续的，依照其规定。未办理批准等手续影响合同生效的，不影响合同中履行报批等义务条款以及相关条款的效力。应当办理申请批准等手续的当事人未履行义务的，对方可以请求其承担违反该义务的责任。

依据《中华人民共和国民法典》规定，具备下列条件的合同有效：

(1) 行为人具有相应的民事行为能力；
(2) 意思表示真实；
(3) 不违反法律、行政法规的强制性规定，不违背公序良俗。

（二）无效合同

无效合同是指合同内容或者形式违反了法律、行政法规的强制性规定和社会公共利益，因而不能产生法律约束力、不受法律保护的合同。根据《中华人民共和国民法典》规定，以下合同为无效合同。

(1) 无民事行为能力人订立的合同。无民事行为能力人实施的民事法律行为无效，应由其法定代理人代理实施民事法律行为。

(2) 行为人与相对人以虚假的意思表示订立的合同。意思表示是指当事人把设立变更、终止民事权利和义务的内在意思以一定方式表达于外部的行为。有效的民事法律行为要求意思表示必须是真实的。行为人与相对人以虚假的意思表示实施行为，旨在隐藏其他行为或意思，则作为外观的行为并非行为人的真实意思，当然是无效的。

(3) 违反法律、行政法规的强制性规定的合同无效，但是该强制性规定不导致该合同无效的除外。

(4) 违背公序良俗的合同。

(5) 行为人与相对人恶意串通，损害他人合法权益订立的合同。当事人恶意串通实施的行为，既包括双方行为，如买卖合同；也包括单方行为，如债务免除。恶意串通若造成损害他人合法权益的后果，行为方构成无效。

（三）可撤销合同

可撤销合同是指因意思表示不真实，通过有撤销权的机构行使撤销权，使已经生效的意思表示归于无效的合同。

1. 可撤销合同的种类

根据《中华人民共和国民法典》规定，可撤销合同的种类有如下几种。

(1) 基于重大误解订立的合同，行为人有权请求人民法院或者仲裁机构予以撤销。重大误解是指误解者作出意思表示时，对涉及合同法律效果的重要事项存在着认识上的显著缺陷,其后果是使误解者的利益受到较大的损失,或者达不到误解者订立合同的目的。行为人形成误解是由于自己的疏忽大意、缺乏经验或者信息不通所导致,区别于行为人受到欺诈或者处于危困状态、缺乏判断能力等情形而导致的意思表示不真实。

(2)一方以欺诈手段,使对方在违背真实意思的情况下订立的合同,受欺诈方有权请求人民法院或者仲裁机构予以撤销。第三人实施欺诈行为,使一方在违背真实意思的情况下订立的合同,对方知道或者应当知道该欺诈行为的,受欺诈方有权请求人民法院或者仲裁机构予以撤销。欺诈一般表现为积极的作为,明示或者暗示地对重要情况作出不符合事实的说明;特殊情况下也包括消极行为,如负有信息说明义务的一方故意隐瞒重要的事实。

(3)一方或者第三人以胁迫手段,使对方在违背真实意思的情况下订立的合同,受胁迫方有权请求人民法院或者仲裁机构予以撤销。胁迫是指以给自然人及其亲友的生命健康、荣誉、名誉、财产等造成损害或者以预告损害为要挟,迫使对方作出违背真意的意思表示。

(4)一方利用对方处于危困状态、缺乏判断能力等情形,致使合同成立时显失公平的,受损害方有权请求人民法院或者仲裁机构予以撤销。显失公平的合同中当事人间享有的权利和承担的义务严重不对等,如标的物的价值与价款过于悬殊,承担责任或风险显然不合理等。但是如果当事人签订显失公平的合同时出于真实、自由的意思,并不具有重大误解、被欺诈、被胁迫或者处于危困状态被他人利用等情形,则之后不能请求撤销合同。

2. 撤销权的行使

撤销权应在行使期间内行使。有下列情形之一的,撤销权消灭:

(1)当事人自知道或者应当知道撤销事由之日起一年内、重大误解的当事人自知道或者应当知道撤销事由之日起九十日内没有行使撤销权;

(2)当事人受胁迫,自胁迫行为终止之日起一年内没有行使撤销权;

(3)当事人知道撤销事由后明确表示或者以自己的行为表明放弃撤销权。当事人自民事法律行为发生之日起五年内没有行使撤销权的,撤销权消灭。

(四)效力待定合同

效力待定合同是指合同虽然已经成立,但因其不完全符合有关生效要件的规定其合同效力能否发生尚未确定,须经法律规定的条件具备才能生效。

《中华人民共和国民法典》规定的效力待定合同有以下两种情形。

(1)限制行为能力人订立的纯获利益的合同或者与其年龄、智力、精神健康状况相适应的合同以外的其他合同。《中华人民共和国民法典》规定,限制民事行为能力人实施的纯获利益的民事法律行为或者与其年龄、智力、精神健康状况相适应的民事法律行为有效;实施的其他民事法律行为经法定代理人同意或者追认后有效。相对人可以告法定代理人自收到通知之日起三十日内予以追认。法定代理人未作表示的,视为拒绝追认。民事法律行为被追认前,善意相对人有撤销的权利。撤销应当以通知的方式作出。

(2)无权代理订立的合同。行为人没有代理权、超越代理权或者代理权终止后仍然实施代理行为,未经被代理人追认的,对被代理人不发生效力。相对人可以告被代理人自收到通知之日起三十日内予以追认。被代理人未作表示的,视为拒绝追认。行为人实施的行为被追认前,善意相对人有撤销的权利。撤销应当以通知的方式作出。行为人实施的行为未被追认的,善意相对人有权请求行为人履行债务或者就其受到的损害请求行为人赔偿。但是,赔偿的范围不得超过被代理人追认时相对人所能获得的利益。

第三节 建设工程合同的履行

一、合同履行概述

(一)合同履行的概念和基本原则

合同履行是当事人在实施合同过程中,全面、适当地完成合同义务的行为。合同履行是合同关系的核心。

合同履行应遵循三个基本原则。

(1)全面履行原则。

当事人应当按照约定全面履行自己的义务。全面履行原则要求当事人履行合同时,在履行主体、履行标的、履行地点、履行期限、履行方式、履行费用等方面都要符合合同的约定。

(2)诚信履行原则。

当事人应当根据合同的性质、目的和交易习惯履行通知、协助、保密等义务。

(3)绿色履行原则。

当事人在履行合同过程中,应当避免浪费资源、污染环境和破坏生态。

(二)合同履行的具体要求

合同生效后,当事人就质量、价款或者报酬、履行地点等内容没有约定或者约定不明确的,可以协议补充;不能达成补充协议的,按照合同相关条款或者交易习惯确定。

当事人就有关合同内容约定不明确,依据上述规定仍不能确定的,适用下列规定:

(1)质量要求不明确的,按照强制性国家标准履行;没有强制性国家标准的,按照推荐性国家标准履行;没有推荐性国家标准的,按照行业标准履行;没有国家标准、行业标准的,按照通常标准或者符合合同目的的特定标准履行。

(2)价款或者报酬不明确的,按照订立合同时履行地的市场价格履行;依法应当执行政府定价或者政府指导价的,依照规定履行。

(3)履行地点不明确,给付货币的,在接受货币一方所在地履行;交付不动产的,在不动产所在地履行;其他标的,在履行义务一方所在地履行。

(4)履行期限不明确的,债务人可以随时履行,债权人也可以随时请求履行,但是应当给对方必要的准备时间。

(5)履行方式不明确的,按照有利于实现合同目的的方式履行。

(6)履行费用的负担不明确的,由履行义务一方负担;因债权人原因增加的履行费用,由债权人负担。

二、合同履行中的抗辩权

合同履行中的抗辩权,是指在符合法定条件时,债务人可以对抗债权人的履行请求权,暂时拒绝履行其债务的权利。抗辩权主要体现于双方合同中,即合同当事人双方互负履行义务。双方合同履行中的抗辩权发生原因在于出现了法律规定的"抗辩事由",抗辩权人可以暂时不履行自己的义务,但不能消灭对方的债权,在抗辩事由消失后,抗辩权人仍应履行其所负债务。

(一)同时履行抗辩权

当事人互负债务,没有先后履行顺序的,应当同时履行。一方在对方履行之前有权拒绝其履行请求;一方在对方履行债务不符合约定时,有权拒绝其相应的履行请求。

(二)先履行抗辩权

当事人互负债务,有先后履行顺序,应当先履行债务一方未履行的,后履行一方有权拒绝其履行请求。先履行一方履行债务不符合约定的,后履行一方有权拒绝其相应的履行请求。在建设工程合同履行中,只要一方的履行是另一方履行的先决条件,后履行者就可以行使先履行抗辩权。在建设工程合同履行中,先履行抗辩权不可能永久存续,当先期违约人纠正违约,使建设工程合同的履行趋于正常时,先履行抗辩权消灭,行使先履行抗辩权的一方应当及时恢复履行。

(三)不安抗辩权

应当先履行债务的当事人,有确切证据证明对方有下列情形之一的,可以中止履行:①经营状况严重恶化;②转移财产、抽逃资金,以逃避债务;③丧失商业信誉;④有丧失或者可能丧失履行债务能力的其他情形。当事人没有确切证据中止履行的,应当承担违约责任。

当事人依据法律规定的抗辩权中止履行的,应当及时通知对方。对方提供适当担保的,应当恢复履行。中止履行后,对方在合理期限内未恢复履行能力且未提供适当担保的,视为以自己的行为表明不履行主要债务,中止履行的一方可以解除合同并可以请求对方承担违约责任。

三、建设工程合同的变更和终止

(一)建设工程合同的变更

建设工程合同的变更主要有内容变更和主体变更两种情况。

1. 内容变更

建设工程合同当事人协商一致,可以变更合同。如果双方当事人就变更事项达成一致意见,则变更后的内容取代原合同内容,对当事人双方均有约束力,当事人应当按照变更后的内容履行合同。如工程价款的调整就属于对合同内容的变更,发包人应当按照双方同意的调整后的价款进行支付。如果当事人对于合同变更的内容约定不明确的,则推定为未变更。

2. 主体变更

合同的主体变更分为债权转让、债务转移、债权债务的概括转让。

(1)债权转让。

债权人可以将债权的全部或者部分转让给第三人,但是有下列情形之一的除外:①根据债权性质不得转让,如以特定身份关系为基础的债权不得转让,父母对子女的赡养请求权即属于此种情况;②按照当事人约定不得转让;③依照法律规定不得转让。当事人约定非金钱债权不得转让的,不得对抗善意第三人。当事人约定金钱债权不得转让的,不得对抗第三人。

债权人转让债权,无须得到债务人同意,但要通知债务人方能对债务人生效。未通知债务人的,该转让对债务人不发生效力。债权转让的通知不得撤销,但是经受让人同意的除外。因债权转让增加的履行费用,由债权人负担。

债务人接到债权转让通知后,债务人对让与人的抗辩,可以向受让人主张。债权人转让债权的,受让人取得与债权有关的从权利,但是该从权利专属于债权人自身的除外。受让人取得从权利不因该从权利未办理转移登记手续或者未转移占有而受到影响。因债权转让增加的履行费用,由让与人负担。

(2)债务转移。

债务人将债务的全部或者部分转移给第三人的,应当经债权人同意。债务人或者第三人可以催告债权人在合理期限内予以同意,债权人未作表示的,视为不同意。由于债务人的履行行为是合同目的能够得以实现的关键,新债务人是否有清偿能力和信用,对于债权人的债权实现影响很大,因此债务转移必须经债权人同意方可生效。

债务人转移债务的,新债务人可以主张原债务人对债权人的抗辩;原债务人对债权人享有债权的,新债务人不得向债权人主张抵销。债务人转移债务的,新债务人应当承担与主债务有关的从债务,但是该从债务专属于原债务人自身的除外。

(3)债权债务的概括转让。

当事人一方经对方同意,可以将自己在合同中的权利和义务一并转让给第三人。合同的权利和义务一并转让的,适用债权转让、债务转移的有关规定。

(二)建设工程合同的终止

1. 合同权利义务终止的情形

根据《中华人民共和国民法典》规定,引起合同权利义务终止的情形包括以下几种。

(1)债务已经履行。

债务已经履行指债务人按照约定的标的、质量、数量、价款或者报酬、履行期限、履行地点和方式全面履行。

(2)债务相互抵销。

当事人互负债务,该债务的标的物种类、品质相同的,任何一方可以将自己的债务与对方的到期债务抵销;但是,根据债务性质、按照当事人约定或者依照法律规定不得抵销的除外。当事人主张抵销的,应当通知对方。通知自到达对方时生效。抵销不得附条件或者附期限。当事人互负债务,标的物种类、品质不相同的经协商一致,也可以抵销。

(3)债务人依法将标的物提存。

债务人依法将标的物提存指由于债权人的原因,债务人无法向其交付合同标的物时,债务人将该标的物交给提存部门从而消灭债的制度。《中华人民共和国民法典》规定的提存情形有:①债权人无正当理由拒绝受领;②债权人下落不明;③债权人死亡未确定继承人、遗产管理人,或者丧失民事行为能力未确定监护人;④法律规定的其他情形。标的物不适于提存或者提存费用过高的,债务人依法可以拍卖或者变卖标的物,提存所得的价款。

(4)债权人免除债务。

债权人免除债务指债权人放弃自己的债权。债权人可以免除债务的全部,也可以免除债务的部分。债权人免除债务人部分或者全部债务的,债权债务部分或者全部终止,但是债务人在合理期限内拒绝的除外。

(5)债权债务同归于一人。

此种情形即混同,是指由于某种事实的发生,使原本由一方当事人享有的债权和另一方当事人负担的债务,同归于一方当事人,使得该当事人既是债权人又是债务人,此时法律规定债权债务因混同而消灭。但是如果债权债务消灭会损害第三人利益的,则不能因混同而消灭。

(6)法律规定或者当事人约定终止的其他情形。

如出现了法律规定的终止的情形在委托合同中,受托人死亡、丧失民事行为能力的,委托合同终止。合同解除也包含于此种情形之中,合同解除包括法定解除与约定解除。

2. 合同解除

(1)合同解除的特征。

首先,合同解除的基本前提是合同合法有效,无效合同、可撤销合同不发生合同解除。其次,合同解除需具备法律规定的解除条件,或者符合当事人于合同中约定的条件。再次,合同解除须有解除的行为,无论是依据法律规定还是合同约定条件,当出现解除事由时,都需要享有解除合同权利的一方当事人向对方提出解除合同的意思表示才能达到合同解除的法律后果。最后,合同解除的后果是使合同关系归于消灭。

(2)法定解除与约定解除。

有下列情形之一的,当事人可以解除合同:①因不可抗力致使不能实现合同目的;②在履行期限届满前,当事人一方明确表示或者以自己的行为表明不履行主要债务;③当事人一方迟延履行主要债务,经催告后在合理期限内仍未履行;④当事人一方迟延履行债务或者有其他违约行为致使不能实现合同目的;⑤法律规定的其他情形。以持续履行的债务为内容的不定期合同,当事人可以随时解除合同,但是应当在合理期限之前通知对方。

当事人协商一致,可以解除合同。当事人可以约定一方解除合同的事由。解除合同的事由发生时,解除权人可以解除合同。

(3)解除权的行使期限和程序。

法律规定或者当事人约定解除权行使期限,期限届满当事人不行使的,该权利消灭。法律没有规定或者当事人没有约定解除权行使期限,自解除权人知道或者应当知道解除事由之日起一年内不行使,或者经对方催告后在合理期限内不行使,该权利消灭。

当事人一方依法主张解除合同的,应当通知对方。合同自通知到达对方时解除;通知载明债务人在一定期限内不履行债务则合同自动解除,债务人在该期限内未履行债务的,合同自通知载明的期限届满时解除。对方对解除合同有异议的,任何一方当事人均可以请求人民法院或者仲裁机构确认解除行为的效力。当事人一方未通知对方,直接以提起诉讼或者申请仲裁的方式依法主张解除合同,人民法院或者仲裁机构确认该主张的,合同自起诉状副本或者仲裁申请书副本送达对方时解除。

(4) 合同解除的后果。

合同解除后,尚未履行的,终止履行;已经履行的,根据履行情况和合同性质,当事人可以请求恢复原状或者采取其他补救措施,并有权请求赔偿损失。合同因违约解除的,解除权人可以请求违约方承担违约责任,但是当事人另有约定的除外。主合同解除后,担保人对债务人应当承担的民事责任仍应当承担担保责任,但是担保合同另有约定的除外。

第四节 建设工程相关合同制度

一、施工合同

(一)施工合同的概念

施工合同是《中华人民共和国民法典》规定的建设工程合同的一种。建设工程合同是承包人进行工程建设,发包人支付价款的合同,包括工程勘察、设计、施工合同。《中华人民共和国民法典》关于建设工程合同的规定适用于施工合同。

从订立形式来看,《中华人民共和国民法典》规定建设工程合同应当采用书面形式。基于工程建设项目的特殊性,部分工程建设项目的施工合同应当在依法招标投标之后订立。《中华人民共和国民法典》规定,建设工程的招标投标活动,应当依照有关法律的规定公开、公平、公正进行。国家重大建设工程合同,应当按照国家规定的程序和国家批准的投资计划、可行性研究报告等文件订立。

(二)施工合同的内容

《中华人民共和国民法典》规定,施工合同的内容一般包括工程范围、建设工期、中间交工工程的开工和竣工时间、工程质量、工程造价、技术资料交付时间、材料和设备供应责任、拨款和结算、竣工验收、质量保修范围和质量保证期、相互协作等条款。其中,工期、质量和价款是核心内容。

1. 建设工程工期

建设工程工期是指施工人完成施工任务的时间与期限。为保证工程质量,发包人与承包人应当在施工合同中确定合理的建设工期,承包人根据建设工期编制和实施施工进度计划。

(1) 开工日期。

开工日期包括计划开工日期和实际开工日期。《最高人民法院关于审理建设工程施工合同纠纷案件适用法律问题的解释(一)》规定,当事人对建设工程开工日期有争议的,人民法院应当分别按照以下情形予以认定:①开工日期为发包人或者监理人发出的开工通知载明的开工日期;开工通知发出后,尚不具备开工条件的,以开工条件具备的时间为开工日期;因承包人原因导致开工时间推迟的,以开工通知载明的时间为开工日期。②承包人经发包人同意已经实际进场施工的,以实际进场施工时间为开工日期。③发包人或者监理人未发出开工通知,亦无相关证据证明实际开工日期的,应当综合考虑开工报告、合同、施工许可证、竣工验收报告或者竣工验收备案表等载明的时间,并结合是否具备开工条件的事实,认定开工日期。

(2)工期顺延。

发包人未按照约定的时间和要求提供原材料、设备、场地、资金、技术资料的,承包人可以顺延工程日期,并有权请求赔偿停工、窝工等损失。

《最高人民法院关于审理建设工程施工合同纠纷案件适用法律问题的解释(一)》规定,当事人约定顺延工期应当经发包人或者监理人签证等方式确认,承包人虽未取得工期顺延的确认,但能够证明在合同约定的期限内向发包人或者监理人申请过工期顺延且顺延事由符合合同约定,承包人以此为由主张工期顺延的,人民法院应予支持。

当事人约定承包人未在约定期限内提出工期顺延申请视为工期不顺延的,按照约定处理,但发包人在约定期限后同意工期顺延或者承包人提出合理抗辩的除外。建设工程竣工前,当事人对工程质量发生争议,工程质量经鉴定合格的,鉴定期间为顺延工期期间。

隐蔽工程在隐蔽以前,承包人应当通知发包人检查。发包人没有及时检查的,承包人可以顺延工程日期,并有权请求赔偿停工、窝工等损失。

(3)竣工日期。

竣工日期包括计划竣工日期和实际竣工日期。由于工程建设周期长,实际竣工日期绝大多数与合同中约定的计划竣工日期偏离。《最高人民法院关于审理建设工程施工合同纠纷案件适用法律问题的解释(一)》规定,当事人对建设工程实际竣工日期有争议的,人民法院应当分别按照以下情形予以认定:①建设工程经竣工验收合格的,以竣工验收合格之日为竣工日期;②承包人已经提交竣工验收报告,发包人拖延验收的,以承包人提交验收报告之日为竣工日期;③建设工程未经竣工验收,发包人擅自使用的,以转移占有建设工程之日为竣工日期。

2. 建设工程质量

(1)建设工程质量的基本要求。

建设工程质量是当事人依据法律、法规、国家标准、合同约定,对工程的安全适用、环保、美观等方面的综合要求。当事人在合同中约定建设工程质量条款,是明确施工人施工要求、确定施工人责任的依据。

《建设工程质量管理条例》规定,施工单位对建设工程的施工质量负责。施工单位必须按照工程设计图纸和施工技术标准施工,不得擅自修改工程设计,不得偷工减料。发包人也不得明示或者暗示施工人违反工程建设强制性标准,降低建设工程质量。《中华人民共和国民法典》规定,发包人在不妨碍承包人正常作业的情况下,可以随时对作业进度、质量进行检查。建设工程竣工后,发包人应当根据施工图纸及说明书、国家颁发的施工验收规范和质量检验标准及时进行验收。验收合格的,发包人应当按照约定支付价款,并接收该建设工程。建设工程竣工经验收合格后,方可交付使用;未经验收或者验收不合格的,不得交付使用。

(2)承包人的质量责任。

因承包人的原因致使建设工程质量不符合约定的,发包人有权请求承包人在合理期限内无偿修理或者返工、改建。经过修理或者返工、改建后,造成逾期交付的,承包人应当承担违约责任。"合理期限"应根据施工合同确定,施工合同没有明确约定的,应当根据完成这一工作一般所需的合理时间确定,发包人和承包人也可以就修理、返工、改建等问题签订补充协议。

因承包人的原因致使建设工程在合理使用期限内造成人身损害和财产损失的,承包人应当承担赔偿责任。承包人应当对建设工程在合理使用期间的质量安全承担责任。建设工程的总承包人应对整个工程质量承担保证责任,勘察人、设计人、施工人分别在其法定义务和工作职责范围内承担工程质量保证责任。出现工程质量问题后,应当区分具体原因,确定相应的责任主体。

(3)发包人的质量责任。

因发包人的原因致使工程中途停建、缓建的,发包人应当采取措施弥补或者减少损失,赔偿承包人因此造成的停工、窝工、倒运、机械设备调迁、材料和构件积压等损失和实际费用。"因发包人的原因"可能包括下列情形:发包人未对作业进度、质量进行检查;发包人未能及时进行中间工程和隐蔽工程条件的验收并办理确认手续;发包人未按照合同约定的时间和要求提供原材料、设备、资金、技术资料;发包人提供的主要建筑材料、建筑构配件和设备不符合强制性标准或者不履行协助义务致使施工人无法施工;发包人提供的资料不准确,或者未按照期限提供必需的勘察、设计工作条件而造成勘察、设计报告有误;发包人变更工程设计和工程量;发包人不能按照合同约定保障工程建设所需的工作条件致使工作无法正常进行等。

发包人具有下列情形之一,造成建设工程质量缺陷,应当承担过错责任:①提供的设计有缺陷;②提供或者指定购买的建筑材料、建筑构配件、设备不符合强制性标准;③直接指定分包人分包专业工程。承包人有过错的,也应当承担相应的过错责任。

3. 建设工程价款

住房和城乡建设部发布的《建筑工程施工发包与承包计价管理办法》规定,合同价款的有关事项由发承包双方约定,一般包括合同价款约定方式,预付工程款、工程进度款、工程竣工价款的支付和结算方式,以及合同价款的调整情形等。发承包双方在确定合同价款时,应当考虑市场环境和生产要素价格变化对合同价款的影响。实行工程量清单计价的建筑工程,鼓励发承包双方采用单价方式确定合同价款。建设规模较小、技术难度较低、工期较短的建筑工程,发承包双方可以采用总价方式确定合同价款。紧急抢险、救灾以及施工技术特别复杂的建筑工程,发承包双方可以采用成本加酬金方式确定合同价款。

对于实际签订和履行合同与中标合同不一致产生的纠纷,《最高人民法院关于审理建设工程施工合同纠纷案件适用法律问题的解释(一)》规定,招标人和中标人另行签订的建设工程施工合同约定的工程范围、建设工期、工程质量、工程价款等实质性内容,与中标合同不一致,一方当事人请求按照中标合同确定权利义务的,人民法院应予支持。

二、买卖合同

无论是生产还是生活领域,买卖合同是经济生活中最常见的合同。在建设工程领域,建筑材料、建筑构配件等的购买行为均须通过买卖合同实现。

(一)买卖合同的概念与特征

买卖合同是出卖人转移标的物的所有权于买受人,买受人支付价款的合同。出售标的物的一方当事人是出卖人,购买标的物的一方当事人是买受人。买卖合同的内容一般包括标的物的名称、数量、质量、价款、履行期限、履行地点和方式、包装方式、检验标准和方法、结算方式、合同使用的文字及其效力等条款。买卖合同具有下列特征。

(1)买卖合同是转移标的物所有权的合同。

该特征是买卖合同最核心的特征,也使买卖合同区别于仅转移标的物使用权的租赁、借用等合同。

(2)买卖合同是双务、有偿合同。

在买卖合同中,出卖人负有向买受人转移标的物所有权的义务,买受人负有向出卖人支付价款的义务。该特征区别于单务、无偿赠与合同。

(3)买卖合同是诺成合同。

买卖合同自双方当事人意思表示一致时成立,无须以交付合同约定的标的物作为成立要件。该特征区别于定金合同、借用合同等实践性合同。

(4)买卖合同一般为不要式合同。

除当事人另有约定外,双方就合同的主要条款协商达成一致即可成立,无须以具备某种形式或完成某种手续为成立要件。但在建设工程领域,买卖合同所涉标的额一般较大,履行周期较长,为保障双方当事人的权益,尽量减少纠纷,同时也为纠纷发生后方便提供证据,合同以书面形式为好。

(二)买卖合同中当事人的主要义务

1. 出卖人的义务

(1)按照约定向买受人交付标的物或者提取标的物单证的义务。

在买卖合同中,向买受人交付标的物是出卖人最基本的义务,也是买受人订立买卖合同的目的所在。出卖人交付标的物主要有两种模式:一是交付标的物本身,如购买钢筋的合同就交付钢筋、购买水泥的合同就交付水泥。此在物权法上称为现实交付。二是交付提取标的物的单证,如仓单、提单等。买受人取得单证后,可以通过向仓储人、承运人等提供单证获取标的物。此在物权法上称为拟制交付。

(2)转移标的物所有权的义务。

买卖合同的特征是出卖人转移标的物的所有权于买受人,根据《中华人民共和国民法典》,除当事人在合同中约定"所有权保留"条款外,自出卖人将标的物或提取标的物的单证交付于买受人时所有权转移于买受人。出卖人应当按照约定的时间交付标的物。约定交付期限的,出卖人可以在该交付期限内的任何时间交付。没有约定标的物的交付期限或者约定不明确的,依约或依法也无法确定的,出卖人可以随时交付,买受人也可以随时请求交付,但是均应当给对方必要的准备时间。出卖人应当按照约定的地点交付标的物。当事人没有约定交付地点或者约定不明确,依约或依法也无法确定的,适用下列规定:标的物需要运输的,出卖人应当将标的物交付给第一承运人以运交给买受人;标的物不需要运输,出卖人和买受人订立合同时知道标的物在某一地点的,出卖人应当在该地点交付标的物;不知道标的物在某一地点的,应当在出卖人订立合同时的营业地交付标的物。

(3)按照约定或者交易习惯向买受人交付提取标的物单证以外的有关单证和资料的义务。

"提取标的物单证以外的有关单证和资料"主要包括发票(增值税专用发票、普通发票)、产品合格证、质量保证书、质量鉴定书、品质检验证书、产品进出口检疫书、保险单、保修单、原产地证明书、使用说明书、装箱单等。

(4)标的物的品质瑕疵担保义务。

品质瑕疵担保,是指出卖人就其所交付的标的物应保证其符合法定或者约定的品质。出卖人提供有关标的物质量说明的,交付的标的物应当符合该说明的质量要求。出卖人提供样品的,标的物的质量、外观应与样品一致。

(5)标的物的权利瑕疵担保义务。

除法律另有规定外,出卖人就交付的标的物负有保证自己拥有完整权利,第三人对此不享有全部或部分所有权、担保物权、租赁权、知识产权等任何权利的义务。买受人订立合同时知道或者应当知道第三人对标的物享有权利的,如标的物已经抵押、出质、出租等,出卖人不承担上述义务。

2. **买受人的义务**

(1)支付价款的义务。

买卖合同是有偿合同,支付价款是买受人的核心义务。买受人应当按照约定的数额、支付方式、时间、地点支付价款。没有约定或者约定不明确,依法仍不能确定的,价款的数额按照订立合同时履行地的市场价格履行,依法应当执行政府定价或者政府指导价的,依照规定履行。履行地点不明确,在接受货币(出卖人)一方所在地履行。履行期限不明确的,买受人可以随时履行,出卖人也可以随时请求履行,但是应当给对方必要的准备时间。履行方式不明确的,按照有利于实现合同目的的方式履行。履行费用的负担不明确的,由履行义务一方(买受人)负担。因债权人(出卖人)原因增加的履行费用,由债权人(出卖人)负担。

(2)受领标的物的义务。

买受人对于出卖人按照约定交付的标的物及有关权利凭证负有及时受领的义务。买受人拒绝受领,应负违约责任。

(3)检验标的物的义务。

买受人受领标的物后,应在约定的期限内及时检验标的物,发现标的物的质量、数量等不符合约定的,应立即通知出卖人;没有约定检验期限的,应当及时检验,在发现或者应当发现标的物不符合约定的合理期限内通知出卖人。买受人在合理期限内未通知或者自收到标的物之日起二年内未通知出卖人的,视为标的物的数量或者质量符合约定;但是,对标的物有质量保证期的,适用质量保证期,不适用该二年的规定。

三、承揽合同

在建设工程领域,如钢筋、水泥等通用的、标准化的、批量生产的建筑材料通过签订买卖合同即可获取,但同时还会有一些非通用、非标准化、非批量生产的复杂设备或特殊的建筑构件需要量身定做,这就需要通过签订承揽合同来实现。

(一)承揽合同的概念与特征

承揽合同是承揽人按照定作人的要求完成工作,交付工作成果,定作人支付报酬的合同。其中,完成工作并将工作成果交付给对方的一方当事人是承揽人;接受工作成果并向对方给付报酬的一方当事人是定作人。承揽合同与买卖合同具有很多共同之处,都是双务、有偿、诺成、不要式合同,交付的一方都负有瑕疵担保责任等。但二者也有很多不同,与买卖合同相比,承揽合同具有以下特征。

(1)承揽合同的标的是完成特定的工作。

定作人订立承揽合同的目的是利用承揽人的技术等条件为其完成一定工作,承揽人必须按照定作人的要求完成一定的工作,而交付特定的物化工作成果是完成一定工作的必然结果。而买卖合同的标的是以有偿的方式转让标的物所有权的行为。

(2)承揽人向定作人交付的标的物是定作物。

承揽人交付的定作物是为定作人"量身定做"的非通用、非标准化、非批量生产的特定物。而买卖合同的标的物是通用的、标准化的、可以批量生产的物品,既可以是种类物,如10吨钢材,也可以是特定物,如一栋房屋。需要注意的是,实践中,有些造价高、需求量小的产品,如大型工程施工设备,生产厂家一般不会有现成的库存产品,企业有需求时,往往也需要通过以预定的方式与生产厂家签订合同后,厂家才开始生产,但只要该产品是有国家统一标准的成熟商品,不需要采购方提供特殊的需求,性质上就是买卖合同而非承揽合同。

(3)承揽合同具有一定的人身性质。

定作人选择承揽人通常是基于对承揽人能力、设备、技术,甚至以往的业绩、口碑等方面的考虑,并决定是否与其签订合同。买卖合同中的买受人一般只根据出卖人现有的标的物的性能、条件衡量能否满足自己的需要等决定是否签订合同。

(4)承揽人应当以自己的设备、技术和劳力完成主要工作。

承揽人向定作人交付的必须是以自己的设备、技术和劳力,完成主要工作的工作成果,非经定作人同意,承揽人不得将其承揽的主要工作交由第三人完成。而买卖合同中出卖人向买受人交付的标的物既可以是自产自销的,也可以是采购而来的,只要满足合同约定的质量、数量等要求即可。

(二)承揽的形式和承揽合同的内容

承揽包括加工、定作、修理、复制、测试、检验等工作。

承揽合同的内容一般包括承揽的标的、数量、质量、报酬,承揽方式,材料的提供,履行期限,验收标准和方法等条款。

(三)承揽合同中当事人的主要义务

1.承揽人的主要义务

(1)亲自完成合同约定的主要工作的义务。

以自己的设备、技术和劳力完成主要工作,是承揽人的首要的基本义务,但是法律允许当事人之间另有约定。承揽人将其承揽的主要工作交由第三人完成的,应当就该第三人完成的工作成果向定作人负责;未经定作人同意的,定作人也可以解除合同。承揽人可以将其承揽的辅助工作交由第三人完成。承揽人将其承揽的辅助工作交由第三人完成的,应当就该第三人完成的工作成果向定作人负责。

(2)按约向定作人交付工作成果的义务。

承揽人应在约定的期限内完成工作,并向定作人交付工作成果,同时提交必要的技术资料和有关质量证明。

(3)工作成果的瑕疵担保义务。

承揽人交付的工作成果应当符合合同约定或法定的质量要求,否则,定作人可以合理选择请求承揽人承担修理、重作、减少报酬、赔偿损失等违约责任。

(4)按约提供材料并接受定作人检验的义务。

约定承揽人提供材料的,应当按照约定选用材料,并接受定作人检验。承揽合同中需要的材料由谁提供,取决于合同的约定。

(5)对定作人提供材料及时检验并不得擅自更换的义务。

如果合同中约定材料由定作人提供,即承揽人"包工不包料"的,承揽人对定作人提供的材料应当及时检验,发现不符合约定时,应当及时通知定作人更换、补齐或者采取其他补救措施。承揽人不得擅自更换定作人提供的材料,不得更换不需要修理的零部件。

(6)及时通知的义务。

承揽人发现定作人提供的图纸或者技术要求不合理的,应当及时通知定作人。

(7)接受定作人必要监督检验的义务。

承揽人在工作期间,应当接受定作人必要的监督检验。

(8)材料及工作成果的保管义务。

承揽人应当妥善保管定作人提供的材料以及完成的工作成果,因保管不善造成毁损、灭失的,应当承担赔偿责任。

(9)保密义务。

承揽人应当按照定作人的要求保守秘密,未经定作人许可,不得留存复制品或者技术资料。

(10)共同承揽人的连带责任义务。

共同承揽人是指两个或两个以上的人共同完成承揽工作。共同承揽人对定作人承担连带责任,但是当事人另有约定的除外。

2.定作人的主要义务

(1)按约支付报酬及材料费等价款的义务。

定作人应当按照约定的期限支付报酬。对支付报酬的期限没有约定或者约定不明确,依法仍不能确定的,定作人应当在承揽人交付工作成果时支付;工作成果部分交付的,定作人应当相应支付。合同约定材料由承揽人提供的,定作人还需向承揽人支付材料费。定作人未向承揽人支付报酬或者材料费等价款的,承揽人对完成的工作成果享有留置权或者有权拒绝交付,但是当事人另有约定的除外。

(2)受领并验收工作成果的义务。

对承揽人交付的工作成果,定作人应当及时验收并受领。定作人受领承揽物或工作成果的,不免除承揽人的瑕疵担保责任。

(3)按约提供材料的义务。

如果合同中约定材料由定作人提供,定作人应当按照合同约定的品质标准、数量、时间和地点等向承揽人及其代理人交付材料。

(4)协助承揽人完成工作的义务。

承揽工作需要定作人协助的,定作人有协助的义务。定作人不履行协助义务致使承揽工作不能完成的,承揽人可以催告定作人在合理期限内履行义务,并可以顺延履行期限;定作人逾期不履行的,承揽人可以解除合同。

(5)及时答复承揽人的义务。

承揽人发现定作人提供的图纸或者技术要求不合理的,应当及时通知定作人。定作人应及时答复,因定作人怠于答复等原因造成承揽人损失的,应当赔偿损失。

(6)对中途变更承揽工作要求的损失赔偿义务。

定作人中途变更承揽工作的要求造成承揽人损失的,应当赔偿损失。

(7)不得滥用监督检验权利的义务。

承揽人在工作期间,定作人有实施必要监督检验的权利。但定作人不得因监督检验妨碍承揽人的正常工作。

(四)承揽合同的解除权

除双方当事人协商可以解除承揽合同外,《中华人民共和国民法典》还规定了特定情形下承揽合同双方当事人的单方合同解除权。

1. 承揽人的合同解除权

定作人不履行协助义务的,承揽人可催告其在合理的期限内履行,定作人逾期仍不履行的,承揽人可以解除合同。

2. 定作人的合同解除权

(1)定作人的法定解除权。

承揽人未经定作人同意将主要承揽工作交由第三人完成的,定作人可以解除合同。

(2)定作人的任意解除权。

定作人在承揽人完成工作前可以随时解除合同,造成承揽人损失的,应当赔偿损失。

第四章 建设工程招标投标制度

第一节 招标投标概述

一、招标投标的概念

招标投标是在市场经济条件下进行大宗货物的买卖、工程建设项目的发包与承包,以及服务项目的采购与提供时,采购人提出要求,供应方响应并提出自己的方案与报价,采购人选择条件最优者成为成交方的一种交易方式。招标投标是建设工程最主要的竞争性交易方式,1999年,全国人民代表大会常务委员会颁布《中华人民共和国招标投标法》(以下简称《招标投标法》),2011年,国务院发布《中华人民共和国招标投标法实施条例》(以下简称《招标投标法实施条例》)。

二、《招标投标法》的基本情况

《招标投标法》共六章,六十八条。第一章为总则,规定了《招标投标法》的立法宗旨、适用范围、强制招标的范围,以及招标投标活动中应遵循的基本原则;第二至四章根据招标投标活动的具体程序和步骤,规定了招标、投标、开标、评标和中标各阶段的行为规则;第五章规定了违反上述规则应承担的法律责任;第六章为附则,规定了《招标投标法》的例外适用情形以及实施日期。

(一)立法目的

制定《招标投标法》的根本目的是完善社会主义市场经济体制。市场经济的一个重要特点,就是要充分发挥竞争机制的作用,使市场主体在平等条件下公平竞争,优胜劣汰,从而实现资源的优化配置。而招标这种择优竞争的采购方式完全符合市场经济的上述要求,它通过事先公布采购条件和要求,众多的投标人按照同等条件进行竞争,招标人按照规定程序从中选择订约方这一系列程序,真正实现了"公开、公平、公正"的市场竞争原则。因此,招标投标立法的根本目的是维护市场平等竞争秩序,完善社会主义市场经济体制。从上述根本目的出发,《招标投标法》的直接立法目的有以下几点。

1. 规范招标投标活动

改革开放以来,我国的招标投标事业得到了长足发展,推行的领域不断拓宽,发挥的作用也日趋明显。依法规范招标投标活动,是《招标投标法》的主要立法宗旨之一。从这一目的出发,《招标投标法》用较大的篇幅规定了招标投标程序,并在第五章规定了违反这些程序性规则应承担的法律责任。

2. 提高经济效益

招标的最大特点是通过集中采购,让众多的投标人进行竞争,以最低或较低的价格获得最优的货物、工程或服务。制定《招标投标法》,依法推行招标投标制度,对于提高经济效益有着极为重要的意义。从这一目的出发,《招标投标法》中特别规定了强制招标制度,即规定某些类型的项目必须通过招标进行,否则项目单位要承担法律责任。

3. 保证项目质量

由于招标的特点是公开、公平和公正,将采购活动置于透明的环境之中,有效地防止了腐败行为的发生,也使工程、设备等采购项目的质量得到了保证。在某种意义上说,招标投标制度执行得如何,是项目质量能否得到保证的关键。通过推行招标投标制度,选择真正符合要求的供货商、承包商,使项目的质量得以保证,是制定《招标投标法》的主要目的之一。

4. 保护国家利益、社会公共利益和招标投标活动当事人的合法权益

这个立法目的从前三个目的引申而来。无论是规范招标投标活动、提高经济效益,还是保证项目质量,最终目的都是为了保护国家利益、社会公共利益和招标投标活动当事人的合法权益。也只有在招标投标活动得以规范、经济效益得以提高、项目质量得以保证的条件下,国家利益、社会公共利益和招标投标活动当事人的合法权益才能得以维护。因此,保护国家利益、社会公共利益和招标投标活动当事人的合法权益,是《招标投标法》最直接的立法目的。从这一目的出发,《招标投标法》第五章对规避招标、串通投标、转让中标项目等各种非法行为作出了处罚规定,并通过行政监督部门依法实施监督,允许当事人提出异议或投诉,来保障国家利益、社会公共利益和当事人的合法权益。

(二)适用范围和适用对象

1. 适用范围

《招标投标法》适用于在中华人民共和国境内进行的一切招标投标活动。不仅包括《招标投标法》列出必须进行招标的活动,而且包括必须招标以外的所有招标投标活动。也就是说,凡是在我国境内进行的招标投标活动,不论招标主体的性质、招标采购的资金性质、招标采购项目的性质如何,都要适用《招标投标法》的有关规定。具体而言,从主体上说,包括政府机构、国有企事业单位、集体企业、私人企业、外商投资企业以及其他非法人组织等的招标;从项目资金来源上说,包括利用国有资金、国际组织或外国政府贷款及援助资金,企业自有资金,商业性或政策性贷款,政府机关或事业单位列入财政预算的消费性资金进行的招标;从采购对象上说,包括工程(建造、改建、拆除、修缮或翻新以及管线敷设、装饰装修等)、货物(设备、材料、产品、电力等)、服务(咨询、勘察、设计、监理、维修、保险等)的招标采购,且不论采购金额或投资额的大小。也就是说,只要是在我国境内进行的招标投标活动,都必须遵循一套标准的程序,即《招标投标法》中规定的程序。但是,《招标投标法》有许多条文是针对强制招标而言的,不适用于当事人自愿招标的情况。换言之,强制招标的程序要求比自愿招标更为严格,自愿招标的选择余地更为灵活。

2. 适用对象

《招标投标法》的适用对象是招标投标活动,即招标人对货物、工程和服务事先公布采购

条件和要求,吸引众多投标人参加竞争,并按规定程序选择交易对象的行为。货物,是指各种各样的物品,包括原材料、产品、设备与固态、液态或气态物体和电力,以及货物供应的附带服务。工程,是指各类房屋和土木工程建造、设备安装、管道线路敷设、装饰装修等建设以及附带的服务。服务,是指除货物和工程以外的任何采购对象,如勘察、设计、咨询、监理等。另外,《招标投标法》第七条对行政监督作出了规定,因此,加强对招标投标活动的监督也是非常重要的一个内容。总之,《招标投标法》的适用对象既包括招标、投标、开标、评标、中标等各个环节的活动,也包括政府部门对招标投标活动的行政监督和规范。

(三)基本原则

招标投标行为是市场经济的产物,并随着市场的发展而发展,必须遵循市场经济活动的基本原则。各国立法及国际惯例普遍确定,招标投标活动必须遵循"公开、公平、公正"的"三公"原则。例如,《世界银行贷款项目国内竞争性招标采购指南》中规定:"本指南的原则是充分竞争,程序公开,机会均等,公平一律地对待所有投标人,并根据事先公布的标准将合同授予最低评标价的投标人。"《联合国国际贸易法委员会货物、工程和服务采购示范法》的目标包括:"促进供应商和承包商为供应拟采购的货物、工程或服务进行竞争;规定给予供应商和承包商以公平和平等的待遇;促使采购过程老实、公平,提高公众对采购过程的信任。"

所谓"公开"原则,就是要求招标投标活动具有高的透明度,实行招标信息、招标程序公开,即发布招标通告,公开开标,公开中标结果,使每一个投标人获得同等的信息,知悉招标的一切条件和要求。"公平"原则,就是要求给予所有投标人平等的机会,使其享有同等的权利并履行相应的义务,不歧视任何一方。"公正"原则,就是要求评标时按事先公布的标准对待所有投标人。鉴于"三公"原则在招标投标活动中的重要性,《招标投标法》始终以其为主线,在总则及各章的条款中予以具体体现。

第二节 建设工程招标

招标是指招标人按照国家有关规定履行项目审批手续、落实资金来源后,依法发布招标公告或投标邀请书,编制并发售招标文件等具体环节。根据项目特点和实际需要,有些招标项目还要委托招标代理机构,组织资格预审和现场踏勘,进行招标文件的澄清与修改等。投标人资格、评标标准和方法、合同主要条款等各项实质性条件和要求都需要在招标环节予以确定,因此,招标阶段对于整个招标投标过程是否合法、科学,能否实现招标目的,具有基础性影响。

一、强制招标的范围和规模标准

强制招标,是指法律规定某些类型的采购项目,凡是达到一定数额的,必须通过招标进行,否则采购单位要承担法律责任。从各国的情况看,由于政府及公共部门的资金主要来源于税收,提高资金的使用效率是纳税人对政府和公共部门提出的必然要求。因此,这些国家在政府采购领域、公共投资领域普遍推行招标投标制,要求政府投资项目、私人投资的基础设施项目必须实行竞争性招标,否则得不到财政资金的支持或审批部门的批准。世界银行、亚洲开发银行等国际金融组织的贷款资金,主要依靠在国际资本市场上筹措和各成员国捐款。因此，凡是使用其贷款资金进行的项目都必须招标，以保证资金的有效使用和项目的公开进行。世界银行、亚洲开发银行还分别制定了专门的采购指南和采购准则，将这一要求用法律形式固化下来，成为收款方的一项法定义务。同理，凡是利用外国政府贷款或援助资金的项目，也必须招标。我国把使用国有资金进行的建设项目纳入强制招标的范围，是切实保护国有资产的重要措施。

(一)工程建设项目强制招标的范围

在中华人民共和国境内进行下列工程建设项目，包括项目的勘察、设计、施工、监理，以及与工程建设有关的重要设备、材料等的采购，必须进行招标。

1. 大型基础设施、公用事业等关系社会公共利益、公众安全的项目

这是针对项目性质作出的规定。通常来说，所谓基础设施，是指为国民经济生产过程提供基本条件，可分为生产性基础设施和社会性基础设施。前者指直接为国民经济生产过程提供的设施，后者指间接为国民经济生产过程提供的设施。基础设施通常包括能源、交通运输、邮电通信、水利、城市设施、环境与资源保护设施等。所谓公用事业，是指为适应生产和生活需要而提供的具有公共用途的服务，如供水、供电、供热、供气、科技、教育、文化、体育、卫生、社会福利等。从世界各国的情况看，由于大型基础设施和公用事业项目投资金额大、建设周期长，基本上以国家投资为主，特别是公用事业项目，国家投资更是占了绝对比重。从项目性质上说，基础设施和公用事业项目大多关系社会公共利益和公众安全，为了保证项目质量，保护公民的生命财产安全，各国政府普遍要求进行招标，并制定了相关的法律。即使是私人投资这些领域，也不例外。

2. 全部或者部分使用国有资金投资或者国家融资的项目

这是针对资金来源作出的规定。国有资金，是指国家财政性资金(包括预算内资金和预算外资金)，国家机关、国有企事业单位和社会团体的自有资金及借贷资金。其中，国有企业是指全民所有制企业、国有独资公司及国有控股企业，国有控股企业包括国有资本占企业资本总额50%以上的企业以及虽不足50%，但国有资产投资者实际上拥有控制权的企业。全部或部分使用国有资金投资的项目，是指一切使用国有资金(不论其在总投资中所占比例大小)进行的建设项目。国家融资的建设项目，是指使用国家通过对内发行政府债券或向外国政府及国际金融机构举借主权外债所筹资金进行的建设项目。这些以国家信用为担保筹集，由政府统一筹措、安排、使用、偿还的资金也应视为国有资金。

3. 使用国际组织或者外国政府贷款、援助资金的项目

如前文所述，这类项目必须招标，是世界银行等国际金融组织和外国政府普遍要求的。我国在与这些国际组织或外国政府签订的双边协议中，也对这一要求给予了认可。另外，这些贷款大多属于国家的主权债务，由政府统借统还，在性质上应视同为国有资金投资。从我国目前的情况看，使用国际组织或外国政府贷款进行的项目基本上用于基础设施和公用事业。基于上述原因，《招标投标法》将这类项目列入强制招标的范围。

4. 法律或者国务院规定的其他必须招标的项目

随着招标投标制度的逐步建立和推行，我国实行招标投标的领域不断拓宽，强制招标的范围还将根据实际需要进行调整。因此，除《招标投标法》外，其他法律和国务院对必须招标的项目有规定的,也应纳入强制招标的范围。

2018年3月,国家发展和改革委员会公布《必须招标的工程项目规定》,规定了进行招标的工程建设项目的具体范围和规模标准。全部或者部分使用国有资金投资或者国家融资的项目包括:①使用预算资金200万元人民币以上,并且该资金占投资额10%以上的项目,预算资金是指《中华人民共和国预算法》规定的预算资金,包括一般公共预算资金、政府性基金预算资金、国有资本经营预算资金、社会保险基金预算资金;②使用国有企业事业单位资金,并且该资金占控股或者主导地位的项目。使用国际组织或者外国政府贷款、援助资金的项目包括:①使用世界银行、亚洲开发银行等国际组织贷款、援助资金的项目;②使用外国政府及其机构贷款、援助资金的项目。

2018年6月,国家发展和改革委员会印发的《必须招标的基础设施和公用事业项目范围规定》提出,大型基础设施、公用事业等关系社会公共利益、公众安全的项目,必须招标的具体范围包括:①煤炭、石油、天然气、电力、新能源等能源基础设施项目;②铁路、公路、管道、水运,以及公共航空和A1级通用机场等交通运输基础设施项目;③电信枢纽、通信信息网络等通信基础设施项目;④防洪、灌溉、排涝、引(供)水等水利基础设施项目;⑤城市轨道交通等城建项目。

(二)必须招标的工程建设项目的规模标准

工程建设项目的勘察、设计、施工、监理以及与工程建设有关的重要设备、材料等的采购达到下列标准之一的,必须招标:

(1)施工单项合同估算价在400万元人民币以上;
(2)重要设备、材料等货物的采购,单项合同估算价在200万元人民币以上;
(3)勘察、设计、监理等服务的采购,单项合同估算价在100万元人民币以上。

(三)可以不招标的特殊情况

对于必须招标的工程建设项目,在特殊情况下可以不招标。《招标投标法》规定,涉及国家安全、国家秘密、抢险救灾或者属于利用扶贫资金实行以工代赈、需要使用农民工等特殊情况,不适宜进行招标的项目,按照国家有关规定可以不进行招标。《招标投标法实施条例》《工程建设项目施工招标投标办法》在《招标投标法》的基础上对可以不招标的项目进行了补充:

(1)需要采用不可替代的专利或者专有技术;
(2)采购人依法能够自行建设、生产或者提供;
(3)已通过招标方式选定的特许经营项目投资人依法能够自行建设、生产或者提供;
(4)需要向原中标人采购工程、货物或者服务,否则将影响施工或者功能配套要求;
(5)在建工程追加的附属小型工程或者主体加层工程,原中标人仍具备承包能力,并且其他人承担将影响施工或者功能配套要求;
(6)国家规定的其他特殊情形。

二、招标方式

招标主要有公开招标和邀请招标两种方式。

(一)公开招标

公开招标,是指招标人以招标公告的方式邀请不特定的法人或者其他组织投标。公开招标是一种由招标人按照法定程序,在公开出版物上发布或者以其他公开方式发布招标公告,所有符合条件的承包商都可以平等参加投标竞争,从中择优选择中标者的招标方式。由于这种招标方式对竞争没有限制,因此,又被称为无限竞争性招标。公开招标最基本的含义为:①招标人以招标公告的方式邀请投标;②可以参加投标的法人或者其他组织是不特定的。

(二)邀请招标

邀请招标,是指招标人以投标邀请书的方式邀请特定的法人或者其他组织投标。邀请招标是由接到投标邀请书的法人或者其他组织才能参加投标的一种招标方式,其他潜在的投标人则被排除在投标竞争之外,因此,也被称为有限竞争性招标。邀请招标必须向三个以上的潜在投标人发出邀请,并且被邀请的法人或者其他组织必须具备以下条件:①具备承担招标项目的能力,如施工招标,被邀请的施工企业必须具备与招标项目相应的施工资质等级;②资信良好。

《招标投标法》规定,国务院发展计划部门确定的国家重点项目和省、自治区、直辖市人民政府确定的地方重点项目不适宜公开招标的,经国务院发展计划部门或者省、自治区、直辖市人民政府批准,可以进行邀请招标。《招标投标法实施条例》规定,国有资金占控股或者主导地位的依法必须进行招标的项目,应当公开招标;但有下列情形之一的,可以邀请招标:①技术复杂、有特殊要求或者受自然环境限制,只有少量潜在投标人可供选择;②采用公开招标方式的费用占项目合同金额的比例过大。

(三)公开招标与邀请招标的区别

(1)发布信息的方式不同。

公开招标采用招标公告的形式发布;邀请招标采用投标邀请书的形式发布。

(2)选择的范围不同。

公开招标因使用招标公告的形式,针对的是一切潜在的对招标项目感兴趣的法人或其他组织,招标人事先不知道投标人的数量;邀请招标针对已经了解的法人或其他组织,而且事先已经知道投标者的数量。

(3)竞争的范围不同。

由于公开招标使所有符合条件的法人或其他组织都有机会参加投标,竞争的范围较广,竞争性体现得也比较充分,招标人拥有绝对的选择余地,容易获得最佳招标效果;邀请招标中投标人的数目有限,竞争的范围有限,招标人拥有的选择余地相对较小,有可能提高中标的合同价,也有可能将某些在技术上或报价上更有竞争力的承包商漏掉。

(4)公开的程度不同。

公开招标中,所有的活动都必须严格按照预先指定并为大家所知的程序和标准公开进行,大大减少了作弊的可能;相比而言,邀请招标的公开程度逊色一些,产生不法行为的机会也就多一些。

(5)时间和费用不同。

由于邀请招标不发招标公告,招标文件只送几家,使整个招标投标的时间大大缩短,招标费用也相应减少;公开招标的程序比较复杂,从发布招标公告,投标人作出反应,评标,到签订合同,有许多时间上的要求,要准备许多文件,因而耗时较长,费用也比较高。

三、招标投标的交易场所

《招标投标法实施条例》规定,设区的市级以上地方人民政府可以根据实际需要,建立统一规范的招标投标交易场所,为招标投标活动提供服务。招标投标交易场所不得与行政监督部门存在隶属关系,不得以营利为目的。国家鼓励利用信息网络进行电子招标投标。2015年8月,国务院办公厅印发《整合建立统一的公共资源交易平台工作方案》,明确提出要整合分散设立的工程建设项目招标投标、土地使用权和矿业权出让、国有产权交易、政府采购等四类交易平台,在统一的平台体系上实现信息和资源共享,依法推进公共资源交易高效规范运行,积极有序推进其他公共资源交易纳入统一平台体系。按照国家规定,民间投资的不属于依法必须招标的项目,由建设单位自主决定是否进入统一平台。2016年6月,国家发展和改革委员会等部门联合发布了《公共资源交易平台管理暂行办法》,对规范包括建设工程交易场所在内的公共资源交易平台起了重要作用。

四、招标的条件

招标人是依照《招标投标法》规定提出招标项目、进行招标的法人或者其他组织。招标项目按照国家有关规定需要履行项目审批手续的,应当先履行审批手续,取得批准。按照国家有关规定需要履行项目审批、核准手续的依法必须进行招标的项目,其招标范围、招标方式、招标组织形式应当报项目审批、核准部门审批、核准。项目审批、核准部门应当及时将审批、核准确定的招标范围、招标方式、招标组织形式通报有关行政监督部门。

招标人应当有进行招标项目的相应资金或者资金来源已经落实,并应当在招标文件中如实载明。

五、招标组织方式

招标人有权自行选择招标代理机构,委托其办理招标事宜。任何单位和个人不得以任何方式为招标人指定招标代理机构。招标人具有编制招标文件和组织评标能力的,可以自行办理招标事宜。任何单位和个人不得强制其委托招标代理机构办理招标事宜。依法必须进行招标的项目,招标人自行办理招标事宜的,应当向有关行政监督部门备案。

(一)招标人可委托招标代理机构办理招标事宜

招标代理机构是指受招标人委托,代为从事招标组织活动的中介机构。我国是从20世纪80年代初开始进行招标投标活动的,最初主要是利用世界银行贷款进行的项目招标。由于一些项目单位对招标投标知之甚少,缺乏专门人才和技能,一批专门从事招标业务的机构产生了。1984年成立的中技国际招标有限公司是我国第一家招标代理机构。随着招标投标事业的不断发展,国际金融组织和外国政府贷款项目招标、进口机电设备招标、国内成套设备招标等行业都成立了专职的招标机构,在招标投标活动中发挥了积极的作用。目前我国共有专门从事招标代理业务的机构数百家。这些招标代理机构拥有专门的人才和丰富的经验,对于那些初次接触招标、招标项目不多或自身力量缺乏的项目单位来说,具有很大的吸引力。为充分发挥代理机构在招标投标中的作用,促进其健康快速发展,《招标投标法》第十二条第一款规定,"招标人有权自行选择招标代理机构,委托其办理招标事宜。"需要强调的是,"自行选择"是指招标人在代理机构的选择问题上有绝对的自主权,不受其他组织或个人的影响、干预。任何单位和个人以任何方式为招标人指定招标代理机构的,招标人有权拒绝。为此,《招标投标法》第十二条第一款最后一句特别强调:"任何单位和个人不得以任何方式为招标人指定招标代理机构。"

(二)招标人具有编制招标文件和组织评标能力的,可以自行办理招标事宜

近年来,随着市场主体的不断成熟和市场规则的不断完善,以及招标在节约资金、保证质量方面作用的日益显现,一些日常大宗物资采购任务多的大型企业集团组建了自己的招标机构和队伍,通过招标采购企业日常生产所需的原材料、设备等,取得了良好的经济效益。可以说,目前我国招标投标事业中呈现的是代理机构组织招标和企业自行组织招标并存的格局。从这一现实情况出发,《招标投标法》对企业自主招标也给予了肯定,并对企业自主招标的条件进行了限定。即《招标投标法》第十二条第二款所规定的,"招标人具有编制招标文件和组织评标能力的,可以自行办理招标事宜。"这里指出了招标人自行办理招标必须具备的两个条件,一是有编制招标文件的能力,二是有组织评标的能力。这两项条件若不能满足,必须委托代理机构办理。之所以这样规定,是因为如果让那些对招标程序不熟悉、自身也不具备招标能力的项目单位组织招标,会影响招标工作的规范化、程序化,进而影响到招标质量和项目的顺利实施。另外,也可防止项目单位借自行招标之机,行招标之名而无招标之实。

(三)依法必须进行招标的项目,招标人自行办理招标事宜的,应向有关行政监督部门备案

"依法必须进行招标的项目",即《招标投标法》第三条所列的强制招标项目。为确保这类招标项目取得良好的效果,必须严把招标人自行招标这道关口。因此,《招标投标法》第十二条第三款要求,"依法必须进行招标的项目,招标人自行办理招标事宜的,应当向有关行政监督部门备案。"这条规定的含义是,在强制招标项目中,如果招标人自行办理招标事宜,必须向有关行政监督部门备案。行政监督部门根据《招标投标法》第十二条第二款的规定,对招标人是否具备自行招标的条件进行审查。符合条件的,准许其自行办理招标事宜;不符合条件的,要求其委托代理机构办理招标事宜。

六、招标代理机构

随着招标投标工作的开展,招标代理机构的数量呈不断上升趋势,发挥的作用也日渐明显。招标代理机构是依法设立、从事招标代理业务并提供相关服务的社会中介组织。招标代理机构应当具备下列条件:

(1)有从事招标代理业务的营业场所和相应资金。

这是开展业务所必需的物质条件,也是招标代理机构成立的外部条件。营业场所,是提供代理服务的固定地点。相应资金,是开展代理业务所必要的资金。对于具备企业法人资

格的招标代理机构而言,《中华人民共和国公司法》规定,科技开发、咨询、服务性有限责任公司的注册资本不得少于10万元;《中华人民共和国企业法人登记管理条例施行细则》规定,咨询服务性公司的注册资金不得少于10万元。

(2)有能够编制招标文件和组织评标的相应专业力量。

是否能够编制招标文件和组织评标,既是衡量招标人能否自行办理招标事宜的标准,也是招标代理机构必须具备的实质要件。从整个招标投标程序看,编制招标文件和组织评标是其中最重要的两个环节。招标文件是整个招标过程所遵循的基础性文件,是投标和评标的依据,也是合同的重要组成部分。一般情况下,招标人与投标人之间不进行或进行有限的面对面交流,投标人只能根据招标文件的要求编写投标文件。因此,招标文件是联系、沟通招标人与投标人的桥梁。能否编制出完整、严谨的招标文件,直接影响到招标的质量,也是招标成败的关键。组织评标,即组织评标委员会,严格按照招标文件所确定的标准和方法,对所有投标文件进行评审和比较,从中确定中标人。能否顺利地组织评标,直接影响到招标的效果,也是体现招标公正性的重要保证。因此,编制招标文件和组织评标是招标代理机构应具备的最基本的业务能力。

(3)有符合条件的、可以作为评标委员会成员人选的技术、经济等方面的专家库。

《招标投标法》第三十七条规定了评标委员会的组成办法,并对能进入评标委员会的专家的条件进行了限定:应当从事相关领域工作满八年并具有高级职称或者具有同等专业水平,由招标人从国务院有关部门或者省、自治区、直辖市人民政府有关部门提供的专家名册或者招标代理机构的专家库内的相关专业的专家名单中确定。也就是说,招标代理机构必须有自己的专家库,入选的专家必须符合《招标投标法》第三十七条规定的条件(从事相关领域工作满八年并具有高级职称或者具有同等专业水平)。

从事工程建设项目招标代理业务的招标代理机构,其资格由国务院或者省、自治区、直辖市人民政府的建设行政主管部门认定。招标代理机构与行政机关和其他国家机关不得存在隶属关系或者其他利益关系。

七、招标公告和投标邀请书

(一)招标公告

招标人采用公开招标方式的,应当发布招标公告。招标公告应当载明招标人的名称和地址,招标项目的性质、数量、实施地点和时间,以及获取招标文件的办法等事项。

(1)公开招标应当发布招标公告。

公开招标是招标人以招标公告的方式邀请不特定的法人或者其他组织投标。发布招标公告,是公开招标最显著的特征之一,也是公开招标的第一个环节。招标公告在何种媒介上发布,直接决定了招标信息的传播范围,进而影响到招标的竞争程度和招标效果。但是无论如何,凡是采用公开招标方式的,都必须发布公告,这是世界各国的通行做法。

(2)依法必须进行招标的项目的招标公告,应在国家指定的报刊、信息网络或者其他媒介上发布。

通过报刊发布招标公告,是一种传统的信息发布方式,在国内外运用得比较广。科学技术的发展,还会涌现出一些新的发布渠道,作为报刊和信息网络的补充。除国家指定的报刊、信息网络或者其他媒介外,依法必须进行招标的项目的招标人不得在其他地方发布招标公告。这样要求的目的是为了集中招标信息的发布渠道,使投标人能更迅速、方便地获取信息。"国家指定",是指由国务院确定的某一部门指定某几类报刊、网络可以发布招标公告。为了符合公开招标的目的,发布招标公告的报刊、网络必须在全国范围内发行量较大,覆盖面较广,影响范围比较深远。为了引入竞争机制,并方便信息的传达与沟通,通常不应仅指定一种报刊或网络,而应根据我国招标项目的性质,以及可供选择的报刊、网络情况,确定合适的数目。这一要求仅针对依法必须进行招标的项目,即强制招标项目。其他项目公开招标的,也必须发布招标公告,但招标人可以自由选择发布的渠道。

(3)招标公告应当载明的内容。

招标公告的主要目的是发布招标信息,使那些感兴趣的投标人知悉,前来购买招标文件,编制投标文件并参加投标。因此,招标公告应包括哪些内容,或者至少应包括哪些内容,对潜在的投标企业来说是至关重要的。一般而言,在招标公告中,主要内容应为对招标人和招标项目的描述,使潜在的投标企业在掌握这些信息的基础上,根据自身情况,作出是否购买招标文件并投标的决定。招标公告应包括以下内容:①招标人的名称和地址。这是对招标人情况的简单描述。②招标项目的性质、数量、实施地点和时间。招标项目的性质,指项目属于基础设施、公用事业项目,或使用国有资金投资的项目,或利用国际组织或外国政府贷款、援助资金的项目;是土建工程招标,或是设备采购招标,或是勘察设计、科研课题等服务性质的招标。招标项目的数量,指把招标项目具体地加以量化,如设备供应量、土建工程量等。招标项目的实施地点,是指材料、设备的供应地点,土建工程的建设地点,服务项目的提供地点等。招标项目的实施时间,指设备、材料等货物的交货期,工程施工期,服务项目的提供时间等。③获取招标文件的办法。指发售招标文件的地点、负责人、收费标准、招标文件的邮购地址及费用、招标人或招标代理机构的开户银行及账号等。

(二)投标邀请书

招标人采用邀请招标方式的,应当向三个以上具备承担招标项目的能力、资信良好的特定的法人或者其他组织发出投标邀请书。邀请招标是招标人以投标邀请书邀请特定的法人或者其他组织参加投标的一种招标方式。这种招标方式与公开招标方式的不同之处在于它允许招标人向有限数目的特定的法人或其他组织发出投标邀请书,而不必发布招标公告。因此,邀请招标可以节约招标投标费用,提高效率。按照国内外的通常做法,采用邀请招标方式的前提条件,是对市场供给情况比较了解,对供应商或承包商的情况比较了解。在此基础上,还要考虑招标项目的具体情况:一是招标项目的技术新而且复杂或专业性很强,只能从有限范围的供应商或承包商中选择;二是招标项目本身的价值低,招标人只能通过限制投标人数来达到节约和提高效率的目的。因此,邀请招标是允许采用的,而且在实际中有较大的适用性。

但是,在邀请招标中,招标人有可能故意邀请一些不符合条件的法人或其他组织作为其内定中标人的陪衬。为了防止这种现象的发生,应当对邀请招标的对象所具备的条件作出限定,即:向其发出投标邀请书的法人或其他组织应不少于三个;而且该法人或其他组织资信良好,具备承担招标项目的能力。

投标邀请书与招标公告一样,是向作为供应商或承包商的法人或其他组织发出的关于招标事宜的初步基本文件。为了提高效率和透明度,投标邀请书必须载明必要的招标信息,使供应商或承包商能够确定所招标的条件是否为他们所接受,并了解如何参与投标程序。

八、资格审查

招标人可以根据招标项目本身的要求,在招标公告或者投标邀请书中,要求潜在投标人提供有关资质证明文件和业绩情况,并对潜在投标人进行资格审查;国家对投标人的资格条件有规定的,依照其规定。招标人不得以不合理的条件限制或者排斥潜在投标人,不得对潜在投标人实行歧视待遇。

所谓潜在投标人,是指知悉招标人公布的招标项目的有关条件和要求,有可能愿意参加投标竞争的供应商或承包商。对潜在投标人的资格进行审查,既是招标人的一项权利,也是大多数招标活动中经常采取的一道程序。这个程序对保障招标人的利益、促进招标投标活动的顺利进行具有重要意义。

资格审查程序是为了在招标投标过程中剔除资格条件不适合承担或履行合同的潜在投标人或投标人。该程序对复杂的或高价值的招标项目特别有用,对价值较低但技术复杂或高度专业化的招标项目,也是非常有帮助的。

一般来说,资格审查可分为资格预审和资格后审。资格预审是在投标前对潜在投标人进行的资格审查;资格后审是在投标后(一般是在开标后)对投标人进行的资格审查。无论是预审还是后审,主要审查潜在投标人或投标人是否符合下列条件:①具有独立订立合同的权利;②具有圆满履行合同的能力,包括专业、技术资格和能力,资金、设备和其他物质设施状况,管理能力、经验、信誉和相应的工作人员;③以往承担类似项目的业绩情况;④没有处于被责令停业,财产被接管、冻结、破产状态;⑤在最近几年内(如最近三年内)没有与骗取合同有关的犯罪或严重违法行为。此外,如果国家对投标人的资格条件另有规定的,招标人必须依照其规定,不得与这些规定相冲突或低于这些规定的要求。如国家重大建设项目的施工招标中,国家要求一级施工企业才能承包,招标人就不能让二级及以下的施工企业参与投标。在不损害商业秘密的前提下,潜在投标人或投标人应向招标人提交能证明上述有关资质和业绩情况的法定证明文件或其他资料。

是否进行资格审查及资格审查的要求和标准,招标人应在招标公告或投标邀请书中载明。这些要求和标准应平等地适用于所有的潜在投标人或投标人。招标人不得规定任何并非客观上合理的标准、要求或程序,限制或排斥潜在投标人,如故意提高技术资格要求,使只有某一特定的潜在投标人才能达到要求。招标人也不得规定歧视某一投标人或某些投标人的标准、要求或程序。因为前者会限制或排斥投标人,后者会给投标人以不公平的待遇,最终也会限制竞争。

招标人应按照招标公告或投标邀请书中载明的要求和标准,对提交资格审查证明文件和资料的潜在投标人或投标人的资格作出审查决定。招标人应告知潜在投标人或投标人是否审查合格。

目前,在招标实践中,招标人经常采用的是资格预审程序,并且专门发布资格预审公告。资格预审公告一般应包括以下内容:①招标人的名称和地址;②招标项目的性质和数量;③招标项目的地点和时间要求;④获取资格预审文件的办法、地点和时间;⑤对资格预审文件收取的费用;⑥提交资格预审申请书的地点和截止时间;⑦资格预审的日程安排。

九、招标文件的基本要求

（一）招标文件的内容

招标文件是招标人向供应商或承包商发出的，旨在向其提供为编写投标文件所需的资料并向其通报招标投标将依据的规则和程序等项内容的书面文件。招标文件是招标投标过程中最重要的文件之一。一般情况下，在发布招标公告或发出投标邀请书前，招标人或其委托的招标代理机构就应根据招标项目的特点和要求编制招标文件。

招标人应当根据招标项目的特点和需要编制招标文件。招标文件应当包括招标项目的技术要求、对投标人资格审查的标准、投标报价要求和评标标准等所有实质性要求和条件以及拟签订合同的主要条款。国家对招标项目的技术、标准有规定的，招标人应当按照其规定在招标文件中提出相应要求。招标项目需要划分标段、确定工期的，招标人应当合理划分标段、确定工期，并在招标文件中载明。

招标文件的内容大致可分为三类：一类是关于编写和提交投标文件的规定，载入这些内容的目的是，尽量减少符合资格的供应商或承包商由于不明确如何编写投标文件而处于不利地位或其投标遭到拒绝的可能性；一类是关于对投标人资格审查标准及投标文件的评审标准和方法，这是为了提高招标过程的透明度和公平性，因而是非常重要的，也是必不可少的；一类是关于合同的主要条款，其中主要是商务性条款，有利于投标人了解中标后签订的合同的主要内容，明确双方各自的权利和义务。其中，技术要求、投标报价要求和主要合同条款等内容是招标文件的关键内容，统称实质性要求。

招标文件一般应至少包括下列内容。

（1）投标人须知。投标人须知是招标文件中反映招标人的招标意图，每个条款都是投标人应该知晓和遵守的规则的说明。

（2）招标项目的性质、数量。

（3）技术规格。招标项目的技术规格或技术要求是招标文件中最重要的内容之一，是指招标项目在技术、质量方面的标准，如一定的大小、轻重、体积、精密度、性能等。技术规格或技术要求的确定，往往是招标能否具有竞争性，达到预期目的的技术制约因素。因此，世界各国和有关国际组织都普遍要求，招标文件规定的技术规格应采用国际或国内公认、法定标准。

（4）投标价格的要求及其计算方式。投标报价是招标人评标时衡量的重要因素。因此，招标人在招标文件中应事先提出报价的具体要求及计算方法。

（5）评标的标准和方法。评标时只能采用招标文件中已列明的标准和方法，不得另定。

（6）交货、竣工或提供服务的时间。

（7）投标人应当提供的有关资格和资信证明文件。

（8）投标保证金的数额或其他形式的担保。在招标投标程序中，如果投标人投标后擅自撤回投标，或者投标被接受后由于投标人的过错而不能缔结合同，那么招标人就可能遭受损失（如重新进行招标的费用和招标推迟而造成的损失等）。因此，招标人可以在招标文件中要求投标人提供投标保证金或其他形式的担保（如抵押、保证等），以防止投标人违约，并在投标人违约时得到补偿。

(9)投标文件的编制要求。

(10)提供投标文件的方式、地点和截止时间。

(11)开标、评标、定标的日程安排。

(12)主要合同条款。合同条款应明确规定将要完成的工程范围、供货的范围、招标人与中标人各自的权利和义务。除一般合同条款之外,合同中还应包括招标项目的特殊合同条款。

(二)招标文件的时间要求

投标有效期,是招标文件规定的投标文件有效期,从投标文件提交截止之日起计算。在投标有效期内,投标人提交的投标文件对投标人具有法律约束力,投标人不得补充、修改、撤回投标文件;否则,招标人有权没收其投标保证金并要求其赔偿损失。

招标人应当确定投标人编制投标文件所需要的合理时间。依法必须进行招标的项目,自招标文件开始发出之日起至投标人提交投标文件截止之日止,最短不得少于二十日。

《工程建设项目勘察设计招标投标办法》第十二条和《工程建设项目施工招标投标办法》第十五条进一步规定了资格预审文件和招标文件发售的最短时间,规定"招标文件或者资格预审文件出售之日起至停止出售之日止,最短不得少于五日"。

招标人对已发出的招标文件进行必要的澄清或者修改的,应当在招标文件要求提交投标文件截止时间至少十五日前,以书面形式通知所有招标文件收受人。澄清是指招标人对招标文件中的遗漏、词义表述不清或对比较复杂的事项进行说明,回答投标人提出的各种问题。修改是指招标人对招标文件中出现的错误进行修订。

第三节 建设工程投标

投标是指投标人根据招标文件的要求,编制并提交投标文件,响应招标的活动。投标人参与竞争并进行一次性投标报价是在投标环节完成的,在投标截止时间结束后,不能接受新的投标,投标人也不得更改投标报价及其他实质性内容。投标情况确定了竞争格局,是决定投标人能否中标、招标人能否取得预期效果的关键。

一、投标人

招标公告或者投标邀请书发出后,所有对招标公告或投标邀请书感兴趣的并有可能参加投标的人,称为潜在投标人。那些响应招标并购买招标文件,参加投标的潜在投标人称为投标人。

投标人是响应招标、参加投标竞争的法人或者其他组织。投标人应当具备承担招标项目的能力;国家有关规定对投标人资格条件或者招标文件对投标人资格条件有规定的,投标人应当具备规定的资格条件。

参加投标活动必须具备一定的条件,不是所有感兴趣的法人或经济组织都可以参加投标。投标人通常应当具备下列条件:①与招标文件要求相适应的人力、物力和财力;②招标文件要求的资质证书和相应的工作经验与业绩证明;③法律、法规规定的其他条件。

二、投标文件

(一)投标文件的编制要求

投标人应当按照招标文件的要求编制投标文件。投标文件应当对招标文件提出的实质性要求和条件作出响应。招标项目属于建设施工的,投标文件的内容应当包括拟派出的项目负责人与主要技术人员的简历、业绩和拟用于完成招标项目的机械设备等。投标文件通常可分为商务文件、技术文件和价格文件。

1. 商务文件

商务文件是用以证明投标人履行了合法手续及招标人了解投标人商业资信、合法性的文件。一般包括投标保函、投标人的授权书及证明文件、联合体投标人提供的联合协议、投标人所代表的公司的资信证明等,如有分包商,还应出具资信文件供招标人审查。

2. 技术文件

如果是建设项目,技术文件则包括全部施工组织设计内容,用以评价投标人的技术实力和经验。技术复杂的项目对技术文件的编写内容及格式均有详细要求,投标人应当认真按照规定填写。

3. 价格文件

价格文件是投标文件的核心,全部价格文件必须完全按照招标文件的规定格式编制,不允许有任何改动,如有漏填,则视为其已经包含在其他价格报价中。

(二)投标文件的提交、修改、撤回和撤销

投标人应当在招标文件要求提交投标文件的截止时间前,将投标文件送达投标地点。招标人收到投标文件后,应当签收保存,不得开启。投标人少于三个的,招标人应当重新招标。未通过资格预审的申请人提交的投标文件,以及逾期送达或者不按照招标文件要求密封的投标文件,招标人应当拒收。招标人应当如实记载投标文件的送达时间和密封情况,并存档备查。

投标人在招标文件要求提交投标文件的截止时间前,可以补充、修改或者撤回已提交的投标文件,并书面通知招标人。补充、修改的内容为投标文件的组成部分,投标人撤回已提交的投标文件,应当在投标截止时间前书面通知招标人。招标人已收取投标保证金的,应当自收到投标人书面撤回通知之日起五日内退还。投标截止后投标人撤销投标文件的,招标人可以不退还投标保证金。

三、投标保证金

投标保证金是招标人设置的担保投标人谨慎投标的一种担保方式。为约束投标人的投标行为,保护招标人的利益,招标人通常会要求投标人提供投标保证金。当发生下列情形时,招标人有权没收投标保证金:①投标人在投标有效期内撤回其投标文件;②中标人未能在规定期限内提交履约保证金或者签订合同的。

《工程建设项目施工招标投标办法》第三十七条规定:"招标人可以在招标文件中要求投

标人提交投标保证金。投标保证金除现金外,可以是银行出具的银行保函、保兑支票、银行汇票或现金支票。投标保证金不得超过项目估算价的百分之二,但最高不得超过八十万元人民币。投标保证金有效期应当与投标有效期一致。投标人应当按照招标文件要求的方式和金额,将投标保证金随投标文件提交给招标人或其委托的招标代理机构。"投标人不按招标文件要求提交投标保证金的,该投标文件将被拒绝,作废标处理。

四、联合体投标

两个以上法人或者其他组织可以组成一个联合体,以一个投标人的身份共同投标。招标人应当在资格预审公告、招标公告或者投标邀请书中载明是否接受联合体投标。招标人接受联合体投标并进行资格预审的,联合体应当在提交资格预审申请文件前组成。资格预审后联合体增减、更换成员的,其投标无效。联合体各方均应当具备承担招标项目的相应能力;国家有关规定或者招标文件对投标人资格条件有规定的,联合体各方均应当具备规定的相应资格条件。由同一专业的单位组成的联合体,按照资质等级较低的单位确定资质等级。

联合体各方应当签订共同投标协议,明确约定各方拟承担的工作和责任,并将共同投标协议连同投标文件一并提交招标人。联合体中标的,联合体各方应当共同与招标人签订合同,就中标项目向招标人承担连带责任。招标人不得强制投标人组成联合体共同投标,不得限制投标人之间的竞争。联合体各方在同一招标项目中以自己名义单独投标或者参加其他联合体投标的,相关投标均无效。

五、禁止投标人实施的不正当竞争行为

(一)投标人串通投标行为

有下列情形之一的,属于投标人相互串通投标:①投标人之间协商投标报价等投标文件的实质性内容;②投标人之间约定中标人;③投标人之间约定部分投标人放弃投标或者中标;④属于同一集团、协会、商会等组织成员的投标人按照该组织要求协同投标;⑤投标人之间为谋取中标或者排斥特定投标人而采取的其他联合行动。

有下列情形之一的,视为投标人相互串通投标:①不同投标人的投标文件由同一单位或者个人编制;②不同投标人委托同一单位或者个人办理投标事宜;③不同投标人的投标文件载明的项目管理成员为同一人;④不同投标人的投标文件异常一致或者投标报价呈规律性差异;⑤不同投标人的投标文件相互混装;⑥不同投标人的投标保证金从同一单位或者个人的账户转出。

(二)招标人与投标人串通投标行为

有下列情形之一的,属于招标人与投标人串通投标:①招标人在开标前开启投标文件并将有关信息泄露给其他投标人;②招标人直接或者间接向投标人泄露标底、评标委员会成员等信息;③招标人明示或者暗示投标人压低或者抬高投标报价;④招标人授意投标人撤换、修改投标文件;⑤招标人明示或者暗示投标人为特定投标人中标提供方便;⑥招标人与投标人为谋求特定投标人中标而采取的其他串通行为。

(三)投标人其他不正当竞争行为

投标人不得以低于成本的报价竞标,也不得以他人名义投标或者以其他方式弄虚作假,骗取中标。使用通过受让或者租借等方式获取的资格、资质证书投标的,属于以他人名义投标。投标人有下列情形之一的,属于以其他方式弄虚作假的行为:①使用伪造、变造的许可证件;②提供虚假的财务状况或者业绩;③提供虚假的项目负责人或者主要技术人员简历、劳动关系证明;④提供虚假的信用状况;⑤其他弄虚作假的行为。

第四节 建设工程开标

开标是招标人按照招标文件确定的时间和地点,邀请所有投标人到场,当众开启投标人提交的投标文件,宣布投标人的名称、投标报价及投标文件中的其他重要内容。开标的最基本要求是公开,保障所有投标人的知情权,这也是维护各方合法权益的基本条件。

一、开标的时间和地点

开标应当在招标文件确定的提交投标文件截止时间的同一时间公开进行;开标地点应当为招标文件中预先确定的地点。

1. 开标时间

开标时间和提交投标文件截止时间应为同一时间,并在招标文件中明示。这是为了杜绝招标人和个别投标人非法串通,在投标文件截止时间之后,修改个别投标人的投标文件,从而损害国家和其他投标人利益。招标人和招标代理机构必须按照招标文件中的规定,按时开标,不得擅自提前或拖后开标,更不能不开标就进行评标。

2. 开标地点

开标地点应在招标文件中具体明示。

3. 开标时间和地点的修改

如果招标人需要修改开标时间和地点,应以书面形式通知所有招标文件的收受人,并应报工程所在地的县级以上建设行政主管部门备案。

二、开标参与人

开标由招标人主持,邀请所有投标人参加。一般情况下,开标由招标人主持;在招标人委托招标代理机构代理招标时,开标也可由该代理机构主持。主持人按照规定的程序负责开标的全过程。其他开标工作人员办理开标作业及制作记录等事项。此外,为了保证开标的公正性,一般还邀请相关单位的代表参加,如招标项目主管部门的人员、评标委员会成员、监察部门代表等。有些招标项目,招标人还可以委托公证部门的公证人员对整个开标过程依法进行公证。

三、开标程序

开标时,由投标人或者其推选的代表检查投标文件的密封情况,也可以由招标人委托的公证机构检查并公证；经确认无误后，由工作人员当众拆封，宣读投标人名称、投标价格和投标文件的其他主要内容。招标人在招标文件要求提交投标文件的截止时间前收到的所有投标文件，开标时都应当当众予以拆封、宣读。开标过程应当记录，并存档备查。

第五节　建设工程评标

评标由招标人依法组建的评标委员会负责，依据招标文件的规定和要求，对投标文件进行审查、评审和比较，确定中标候选人。评标是审查确定中标人的必经程序。由于依法必须招标项目的中标人必须按照评标委员会的推荐名单和顺序确定，因此，评标是否合法、规范、公平、公正，对于招标结果具有决定性作用。

一、评标委员会的组成

评标由招标人依法组建的评标委员会负责。依法必须进行招标的项目，其评标委员会由招标人的代表和有关技术、经济等方面的专家组成，成员人数为五人以上单数，其中技术、经济等方面的专家不得少于成员总数的三分之二。专家应当从事相关领域工作满八年并具有高级职称或者具有同等专业水平，由招标人从国务院有关部门或者省、自治区、直辖市人民政府有关部门提供的专家名册或者招标代理机构的专家库内的相关专业的专家名单中确定；一般招标项目可以采取随机抽取方式，特殊招标项目可以由招标人直接确定。与投标人有利害关系的人不得进入相关项目的评标委员会；已经进入的应当更换。有下列情形之一的，不得担任评标委员会成员：①投标人或者投标人主要负责人的近亲属；②项目主管部门或者行政监督部门的人员；③与投标人有经济利益关系，可能影响对投标公正评审的；④曾因在招标、评标以及其他与招标投标有关活动中从事违法行为而受过行政处罚或刑事处罚的。

评标委员会成员的名单在中标结果确定前应当保密。

二、评标委员会的职责

1. 依法评审、比较投标文件，出具个人评审意见

评标委员会成员最基本权利和主要义务，即依法按照招标文件确定的评标标准和方法，运用个人相关的能力、知识和信息，对投标文件进行全面评审和比较，在评标工作中发表并出具个人评审意见，行使评审表决权。评标委员会成员应对其参加评标的工作及出具的评审意见，依法承担个人责任。评标专家依法对投标文件进行独立评审，提出评审意见，不受任何单位或个人的干预。

2. 签署评标报告

评标委员会直接的工作成果体现为评标报告。评标报告汇集、总结了评标委员会全部成员的评审意见，由每个成员签字认定后，以评标委员会的名义出具。

3. 遵守职业道德

评标委员会成员在投标文件评审直至提出评标报告的全过程中，均应恪守职责，认真、公正、诚实、廉洁地履行职责，这是每个成员最根本的义务。评标委员会成员不得与任何投标人或者与招标结果有利害关系的人进行私下接触,不得收受投标人、中介人、其他利害关系人的财物或者其他好处,不得彼此之间进行私下串通。评标委员会成员如果发现存在依法不应参加评标工作的情况,还应立即披露并提出回避。

4. 履行保密义务

评标委员会成员和参与评标的有关工作人员不得私自透露对投标文件的评审和比较、中标候选人的推荐情况以及与评标有关的其他情况。

5. 有关协助和配合义务

对于评标工作和评标结果发生的质疑和投诉,招标人、招标代理机构及有关主管部门依法处理质疑和投诉时,评标委员会成员应配合有关部门的投诉处理工作,配合招标人和投标人的质疑。协助、配合有关行政监督部门的监督和检查工作,对发现的违规违法情况加以制止,向有关方面反映、报告评标过程中的问题等。

三、评标的标准和方法、参考标底及评标报告

(一)评标的标准和方法

评标是对投标文件的评审和比较。在招标文件中,招标人列明了评标的标准和方法,目的就是让各潜在投标人知道这些标准和方法,以便考虑如何进行投标,最终获得成功。那么,这些事先列明的标准和方法在评标时能否真正得到采用,是衡量评标是否公正、公平的标尺。为了保证评标的这种公正和公平性,评标必须按照招标文件规定的评标标准和方法,不得采用招标文件未列明的任何标准和方法,也不得改变招标确定的评标标准和方法。

评标的标准,一般包括价格标准和价格标准以外的其他有关标准(又称"非价格标准"),以及如何运用这些标准来确定中选的投标。非价格标准应尽可能客观和定量化,并按货币额表示,或规定相对的权重(即"系数"或"得分")。通常来说,在货物评标时,非价格标准主要有运费和保险费、付款计划、交货期、运营成本、货物的有效性和配套性、零配件和服务的供给能力、相关的培训、安全性和环境效益等。在服务评标时,非价格标准主要有投标人及参与提供服务的人员的资格、经验、信誉、可靠性、专业和管理能力等。在工程评标时,非价格标准主要有工期、质量、施工人员和管理人员的素质、以往的经验等。

评标的方法,是运用评标标准评审、比较投标的具体方法。一般有以下三种方法:①最低评标价法。评标委员会根据评标标准确定的每一投标不同方面的货币数额,然后将那些数额与投标价格放在一起来比较。估值后价格(即"评标价")最低的投标可作为中选投标。②打分法。评标委员会根据评标标准确定的每一投标不同方面的相对权重(即"得分"),得分最高的投标即为最佳的投标,可作为中选投标。③合理最低投标价法。即能够满足招标文件的各项要求,投标价格最低的投标即可作为中选投标。在这三种评标方法中,前两种可统称为"综合评标法"。

(二)参考标底

设立标底的做法是针对我国目前建筑市场发育状况和国情而采取的措施,是具有中国特色的招标投标制度的一个具体体现。标底有一定的上下浮动范围,评标委员会一般在这

个浮动范围内对投标价格进行比较。但是,标底并不是决定投标能否中标的标准价,只是对投标进行评审和比较时的一个参考价。当然,如果被评为最低评标价的投标超过标底规定的幅度,招标人应调查超出标底的原因,如果合理,该投标应有效;如果被评为最低评标价的投标大大低于标底,招标人也应调查,如果属于合理成本价,该投标也应有效。

(三)评标报告

评标报告是评标委员会评标结束后提交给招标人的一份重要文件。在评标报告中,评标委员会不仅要推荐中标候选人,而且要说明这种推荐的具体理由。评标报告作为招标人定标的重要依据,一般应包括以下内容:①对投标人的技术方案评价,技术、经济风险分析;②对投标人技术力量、设施条件评价;③对满足评标标准的投标人的投标进行排序;④需进一步协商的问题及协商应达到的要求。

招标人根据评标委员会的评标报告,在推荐的中标候选人(一般为一至三人)中最后确定中标人;在某些情况下,招标人也可以直接授权评标委员会直接确定中标人。

第六节 建设工程中标

中标也称为定标,即招标人从评标委员会推荐的中标候选人中确定中标人,并向中标人发出中标通知书,并同时将中标结果通知所有未中标的投标人。按照法律规定,部分招标项目在确定中标候选人和中标人之后还应当依法进行公示。中标既是竞争结果的确定环节,也是发生异议、投诉、举报的环节,有关方面应当依法进行处理。

中标人的投标应当符合下列条件之一:

(1)能够最大限度地满足招标文件中规定的各项综合评价标准;

(2)能够满足招标文件的实质性要求,并且经评审的投标价格最低,但是投标价格低于成本的除外。

一、中标公示

为确保招标投标活动公平、公正、公开进行,有利于社会监督,确定中标人后,中标结果应当公示或者公告。《关于加强房屋建筑和市政基础设施工程项目施工招标投标行政监督工作的若干意见》要求:"各地应当建立中标候选人的公示制度。采用公开招标的,在中标通知书发出前,要将预中标人的情况在该工程项目招标公告发布的同一信息网络和建设工程交易中心予以公示,公示的时间最短应当不少于2个工作日。"

公示结束后,招标人应当向中标人发出中标通知书,告知中标人中标的结果。《招标投标法》第四十五条规定:"中标人确定后,招标人应当向中标人发出中标通知书,并同时将中标结果通知所有未中标的投标人。"

二、中标通知书

中标通知书,是由招标人向中标人发出通知并确认其中标的书面凭证。中标通知书对招标人和中标人具有法律效力,就法律性质而言,中标通知书属于承诺。中标通知书发出后,招标人改变中标结果的应当赔偿中标人的损失;中标人放弃中标的,招标人可以没收中标人提交的投标保证金或者要求中标人赔偿因其放弃中标导致的损失。

招标人不得向中标人提出压低报价、增加工作量、缩短工期等违背中标人意愿的要求，以此作为发出中标通知书或签订工程合同的条件。

中标通知书发出后，招标人和中标人应当按照招标文件和投标文件在规定的时间内订立书面合同，中标人按合同约定履行义务，完成中标项目。依法必须进行招标的项目，招标人应当自确定中标人之日起十五日内，向有关行政监督部门提交招标投标情况的书面报告。

第五章 建设工程质量法律制度

国有国法,家有家规,只有有制度的约束,社会才能良好有序地运行,建设工程领域亦是如此。目前我国涉及建设工程的法律有《建筑法》《建设工程质量管理条例》《房屋建筑工程质量保修办法》《最高人民法院关于审理建设工程施工合同纠纷案件适用法律问题的解释》等,法律规定,建设单位、勘察单位、设计单位、施工单位、工程监理单位依法对建设工程质量负责。

第一节 施工单位的质量责任和义务

在建设施工过程中,涉及责任主体众多、生产环节繁多、时间跨度长等因素会影响到工程的质量,而施工单位作为其中的重要环节之一,规范其在工程建设过程中需承担的责任和义务,明确其行为准则就显得尤为重要,对此,《建设工程质量管理条例》规定,"施工单位对建设工程的施工质量负责。"具体而言,包括以下几个方面。

一、施工单位的市场准入条件和禁止行为

施工单位应当依法取得相应等级的资质证书,并在其资质等级许可的范围内承揽工程。
禁止施工单位超越本单位资质等级许可的业务范围或者以其他施工单位的名义承揽工程。禁止施工单位允许其他单位或者个人以本单位的名义承揽工程。
施工单位不得转包或者违法分包工程。
施工单位的资质等级,是施工单位建设业绩、人员素质、管理水平、资金数量、技术装备等综合能力的体现。对于施工单位,国家规定除应具备企业法人营业执照外,还应取得相应的资质证书,住房和城乡建设部发布的《建筑业企业资质管理规定》,对此作出了明确的规定。根据规定,建筑承包企业应严格在其资质等级许可的经营范围内从事承包工程活动。
所谓转包,是指承包单位承包建设工程后,不履行合同约定的责任和义务,将其承包的全部建设工程转给他人或者将其承包的全部工程肢解以后以分包的名义分别转给他人承包的行为。所谓违法分包,主要是指施工总承包单位将工程分包给不具备相应资质条件的单位;违反合同约定,又未经建设单位认可,擅自分包工程;将主体工程的施工分包给他人;分包单位再分包的。

二、施工单位对建设工程质量承担的责任

施工单位对建设工程的施工质量负责。
施工单位应当建立质量责任制,确定工程项目的项目经理、技术负责人和施工管理负责人。
建设工程实行总承包的,总承包单位应当对全部建设工程质量负责;建设工程勘察、设

计、施工、设备采购的一项或者多项实行总承包的,总承包单位应当对其承包的建设工程或者采购的设备的质量负责。

施工质量是以合同规定的设计文件和相应的技术标准为依据来确定和衡量的。施工单位应对施工质量负责,是指施工单位应在其质量体系正常、有效运行的前提下,保证工程施工的全过程且工程的实物质量符合设计文件和相应技术标准的要求。

三、总、分包单位之间的责任承担范围

总承包单位依法将建设工程分包给其他单位的,分包单位应当按照分包合同的约定对其分包工程的质量向总承包单位负责,总承包单位与分包单位对分包工程的质量承担连带责任。

总承包单位应当按照承包合同约定的权利义务对建设单位负责。经建设单位许可或合同约定,总承包单位将工程分包给其他分包单位时,应当同分包单位签订建筑工程分包合同,根据分包合同的约定,分包单位(包括建设单位指定的分包单位)对总承包单位承担责任。

四、施工单位的施工依据

施工单位必须按照工程设计图纸和施工技术标准施工,不得擅自修改工程设计,不得偷工减料。

施工单位在施工过程中发现设计文件和图纸有差错的,应当及时提出意见和建议。

按工程设计图纸施工,是保证工程实现设计意图的前提,也是明确划分设计、施工单位质量责任的前提。施工过程中,如果施工单位不按图施工或不经原设计单位同意,就擅自修改工程设计,其直接的后果,往往违反了原设计的意图,影响工程质量,严重的将给工程结构安全留下隐患。间接后果是在原设计有缺陷或出现工程质量事故的情况下,由于施工单位擅自修改了设计,混淆了设计、施工单位各自应负的质量责任。所以按图施工、不擅自修改工程设计,是施工单位保证工程质量的最基本要求。

五、施工单位的检验义务

施工单位必须按照工程设计要求、施工技术标准和合同约定,对建筑材料、建筑构配件、设备和商品混凝土进行检验,检验应当有书面记录和专人签字;未经检验或者检验不合格的,不得使用。

建筑材料、建筑构配件、设备和商品混凝土检验制度,是施工单位质量保证体系的重要组成部分,是保障建筑工程质量的重要内容。施工中要按工程设计要求、强制性标准的规定和合同的约定,对工程上使用的建筑材料、建筑构配件、设备和商品混凝土等(包括建设单位供应的材料)进行检验,检验工作要按规定范围和要求进行,按现行的标准、规定的数量、频率、取样方法进行检验。检验的结果要按规定的格式形成书面记录,并由相关的专业人员签字。未经检验或检验不合格的,不得使用。合同若有其他约定,检验工作还应满足合同相应条款的要求。

六、施工单位的施工质量检验和隐蔽工作检查义务

施工单位必须建立、健全施工质量的检验制度,严格工序管理,作好隐蔽工程的质量检查和记录。隐蔽工程在隐蔽前,施工单位应当通知建设单位和建设工程质量监督机构。

施工质量检验,通常是指工程施工过程中工序质量检验,或称为过程检验,包括预检及隐蔽工程检验和自检、交接检、专职检、分部工程中间检验等。在施工过程中,某一道工序所完成的工程实物,被后一工序形成的工程实物所隐蔽,而且不可以逆向作业,前者就称为隐蔽工程。例如,钢筋混凝土工程施工中,钢筋为混凝土所覆盖,前者即是隐蔽工程。建设工程施工,在大多数情况下,具有不可逆性。隐蔽工程被后续工序隐蔽后,其施工质量就很难检验及认定。如果不认真做好隐蔽工程的质量检查工作,就容易给工程留下隐患。所以隐蔽工程在隐蔽前,施工单位除了要做好检查、检验并做好记录之外,还要及时通知建设单位和建设工程质量监督机构,以接受政府监督和向建设单位提供质量保证。

七、施工单位的检测义务

施工人员对涉及结构安全的试块、试件以及有关材料,应当在建设单位或者工程监理单位监督下现场取样,并送具有相应资质等级的质量检测单位进行检测。

在工程施工过程中,为了控制工程总体或相应部位的施工质量,一般要依据有关技术标准,用特定的方法,对用于工程的材料或构件抽取一定数量的样品,进行检测或试验,并根据其结果来判断其所代表部位的质量。这是控制和判断工程质量水平所采取的重要技术措施。

八、施工单位的返修义务

施工单位对施工中出现质量问题的建设工程或者竣工验收不合格的建设工程,应当负责返修。

修理是指工程质量不符合标准,而又有可能修复的情况下,对工程进行修补使其达到质量标准的要求。不论是施工过程中出现质量问题的建设工程,还是竣工验收时发现质量问题的工程,施工单位都要负责返修。对于非施工单位造成质量问题或竣工验收不合格的工程,施工单位也应当负责返修,但是造成的损失及返修费用由责任方承担。

九、施工单位应先培训、后上岗

施工单位应当建立、健全教育培训制度,加强对职工的教育培训;未经教育培训或者考核不合格的人员,不得上岗作业。

施工单位建立、健全教育培训制度,加强对职工的教育培训,是企业重要的基础工作之一,只有全员素质提高了,工程质量才能从根本上得到保证。教育培训通常包括各类质量教育和岗位技能培训等。

第二节 建设、勘察、设计、工程监理单位的质量责任和义务

工程建设的质量关乎到项目的整体效益,各个参与方密切配合、尽职尽责方能保证最终

交付优质工程,对此,《建设工程质量管理条例》规定,"建设单位、勘察单位、设计单位、工程监理单位依法对建设工程质量负责。"

一、建设单位的质量责任和义务

(一)依法发包工程

建设单位应当将工程发包给具有相应资质等级的单位。

建设单位不得将建设工程肢解发包。肢解发包是指建设单位将应当由一个承包单位完成的建设工程分解成若干部分发包给不同的承包单位的行为。这一规定的目的在于确保建设单位是发包工程的最小单位。肢解成若干部分,分别发包给几个承包单位,由于建设单位一般不具备工程管理的专业知识和经验,使得整个工程建设在管理和技术上缺乏应有的统筹协调,往往造成施工现场秩序的混乱,责任不清,严重影响工程建设质量,出了问题也很难找到责任方。因此禁止将建设工程肢解发包作了强制性规定。

(二)依法进行招标

建设单位应当依法对工程建设项目的勘察、设计、施工、监理以及与工程建设有关的重要设备、材料等的采购进行招标。

(三)依法提供原始资料

建设单位必须向有关的勘察、设计、施工、工程监理等单位提供与建设工程有关的原始资料。原始资料必须真实、准确、齐全。

原始资料是勘察单位、设计单位、施工单位、工程监理单位赖以进行勘察作业、设计作业、施工作业、监理作业的基础性材料。建设单位作为建设活动的总负责方,向有关的勘察单位、设计单位、施工单位、工程监理单位提供原始资料,并保证这些资料的真实、准确、齐全,是其基本的责任和义务。

真实是就原始资料的合法性而言的,指建设单位提供的资料的来源、内容必须符合国家有关法律、法规、规章、标准、规范和规程的要求,即必须是合法的,不得伪造、篡改。

准确是就原始资料的科学性而言的,指建设单位提供的资料必须能够真实反映建设工程原貌,数据精度能够满足勘察、设计、施工、监理作业的需要。

齐全是就原始资料的完整性而言的,指建设单位提供的资料的范围必须能够满足进行勘察、设计、施工、监理作业的需要。

(四)限制不合理的干预行为

建设工程发包单位,不得迫使承包方以低于成本的价格竞标,不得任意压缩合理工期。

建设单位不得明示或者暗示设计单位或者施工单位违反工程建设强制性标准,降低建设工程质量。

(五)依法报审施工图设计文件

施工图设计文件审查的具体办法,由国务院建设行政主管部门、国务院其他有关部门制定。施工图设计文件未经审查批准的,不得使用。

(六)依法实行工程监理

实行监理的建设工程,建设单位应当委托具有相应资质等级的工程监理单位进行监理,也可以委托具有工程监理相应资质等级并与被监理工程的施工承包单位没有隶属关系或者其他利害关系的该工程的设计单位进行监理。

下列建设工程必须实行监理:①国家重点建设工程;②大中型公用事业工程;③成片开发建设的住宅小区工程;④利用外国政府或者国际组织贷款、援助资金的工程;⑤国家规定必须实行监理的其他工程。

监理工作要求监理人员有较高的技术水平和较丰富的工程经验,因此国家对开展工程监理工作的单位实行资质许可,工程监理单位的资质反映了该单位从事某项监理工作的资格和能力,是国家对工程监理市场准入管理的重要手段,只有获得相应资质证书的单位才具备保证工程监理工作质量的能力,因此建设单位必须将需要监理的工程委托给具有相应资质等级的工程监理单位进行监理。

(七)依法办理工程质量监督手续

建设单位在开工前,应当按照国家有关规定办理工程质量监督手续,工程质量监督手续可以与施工许可证或者开工报告合并办理。

(八)依法保证建筑材料等符合要求

按照合同约定,由建设单位采购建筑材料、建筑构配件和设备的,建设单位应当保证建筑材料、建筑构配件和设备符合设计文件和合同要求。

建设单位不得明示或者暗示施工单位使用不合格的建筑材料、建筑构配件和设备。

(九)依法进行装修工程

涉及建筑主体和承重结构变动的装修工程,建设单位应当在施工前委托原设计单位或者具有相应资质等级的设计单位提出设计方案;没有设计方案的,不得施工。

房屋建筑使用者在装修过程中,不得擅自变动房屋建筑主体和承重结构。

(十)组织竣工验收

建设单位收到建设工程竣工报告后,应当组织设计、施工、工程监理等有关单位进行竣工验收。

(十一)移交建设项目档案

建设单位应当严格按照国家有关档案管理的规定,及时收集、整理建设项目各环节的文件资料,建立、健全建设项目档案,并在建设工程竣工验收后,及时向建设行政主管部门或者其他有关部门移交建设项目档案。

二、勘察、设计单位的质量责任和义务

(一)勘察、设计单位的市场准入条件和禁止行为

从事建设工程勘察、设计的单位应当依法取得相应等级的资质证书,并在其资质等级许可的范围内承揽工程。

禁止勘察、设计单位超越其资质等级许可的范围或者以其他勘察、设计单位的名义承揽工程。禁止勘察、设计单位允许其他单位或者个人以本单位的名义承揽工程。

勘察、设计单位不得转包或者违法分包所承揽的工程。

勘察、设计单位必须依法取得勘察、设计资质等级证书,《建筑法》第十三条对此有专门规定:"从事建筑活动的建筑施工企业、勘察单位、设计单位和工程监理单位,按照其拥有的注册资本、专业技术人员、技术装备和已完成的建筑工程业绩等资质条件,划分为不同的资质等级,经资质审查合格,取得相应等级的资质证书后,方可在其资质等级许可的范围内从事建筑活动。"勘察、设计单位的资质等级反映了勘察、设计单位从事某项勘察、设计工作的资格和能力,是国家对勘察、设计市场准入管理的重要手段。

(二)勘察、设计单位应承担的责任

勘察、设计单位必须按照工程建设强制性标准进行勘察、设计,并对其勘察、设计的质量负责。注册建筑师、注册结构工程师等注册执业人员应当在设计文件上签字,对设计文件负责。

1. 勘察单位应承担的责任

勘察单位提供的地质、测量、水文等勘察成果必须真实、准确。

2. 设计单位应承担的责任

(1)根据勘察成果文件进行设计并编制符合规定的设计文件。

设计单位应当根据勘察成果文件进行建设工程设计。

设计文件应当符合国家规定的设计深度要求,注明工程合理使用年限。

设计文件编制深度可以说是设计文件应包括的内容和深度,也就是规定了一个完整的设计文件应该是什么样子。我国对设计文件的编制深度有专门的规定。以建筑工程为例,要求初步设计文件的深度应满足:符合已审定的设计方案;能据以确定土地征用范围;能据以准备主要设备及材料;应提供工程设计概算,作为审批确定项目投资的依据;能据以进行施工图设计;能据以进行施工准备。要求施工图设计文件的深度应满足:能据以编制施工图预算;能据以安排材料、设备订货和非标准设备的制作;能据以进行施工和安装;能据以进行工程验收。根据这些要求确定了设计文件应包括的内容,例如,初步设计在设计说明书、总平面、建筑、结构、给水排水、电气、弱电、采暖通风空气调节、动力、技术经济与概算等专业应表述到什么程度,施工图设计在总平面、建筑、结构、给水排水、电气、弱电、采暖通风空气调节、动力、预算等各专业应表述到什么程度,等等。这样通过文字、图形、图表使各专业得到了充分的表述,设计文件也就通过这些具体的内容得以完成。

工程合理使用年限是指从工程竣工验收合格之日起,工程的地基基础、主体结构能保证

在正常情况下安全使用的年限。建设工程的承包人应当在该建设工程合理使用年限内对工程的质量承担责任,工程勘察、设计单位要在此期间对因工程勘察、设计的原因而造成的质量问题负相应的责任,因此,可以说工程合理使用年限就是勘察、设计单位的责任年限。

(2)选取符合国家规定的标准的建材。

设计单位在设计文件中选用的建筑材料、建筑构配件和设备,应当注明规格、型号、性能等技术指标,其质量要求必须符合国家规定的标准。

除有特殊要求的建筑材料、专用设备、工艺生产线等外,设计单位不得指定生产厂、供应商。

(3)阐明设计文件。

设计单位应当就审查合格的施工图设计文件向施工单位作出详细说明。

(4)参与建设工程质量事故分析。

设计单位应当参与建设工程质量事故分析,并对因设计造成的质量事故,提出相应的技术处理方案。

三、工程监理单位的质量责任和义务

(一)工程监理单位的市场准入条件和禁止行为

工程监理单位应当依法取得相应等级的资质证书,并在其资质等级许可的范围内承担工程监理业务。

禁止工程监理单位超越本单位资质等级许可的范围或者以其他工程监理单位的名义承担工程监理业务。禁止工程监理单位允许其他单位或者个人以本单位的名义承担工程监理业务。

工程监理单位不得转让工程监理业务。

(二)回避义务

工程监理单位与被监理工程的施工承包单位以及建筑材料、建筑构配件和设备供应单位有隶属关系或者其他利害关系的,不得承担该项建设工程的监理业务。

(三)监理的主要内容

工程监理单位应当依照法律、法规以及有关技术标准、设计文件和建设工程承包合同,代表建设单位对施工质量实施监理,并对施工质量承担监理责任。

(四)签字确认

工程监理单位应当选派具备相应资格的总监理工程师和监理工程师进驻施工现场。

未经监理工程师签字,建筑材料、建筑构配件和设备不得在工程上使用或者安装,施工单位不得进行下一道工序的施工。未经总监理工程师签字,建设单位不拨付工程款,不进行竣工验收。

(五)监理形式

监理工程师应当按照工程监理规范的要求,采取旁站、巡视和平行检验等形式,对建设

工程实施监理。

所谓旁站,是指对工程施工中有关地基和结构安全的关键工序和关键施工过程,进行连续不断地监督检查或检验的监理活动,有时甚至要连续跟班监理。巡视主要强调除了关键点的质量控制外,监理工程师还应对施工现场进行面上的巡查监理。平行检验主要强调监理单位对施工单位已经检验的工程应及时进行检验。对于关键性、较大体量的工程实物,采取分段后平行检验的方式,有利于及时发现质量问题,及时采取措施予以纠正。

第三节 建设工程竣工验收制度

建设工程竣工验收是施工最后一道工序,也是工程项目管理的最后一项工作。它是建设投资成果转入生产或使用的标志,也是全面考核投资效益、检验设计和施工质量的重要环节。具体而言,包括以下几个方面。

一、建设工程竣工验收的主体

《建设工程质量管理条例》规定,"建设单位收到建设工程竣工报告后,应当组织设计、施工、工程监理等有关单位进行竣工验收。"

建设工程完工后,承包单位应当按照国家竣工验收有关规定,向建设单位提供完整的竣工资料和竣工验收报告,提请建设单位组织竣工验收。建设单位收到竣工验收报告后,应及时组织有设计、施工、工程监理单位参加的竣工验收,检查整个建设项目是否已按设计要求和合同约定全部建设完成。已符合竣工验收条件,有时为了及早发挥项目的效益,也可对工程进行单项验收,即在一个总体建设项目中,一个单项工程或一个车间已按设计要求建设完成,能满足生产要求或具备使用条件,施工单位已预验,监理工程师已初验通过,在此条件下建设单位可组织进行单项验收。由几个施工单位负责施工的单项工程,当其中一个单位所负责的部分已按设计完成,也可组织正式验收,办理交工手续。在整个项目进行全部验收时,对已验收过的单项工程,可以不再进行验收和办理验收手续,但应将单项工程验收单作为全部工程验收的附件而加以说明。

二、建设工程竣工验收应具备的条件

《建筑法》规定,交付竣工验收的建筑工程,必须符合规定的建筑工程质量标准,有完整的工程技术经济资料和经签署的工程保修书,并具备国家规定的其他竣工条件。建筑工程竣工经验收合格后,方可交付使用;未经验收或者验收不合格的,不得交付使用。

建设工程竣工验收应当具备下列条件。

(1)完成建设工程设计和合同约定的各项内容。

建设工程设计和合同约定的内容,主要是指设计文件所确定的、在承包合同"承包人承揽工程项目一览表"中载明的工作范围,也包括监理工程师签发的变更通知单中所确定的工作内容。承包单位必须按合同约定,按质、按量、按时完成上述工作内容,使工程具有正常的使用功能。

(2)有完整的技术档案和施工管理资料。

工程技术档案和施工管理资料是工程竣工验收和质量保证的重要依据之一,主要包括

以下档案和资料：工程项目竣工报告；分项、分部工程和单位工程技术人员名单；图纸会审和设计交底记录；设计变更通知单、技术变更核实单；工程质量事故发生后调查和处理资料；隐蔽验收记录及施工日志；竣工图；质量检验评定资料等；合同约定的其他资料。

(3)有工程使用的主要建筑材料、建筑构配件和设备的进场试验报告。

对建设工程使用的主要建筑材料、建筑构配件和设备的进场，除具有质量合格证明资料外，强调了这些使用于工程的主要建筑材料、建筑构配件和设备的进场，还应当有试验、检验报告。试验、检验报告中应当注明其规格、型号、用于工程的哪些部位、批量批次、性能等技术指标，其质量要求必须符合国家规定的标准。

(4)有勘察、设计、施工、工程监理等单位分别签署的质量合格文件。

勘察、设计、施工、工程监理等有关单位要依据工程设计文件及承包合同所要求的质量标准，对竣工工程进行检查评定；符合规定的，应当签署合格文件。

(5)有施工单位签署的工程保修书。

施工单位同建设单位签署的工程质量保修书也是交付竣工验收的条件之一。

无论是单项工程提前交付使用（如单幢住宅），还是全部工程整体交付使用，都必须经过竣工验收这一环节，并且还必须验收合格，否则，没有经过竣工验收或者经过竣工验收确定为不合格的建设工程，不得交付使用。如果建设单位为提前获得投资效益，在工程未经验收就提前投产使用是违法的，由此所发生的质量问题，建设单位要承担责任。

工程验收通过后，承包单位应当按照国家有关规定和合同约定的时间、方式向建设单位提出结算报告，建设单位在审查结算报告后，应当在合同约定的时间内将拨款通知送经办银行，承包单位收到工程款后将竣工的工程交付建设单位，建设单位接收该工程。至此，完成竣工交付工作。

第四节　建设工程质量保修制度

建设工程质量保修制度是指建设工程在办理竣工验收手续后，在规定的保修期限内，因勘察、设计、施工、材料等原因造成的质量缺陷，应当由施工承包单位负责维修、返工或更换，由责任单位负责赔偿损失。质量缺陷是指工程不符合国家或行业现行的有关技术标准、设计文件以及合同中对质量的要求等。建设工程实行质量保修制度是落实建设工程质量责任的重要措施。

施工单位与建设单位应在竣工验收前签署工程质量保修书，保修书是施工合同的附合同。工程保修书的内容包括：保修项目内容及范围；保修期；保修责任和保修金支付方法等。健全完善的工程保修制度，对于促进承包方加强质量管理，保护用户及消费者的合法权益起着重要的保障作用。

工程保修的主体是建设工程的承包单位，通常指施工单位；工程保修的客体是建设工程；工程保修的服务对象是建设单位。为了保证工程质量保修制度的执行，建设工程承包单位应向建设单位出具建设工程质量保修书。质量保修书中应当明确建设工程的保修范围、保修期限和保修责任等。

一、保修范围

《建筑法》规定,建筑工程的保修范围应当包括地基基础工程、主体结构工程、屋面防水工程和其他土建工程,以及电气管线,上下水管线的安装工程,供热、供冷系统等项目。

二、保修期限

《建筑法》规定,建筑工程保修的期限应当按照保证建筑物合理寿命年限内正常使用,维护使用者合法权益的原则确定。在《建设工程质量管理条例》中对建设工程的最低保修期限作了明确的规定:

(1)基础设施工程、房屋建筑的地基基础工程和主体结构工程,为设计文件规定的该工程的合理使用年限;

(2)屋面防水工程、有防水要求的卫生间、房间和外墙面的防渗漏,为5年;

(3)供热与供冷系统,为2个采暖期、供冷期;

(4)电气管线、给排水管道、设备安装和装修工程,为2年。

其他项目的保修期限由发包方与承包方约定。

建设工程的保修期,自竣工验收合格之日起计算。竣工验收合格之日的确定,是指建设单位收到建设工程竣工报告后,组织设计、施工、工程监理等有关单位进行竣工验收,验收合格且各方签收竣工验收文本的日期。

三、保修责任的承担

在保修范围和保修期限内发生质量问题,保修责任的承担应按下述原则处理:

(1)施工单位未按国家有关规范、标准和设计要求施工,造成的质量缺陷,由施工单位负责返修并承担经济责任。

(2)由于设计方面的原因造成的质量缺陷,先由施工单位负责维修,其经济责任按有关规定通过建设单位向设计单位索赔。

(3)因建筑材料、构配件和设备质量不合格引起的质量缺陷,先由施工单位负责维修,其经济责任属于施工单位采购的或经其验收同意的,由施工单位承担经济责任;属于建设单位采购的,由建设单位承担经济责任。

(4)因建设单位(含监理单位)错误管理造成的质量缺陷,先由施工单位负责维修,其经济责任由建设单位承担,如属监理单位责任,则由建设单位向监理单位索赔。

(5)因使用单位使用不当造成的损坏问题,先由施工单位负责维修,其经济责任由使用单位自行负责。

(6)因地震、洪水、台风等不可抗力原因造成的损坏问题,先由施工单位负责维修,建设参与各方根据国家具体政策分担经济责任。

对在保修范围和保修期限内发生质量问题的,一般应先由建设单位组织勘察、设计、施工等单位分析质量问题的原因,确定保修方案,由施工单位负责保修。但当问题严重和紧急时,不管是什么原因造成的,均先由施工单位履行保修义务,不得推诿。对引起质量问题的原因则实事求是、科学分析,分清责任,按责任大小由责任人承担不同比例的经济赔偿。这里的损失,既包括因工程质量问题造成的直接损失,即用于返修的费用;也包括间接损失,如给使用人或第三人造成的财产或非财产损失等。

在保修期后的建筑物合理使用寿命内,因建设工程使用功能的质量缺陷造成的工程使用损害,由建设单位负责维修,并承担责任方的赔偿责任。

四、超过合理使用年限后的保修责任

建设工程在超过合理使用年限后需要继续使用的,产权所有人应当委托具有相应资质等级的勘察、设计单位鉴定,并根据鉴定结果采取加固、维修等措施,重新界定使用期。如果违法超期使用,产权人承担责任。

第六章 建设工程安全生产法律制度

建设工程安全生产事关人民福祉和经济社会发展大局,为保护人民生命和财产安全,作为建设法规体系的组成部分,建设工程安全生产相关立法已经具有一定的独立性和完整性。《中共中央 国务院关于推进安全生产领域改革发展的意见》(中发〔2016〕32号)中指出,贯彻以人民为中心的发展思想,始终把人的生命安全放在首位,正确处理安全与发展的关系,大力实施安全发展战略,为经济社会发展提供强有力的安全保障。

第一节 建设工程安全生产概述

安全生产至关重要,实现安全生产的前提条件是制定一系列安全法规,使之有法可依。通过法律框架下政府对建筑业的管理,采取有效措施,加强对建筑工程的安全生产监督管理,提高建筑业生产安全水平,降低伤亡事故的发生率,从世界各国建筑业的安全管理发展情况来看还是非常有效的。

一、建设工程安全生产的概念

建设工程安全生产是指建筑生产过程中要避免人员、财产的损失及对周围环境的破坏。它包括建筑生产过程中的施工现场人身安全、财产设备安全,施工现场及附近道路管线、房屋的安全,施工现场和周围环境保护及工程建成后的使用安全等方面的内容。

《建筑法》《中华人民共和国安全生产法》(以下简称《安全生产法》)、《建设工程安全生产管理条例》等法律、法规及部门规章的相继出台明确了安全生产的基本制度,使建筑业的安全生产工作有法可依。但是,有法可依仅仅是实现安全生产的前提条件,在实际工作中要加以落实还必须要求生产经营单位及其从业人员严格遵守各项安全生产规章制度,做到有法必依,同时要求各级安全生产监督管理部门执法必严、违法必究。

经营单位的从业人员是各项生产经营活动最直接的劳动者,是各项安全生产法律权利和义务的承担者。生产经营单位是安全生产的主体,它的安全设施、设备、作业场所和环境、安全技术装备等是保证安全生产的"硬件"。从业人员能否规范、熟练地操作各种生产经营工具或者作业,能否严格遵守安全规程和安全生产规章制度,往往决定了一个生产经营单位的安全水平。从业人员既是各类生产经营活动的直接承担者,又是生产安全事故的受害者或责任者。只有高度重视和充分发挥从业人员在生产经营活动中的主观能动性,最大限度地提高从业人员的安全素质,才能把不安全因素和事故隐患降到最低限度,从而做到预防事故,减少人身伤亡。

对建筑业来说,建筑生产过程中人的不安全行为是造成安全事故的最主要原因,也是直接原因,建筑施工企业主要负责人、项目负责人和专职安全生产管理人员在管理过程中能否按法律规定办事起着至关重要的作用。建立完善的安全生产制度,加强对建筑生产活动的监督管理,是避免安全事故、保护人身财产安全的最基本保证。

二、建设工程安全生产的基本方针

《建筑法》规定,建筑工程安全生产管理必须坚持安全第一、预防为主的方针,建立健全安全生产的责任制度和群防群治制度。《安全生产法》规定,安全生产工作坚持中国共产党的领导。安全生产工作应当以人为本,坚持人民至上、生命至上,把保护人民生命安全摆在首位,树牢安全发展理念,坚持安全第一、预防为主、综合治理的方针,从源头上防范化解重大安全风险。安全生产工作实行管行业必须管安全、管业务必须管安全、管生产经营必须管安全,强化和落实生产经营单位主体责任与政府监管责任,建立生产经营单位负责、职工参与、政府监管、行业自律和社会监督的机制。

所谓"安全第一",就是指在安全生产经营活动中,在处理保证安全与实现生产经营活动的其他各项目的关系上,要始终把安全,特别是从业人员和其他人员的人身安全放在首要的位置,实现"安全优先"的原则,在确保安全的前提下,再努力实现生产经营的其他目标。

所谓"预防为主",就是要在事前做好安全工作,防患于未然。安全生产管理主要不是放在事故发生后去组织抢救、进行事故调查、找原因、追究责任等,而是依靠科技进步,加强安全科学管理,搞好科学预测与分析工作;采取有效的事前控制措施,把工伤事故和职业危害消灭在萌芽状态中。

所谓"综合治理",是一种新的安全管理模式,是保证"安全第一,预防为主"的安全管理目标实现的重要手段。它是在法律的基础之上,在充分发挥行政建设部门特别是建设管理组织部门作用的同时,组织和依靠各部门、各单位和人民群众的力量,综合运用政治的、经济的、行政的、法律的、文化的、教育的等多种手段,通过预防、职工教育、组织管理等方面的工作,实现从根本上预防工程事故的发生,化解不安全因素,逐渐形成从根本上解决建筑工程安全问题的系统。

第二节 建设工程安全生产责任制度

安全生产责任制,是指由企业主要负责人应负的安全生产责任,其他各级管理人员和各个职能部门应负的安全生产责任,直到岗位操作人员应负的岗位安全生产责任所构成的企业安全生产制度。只有从企业主要责任人到各岗位操作人员人人都明确各自的安全生产责任,人人都按照自己的职责做好安全生产工作,企业的安全生产才能落到实处,从而得到充分保障。

一、建设单位的安全责任

(一)应当向施工单位提供有关资料

《建设工程安全生产管理条例》第六条规定:"建设单位应当向施工单位提供施工现场及毗邻区域内供水、排水、供电、供气、供热、通信、广播电视等地下管线资料,气象和水文观测资料,相邻建筑物和构筑物、地下工程的有关资料,并保证资料的真实、准确、完整。"

建设单位因建设工程需要,向有关部门或者单位查询上述资料时,有关部门或者单位应当及时提供。

(二)不得向有关单位提出影响安全生产的违法要求

《建设工程安全生产管理条例》第七条规定:"建设单位不得对勘察、设计、施工、工程监理等单位提出不符合建设工程安全生产法律、法规和强制性标准规定的要求,不得压缩合同约定的工期。"

(三)应当保证安全生产投入

《建设工程安全生产管理条例》第八条规定:"建设单位在编制工程概算时,应当确定建设工程安全作业环境及安全施工措施所需费用。"

(四)不得明示或暗示施工单位使用不符合安全施工要求的物资

《建设工程安全生产管理条例》第九条规定:"建设单位不得明示或者暗示施工单位购买、租赁、使用不符合安全施工要求的安全防护用具、机械设备、施工机具及配件、消防设施和器材。"

(五)办理施工许可证或开工报告时应当报送安全施工措施

《建设工程安全生产管理条例》第十条规定:"建设单位在申请领取施工许可证时,应当提供建设工程有关安全施工措施的资料。依法批准开工报告的建设工程,建设单位应当自开工报告批准之日起15日内,将保证安全施工的措施报送建设工程所在地的县级以上地方人民政府建设行政主管部门或者其他有关部门备案。"

(六)应当将拆除工程发包给具有相应资质的施工单位

《建设工程安全生产管理条例》第十一条规定:"建设单位应当将拆除工程发包给具有相应资质等级的施工单位。"

建设单位应当在拆除工程施工15日前,将下列资料报送建设工程所在地的县级以上地方人民政府建设行政主管部门或者其他有关部门备案:
(1)施工单位资质等级证明;
(2)拟拆除建筑物、构筑物及可能危及毗邻建筑的说明;
(3)拆除施工组织方案;
(4)堆放、清除废弃物的措施。

(七)实施爆破作业的,遵守国家有关民用爆炸物品管理的规定

根据《中华人民共和国民用爆炸物品管理条例》第二十七条的规定,使用爆破器材的单位,必须经上级主管部门审查同意,并持说明使用爆破器材的地点、品名、数量、用途、四邻距离的文件和安全操作规程,向所在地县、市公安局申请领取"爆炸物品使用许可证",方准使用。根据《中华人民共和国民用爆炸物品管理条例》第三十条的规定,进行大型爆破作业,或在城镇与其他居民聚居的地方、风景名胜区和重要工程设施附近进行控制爆破作业,施工单位必须事先将爆破作业方案,报县、市以上主管部门批准,并征得所在地县、市公安局同意,

方准爆破作业。

二、勘察、设计单位的安全责任

建筑工程设计是建设工程的重要环节,工程设计质量的优劣直接影响建设活动和建筑产品的安全。为此,勘察单位应当提供建设工程所需要的全面、准确的地质、测量和水文等资料。这里所说的建筑工程设计,是指各类房屋建筑、构筑物及其附属设施、线路管道和设备等的设计活动。一般应根据建设工程项目的功能性要求,考虑投资、材料、环境、气候、水文地质结构等因素提供图纸等设计文件。

(一)勘察单位的安全责任

建设工程勘察是工程建设的基础性工作。建设工程勘察文件,是建设工程项目规划、选址和设计的重要依据,其勘察成果是否科学、准确,对建设工程安全生产具有重要影响。

《建设工程安全生产管理条例》第十二条规定:"勘察单位应当按照法律、法规和工程建设强制性标准进行勘察,提供的勘察文件应当真实、准确,满足建设工程安全生产的需要。勘察单位在勘察作业时,应当严格执行操作规程,采取措施保证各类管线、设施和周边建筑物、构筑物的安全。"

(二)设计单位的安全责任

《建设工程安全生产管理条例》第十三条规定:"设计单位应当按照法律、法规和工程建设强制性标准进行设计,防止因设计不合理导致生产安全事故的发生。设计单位应当考虑施工安全操作和防护的需要,对涉及施工安全的重点部位和环节在设计文件中注明,并对防范生产安全事故提出指导意见。采用新结构、新材料、新工艺的建设工程和特殊结构的建设工程,设计单位应当在设计中提出保障施工作业人员安全和预防生产安全事故的措施建议。设计单位和注册建筑师等注册执业人员应当对其设计负责。"

三、工程监理单位的安全责任

工程监理单位和监理工程师应当按照法律、法规和工程建设强制性标准实施监理,并对建设工程安全生产承担监理责任。

(一)安全资质情况、技术方案及专项施工方案等的审查义务

(1)审查总、分包施工企业资质、安全生产许可证、三类人员及特种作业人员取得安全生产考核合格证书和操作资格证书。

(2)审核总、分包施工企业工程项目安全生产保障体系、安全生产责任制、各项规章制度和安全生产管理机构建立及人员配备情况。

(3)审核施工企业工程项目应急救援和安全防护、文明施工措施费用使用计划情况。

(4)审核施工现场安全防护是否符合投标时承诺和《建筑施工现场环境与卫生标准》等标准要求情况。

(5)检查施工单位施工机械和整体提升脚手架、模板等自升式架设设施、安全防护用具、各种设施的安全许可验收记录,并由监理工程师签收备案。

(6)审查施工组织设计中的安全技术措施或专项施工方案是否符合工程建设强制性标准情况。

(7)定期巡视检查危险性较大的分部分项工程施工作业情况。

(二)安全生产事故隐患报告义务

督促施工单位进行安全自查工作,并对施工现场安全生产情况进行巡视检查,对发现的各类安全事故隐患,应书面通知施工单位,并督促其立即整改;情况严重的,监理单位应及时下达工程暂停令,要求施工单位停工整改,同时报告建设单位。安全事故隐患消除后,监理单位应检查整改结果,签署复查或复工意见,施工单位拒不整改或不停工整改的,监理单位应及时向工程所在地建设行政主管部门报告。

四、施工单位的安全责任

(一)建立健全全员安全生产责任制和安全生产规章制度

《安全生产法》规定,生产经营单位的全员安全生产责任制应当明确各岗位的责任人员、责任范围和考核标准等内容。生产经营单位应当建立相应的机制,加强对全员安全生产责任制落实情况的监督考核,保证全员安全生产责任制的落实。《建筑法》规定,建筑施工企业必须依法加强对建筑安全生产的管理,执行安全生产责任制度,采取有效措施,防止伤亡和其他安全生产事故的发生。

1. 施工单位主要负责人对安全生产工作全面负责

《安全生产法》规定,生产经营单位的主要负责人是本单位安全生产第一责任人,对本单位的安全生产工作全面负责。其他负责人对职责范围内的安全生产工作负责。

生产经营单位的主要负责人对本单位安全生产工作负有下列职责:①建立健全并落实本单位全员安全生产责任制,加强安全生产标准化建设;②组织制定并实施本单位安全生产规章制度和操作规程;③组织制订并实施本单位安全生产教育和培训计划;④保证本单位安全生产投入的有效实施;⑤组织建立并落实安全风险分级管控和隐患排查治理双重预防工作机制,督促、检查本单位的安全生产工作,及时消除生产安全事故隐患;⑥组织制定并实施本单位的生产安全事故应急救援预案;⑦及时、如实报告生产安全事故。

生产经营单位可以设置专职安全生产分管负责人,协助本单位主要负责人履行安全生产管理职责。

2. 施工单位安全生产管理机构和管理人员的职责

(1)施工单位安全生产管理机构的职责。

建筑施工企业安全生产管理机构具有以下职责:①宣传和贯彻国家有关安全生产法律法规和标准;②编制并适时更新安全生产管理制度并监督实施;③组织或参与企业生产安全事故应急救援预案的编制及演练;④组织开展安全教育培训与交流;⑤协调配备项目专职安全生产管理人员;⑥制订企业安全生产检查计划并组织实施;⑦监督在建项目安全生产费用的使用;⑧参与危险性较大工程安全专项施工方案专家论证会;⑨通报在建项目违规违章查处情况;⑩组织开展安全生产评优评先表彰工作;⑪建立企业在建项目安全生产管理档案;

⑪考核评价分包企业安全生产业绩及项目安全生产管理情况;⑫参加生产安全事故的调查和处理工作;⑬企业明确的其他安全生产管理职责。

(2)施工单位专职安全生产管理人员的职责。

建筑施工企业安全生产管理机构专职安全生产管理人员在施工现场检查过程中具有以下职责:①查阅在建项目安全生产有关资料、核实有关情况;②检查危险性较大工程安全专项施工方案落实情况;③监督项目专职安全生产管理人员履责情况;④监督作业人员安全防护用品的配备及使用情况;⑤对发现的安全生产违章违规行为或安全隐患,有权当场予以纠正或作出处理决定;⑥对不符合安全生产条件的设施、设备器材,有权当场作出查封的处理决定;⑦对施工现场存在的重大安全隐患有权越级报告或直接向建设主管部门报告;⑧企业明确的其他安全生产管理职责。

(3)工程项目专职安全生产管理人员的职责。

建筑施工企业应当实行建设工程项目专职安全生产管理人员委派制度。建设工程项目的专职安全生产管理人员应当定期将项目安全生产管理情况报告企业安全生产管理机构。

项目专职安全生产管理人员具有以下主要职责:①负责施工现场安全生产日常检查并做好检查记录;②现场监督危险性较大工程安全专项施工方案实施情况;③对作业人员违规违章行为有权予以纠正或查处;④对施工现场存在的安全隐患有权责令立即整改;⑤对于发现的重大安全隐患,有权向企业安全生产管理机构报告;⑥依法报告生产安全事故情况。

3. 建设工程项目安全生产领导小组的职责

建筑施工企业应当在建设工程项目组建安全生产领导小组。建设工程实行施工总承包的,安全生产领导小组由总承包企业、专业承包企业和劳务分包企业项目经理、技术负责人和专职安全生产管理人员组成。

安全生产领导小组的主要职责有:①贯彻落实国家有关安全生产法律法规和标准;②组织制定项目安全生产管理制度并监督实施;③编制项目生产安全事故应急救援预案并组织演练;④保证项目安全生产费用的有效使用;⑤组织编制危险性较大工程安全专项施工方案;⑥开展项目安全教育培训;⑦组织实施项目安全检查和隐患排查;⑧建立项目安全生产管理档案;⑨及时、如实报告安全生产事故。

4. 专职安全生产管理人员的配备要求

(1)施工企业安全生产管理机构专职安全生产管理人员的配备要求。

建筑施工企业安全生产管理机构专职安全生产管理人员的配备应满足下列要求,并应根据企业经营规模、设备管理和生产需要予以增加。①建筑施工总承包资质序列企业:特级资质不少于6人,一级资质不少于4人,二级和二级以下资质企业不少于3人;②建筑施工专业承包资质序列企业:一级资质不少于3人,二级和二级以下资质企业不少于2人;③建筑施工劳务分包资质序列企业:不少于2人;④建筑施工企业的分公司、区域公司等较大的分支机构应依据实际生产情况配备不少于2人的专职安全生产管理人员。

(2)总承包单位配备项目专职安全生产管理人员的要求。

总承包单位配备项目专职安全生产管理人员应当满足下列要求。建筑工程、装修工程按照建筑面积配备:①1万平方米以下的工程不少于1人;②1万~5万平方米的工程不少于2人;③5万平方米及以上的工程不少于3人,且按专业配备专职安全生产管理人员。土木工程、线路管道、设备安装工程按照工程合同价配备:①5 000万元以下的工程不少于1人;②5 000万~1亿元的工程不少于2人;③1亿元及以上的工程不少于3人,且按专业配备专职安全生产管理人员。

(3)分包单位配备项目专职安全生产管理人员的要求。

分包单位配备项目专职安全生产管理人员应当满足下列要求。①专业承包单位应当配置至少1人,并根据所承担的分部分项工程的工程量和施工危险程度增加。②劳务分包单位施工人员在50人以下的,应当配备1名专职安全生产管理人员;50~200人的,应当配备2名专职安全生产管理人员;200人及以上的,应当配备3名及以上专职安全生产管理人员,并根据所承担的分部分项工程施工危险实际情况增加,不得少于工程施工人员总人数的5‰。

采用新技术、新工艺、新材料或致害因素多、施工作业难度大的工程项目,项目专职安全生产管理人员的数量应当根据施工实际情况,在以上规定的配备标准上增加。

施工作业班组可以设置兼职安全巡查员,对本班组的作业场所进行安全监督检查。建筑施工企业应当定期对兼职安全巡查员进行安全教育培训。

(二)安全风险分级管控与生产安全事故隐患排查治理制度

根据《安全生产法》规定的"坚持安全第一、预防为主、综合治理的方针",施工企业强化安全预防措施主要通过建立健全安全风险分级管控制度与生产安全事故隐患排查治理制度实现。

1. 安全风险分级管控制度

《安全生产法》规定,生产经营单位应当建立安全风险分级管控制度,按照安全风险分级采取相应的管控措施。

《房屋市政工程生产安全重大隐患排查治理挂牌督办暂行办法》(建质〔2011〕158号)进一步规定,重大隐患是指在房屋建筑和市政工程施工过程中,存在的危害程度较大、可能导致群死群伤或造成重大经济损失的生产安全隐患。

企业及工程项目的主要负责人对重大隐患排查治理工作全面负责。建筑施工企业应当定期组织安全生产管理人员、工程技术人员和其他相关人员排查每一个工程项目的重大隐患,特别是对深基坑、高支模、地铁隧道等技术难度大、风险大的重要工程应重点定期排查。对排查出的重大隐患,应及时实施治理消除,并将相关情况进行登记存档。

住房和城乡建设部印发的《房屋市政工程生产安全重大事故隐患判定标准(2022版)》规定,施工安全管理有下列情形之一的,应判定为重大事故隐患:①建筑施工企业未取得安全生产许可证擅自从事建筑施工活动;②施工单位的主要负责人、项目负责人、专职安全生产管理人员未取得安全生产考核合格证书从事相关工作;③建筑施工特种作业人员未取得特种作业人员操作资格证书上岗作业;④危险性较大的分部分项工程未编制、未审核专项施工方案,或未按规定组织专家对"超过一定规模的危险性较大的分部分项工程范围"的专项施工方案进行论证。

2. 生产安全事故隐患排查治理制度

生产经营单位应当建立健全并落实生产安全事故隐患排查治理制度,采取技术、管理措施,及时发现并消除事故隐患。事故隐患排查治理情况应当如实记录,并通过职工大会或者职工代表大会、信息公示栏等方式向从业人员通报。其中,重大事故隐患排查治理情况应当及时向负有安全生产监督管理职责的部门和职工大会或者职工代表大会报告。

(三)施工单位负责人和项目负责人施工现场带班制度

1. 施工单位负责人施工现场带班制度

《国务院关于进一步加强企业安全生产工作的通知》规定,强化生产过程管理的领导责任。企业主要负责人和领导班子成员要轮流现场带班。企业负责人带班检查是指由建筑施工企业负责人带队实施对工程项目质量安全生产状况及项目负责人带班生产情况的检查。建筑施工企业负责人,是指企业的法定代表人、总经理、主管质量安全和生产工作的副总经理、总工程师和副总工程师。

建筑施工企业负责人要定期带班检查,每月检查时间不少于其工作日的25%。建筑施工企业负责人带班检查时,应认真做好检查记录,并分别在企业和工程项目存档备查。

2. 项目负责人施工现场带班制度

《建筑施工企业负责人及项目负责人施工现场带班暂行办法》规定,项目负责人是工程项目质量安全管理的第一责任人,应对工程项目落实带班制度负责。项目负责人带班生产是指项目负责人在施工现场组织协调工程项目的质量安全生产活动。

项目负责人在同一时期只能承担一个工程项目的管理工作。项目负责人带班生产时,要全面掌握工程项目质量安全生产状况,加强对重点部位、关键环节的控制,及时消除隐患。要认真做好带班生产记录并签字存档备查。项目负责人每月带班生产时间不得少于本月施工时间的80%。因其他事务需离开施工现场时,应向工程项目的建设单位请假,经批准后方可离开。离开期间应委托项目相关负责人负责其外出时的日常工作。

(四)施工单位安全生产教育培训

1. 作业人员进入新岗位、新工地或采用新技术时的上岗培训

《建设工程安全生产管理条例》第三十三条规定:"作业人员应当遵守安全施工的强制性标准、规章制度和操作规程,正确使用安全防护用具、机械设备等。"

《建设工程安全生产管理条例》第三十七条规定:"作业人员进入新的岗位或者新的施工现场前,应当接受安全生产教育培训。未经教育培训或者教育培训考核不合格的人员,不得上岗作业。施工单位在采用新技术、新工艺、新设备、新材料时,应当对作业人员进行相应的安全生产教育培训。"

2. 特种作业人员教育培训和持证上岗

《建设工程安全生产管理条例》第二十五条规定:"垂直运输机械作业人员、安装拆卸工、爆破作业人员、起重信号工、登高架设作业人员等特种作业人员,必须按照国家有关规定经过专门的安全作业培训,并取得特种作业操作资格证书后,方可上岗作业。"

3. 安全管理人员和作业人员的安全教育培训和考核

施工单位的主要负责人、项目负责人、专职安全生产管理人员应当经建设行政主管部门

或者其他有关部门考核合格后方可任职。

施工单位应当对管理人员和作业人员每年至少进行一次安全生产教育培训,其教育培训情况记入个人工作档案。安全生产教育培训考核不合格的人员,不得上岗。

第三节 施工安全生产许可证制度

《安全生产许可证条例》规定,国家对矿山企业、建筑施工企业和危险化学品、烟花爆竹、民用爆炸物品生产企业实行安全生产许可制度。企业未取得安全生产许可证的,不得从事生产活动。

《建筑施工企业安全生产许可证管理规定》规定,国家对建筑施工企业实行安全生产许可制度。建筑施工企业未取得安全生产许可证的,不得从事建筑施工活动。该规定所称建筑施工企业,是指从事土木工程、建筑工程、线路管道和设备安装工程及装修工程的新建、扩建、改建和拆除等有关活动的企业。

《住房和城乡建设部办公厅关于开展建筑施工企业安全生产许可证和建筑施工特种作业操作资格证书电子证照试运行的通知》(建办质〔2022〕34号)规定,自2022年10月1日起,在天津、山西、黑龙江、江西、广西、海南、四川、重庆、西藏等9个省(区、市)和新疆生产建设兵团开展建筑施工企业安全生产许可证电子证照试运行,在河北、吉林、黑龙江、浙江、江西、湖南、广东、重庆等8个省(市)和新疆生产建设兵团开展建筑施工特种作业操作资格证书电子证照试运行。

一、安全生产许可证的申请

(一)申请领取安全生产许可证的程序

1. 申领机构

根据《建筑施工企业安全生产许可证管理规定》,国务院住房城乡建设主管部门负责对全国建筑施工企业安全生产许可证的颁发和管理工作进行监督指导。省、自治区、直辖市人民政府住房城乡建设主管部门负责本行政区域内建筑施工企业安全生产许可证的颁发和管理工作。

因此,建筑施工企业从事建筑施工活动前,应当依照规定向企业注册所在地的省、自治区、直辖市人民政府住房城乡建设主管部门申请领取安全生产许可证。

2. 需要提交的材料

根据《建筑施工企业安全生产许可证管理规定》,建筑施工企业申请安全生产许可证时,应当向住房城乡建设主管部门提供下列材料:①建筑施工企业安全生产许可证申请表;②企业法人营业执照;③证明符合安全生产条件的相关文件、材料。

建筑施工企业申请安全生产许可证,应当对申请材料实质内容的真实性负责,不得隐瞒有关情况或者提供虚假材料。

3. 受理、审查与颁发许可证

根据《建筑施工企业安全生产许可证管理规定》,住房城乡建设主管部门应当自受理建筑施工企业的申请之日起45日内审查完毕;经审查符合安全生产条件的,颁发安全生产许可证;不符合安全生产条件的,不予颁发安全生产许可证,书面通知企业并说明理由。企业自接到通知之日起应当进行整改,整改合格后方可再次提出申请。

住房城乡建设主管部门审查建筑施工企业安全生产许可证申请,涉及铁路、交通、水利等有关专业工程时,可以征求铁路、交通、水利等有关部门的意见。

(二)申请领取安全生产许可证的条件

《建筑施工企业安全生产许可证管理规定》针对建筑施工活动,明确规定建筑施工企业取得安全生产许可证,应当具备下列安全生产条件:

(1)建立、健全安全生产责任制,制定完备的安全生产规章制度和操作规程;

(2)保证本单位安全生产条件所需资金的投入;

(3)设置安全生产管理机构,按照国家有关规定配备专职安全生产管理人员;

(4)主要负责人、项目负责人、专职安全生产管理人员经住房城乡建设主管部门或者其他有关部门考核合格;

(5)特种作业人员经有关业务主管部门考核合格,取得特种作业操作资格证书;

(6)管理人员和作业人员每年至少进行一次安全生产教育培训并考核合格;

(7)依法参加工伤保险,依法为施工现场从事危险作业的人员办理意外伤害保险,为从业人员交纳保险费;

(8)施工现场的办公、生活区及作业场所和安全防护用具、机械设备、施工机具及配件符合有关安全生产法律、法规、标准和规程的要求;

(9)有职业危害防治措施,并为作业人员配备符合国家标准或者行业标准的安全防护用具和安全防护服装;

(10)有对危险性较大的分部分项工程及施工现场易发生重大事故的部位、环节的预防、监控措施和应急预案;

(11)有生产安全事故应急救援预案、应急救援组织或者应急救援人员,配备必要的应急救援器材、设备;

(12)法律、法规规定的其他条件。

二、安全生产许可证的管理

1.安全生产许可证的有效期

《安全生产许可证条例》第九条规定:"安全生产许可证的有效期为3年。安全生产许可证有效期满需要延期的,企业应当于期满前3个月向原安全生产许可证颁发管理机关办理延期手续。企业在安全生产许可证有效期内,严格遵守有关安全生产的法律法规,未发生死亡事故的,安全生产许可证有效期届满时,经原安全生产许可证颁发管理机关同意,不再审查,安全生产许可证有效期延期3年。"

2.安全生产许可证的变更、注销与补办

建筑施工企业变更名称、地址、法定代表人等,应当在变更后10日内,到原安全生产许可证颁发管理机关办理安全生产许可证变更手续。

建筑施工企业破产、倒闭、撤销的,应当将安全生产许可证交回原安全生产许可证颁发管理机关予以注销。

建筑施工企业遗失安全生产许可证,应当立即向原安全生产许可证颁发管理机关报告,并在公众媒体上声明作废后,方可申请补办。

3. 安全生产许可证的撤销

《建筑施工企业安全生产许可证管理规定》明确规定,建筑施工企业取得安全生产许可证后,不得降低安全生产条件,并应当加强日常安全生产管理,接受住房城乡建设主管部门的监督检查。安全生产许可证颁发管理机关发现企业不再具备安全生产条件的,应当暂扣或者吊销安全生产许可证。

安全生产许可证的撤销是政府监管的重要内容,安全生产许可证颁发管理机关或者其上级行政机关发现有下列情形之一的,可以撤销已经颁发的安全生产许可证:①安全生产许可证颁发管理机关工作人员滥用职权、玩忽职守颁发安全生产许可证的;②超越法定职权颁发安全生产许可证的;③违反法定程序颁发安全生产许可证的;④对不具备安全生产条件的建筑施工企业颁发安全生产许可证的;⑤依法可以撤销已经颁发的安全生产许可证的其他情形。

第四节　施工现场安全防护制度

建筑工程的施工现场往往存在着多工种汇集、立体交叉作业的情况,同时,施工项目复杂多样,施工安全隐患较多,危险因素复杂,很容易发生安全事故。施工现场的安全防护对于建筑工程安全施工、保障现场工作人员生命安全有着重要意义。

一、编制和实施安全技术措施、专项施工方案

《建筑法》规定,建筑施工企业在编制施工组织设计时,应当根据建筑工程的特点制定相应的安全技术措施;对专业性较强的工程项目,应当编制专项安全施工组织设计,并采取安全技术措施。施工组织设计须有安全技术措施,以保障职工安全、防止安全事故。

危险性较大的分部分项工程(以下简称危大工程),是指房屋建筑和市政基础设施工程,在施工过程中,容易导致人员群死群伤或者造成重大经济损失的分部分项工程。对这部分工程,在组织施工前编制专项施工方案是有效防范生产安全事故、保证安全生产的重要措施。

(一) 需要编制专项施工方案的危大工程范围

《建设工程安全生产管理条例》规定,施工单位应当在施工组织设计中编制安全技术措施和施工现场临时用电方案,对下列达到一定规模的危大工程编制专项施工方案,并附具安全验算结果,经施工单位技术负责人、总监理工程师签字后实施,由专职安全生产管理人员进行现场监督:①基坑支护与降水工程;②土方开挖工程;③模板工程;④起重吊装工程;⑤脚手架工程;⑥拆除、爆破工程;⑦国务院建设行政主管部门或者其他有关部门规定的其他危险性较大的工程。

上述工程中涉及深基坑、地下暗挖工程、高大模板工程的专项施工方案,施工单位还应

当组织专家进行论证、审查。

根据《危险性较大的分部分项工程安全管理规定》,危大工程范围包括两类,一类是危险性较大的分部分项工程,另一类是超过一定规模的危险性较大的分部分项工程。危大工程及超过一定规模的危大工程范围由国务院住房城乡建设主管部门制定。省级住房城乡建设主管部门可以结合本地区实际情况,补充本地区危大工程范围。

(二)危大工程专项施工方案的实施

1. 危大工程现场公告及两级技术交底

施工单位应当在施工现场显著位置公告危大工程名称、施工时间和具体责任人员,并在危险区域设置安全警示标志。

专项施工方案实施前,编制人员或者项目技术负责人应当向施工现场管理人员进行方案交底。施工现场管理人员应当向作业人员进行安全技术交底,并由双方和项目专职安全生产管理人员共同签字确认。

施工单位应当严格按照专项施工方案组织施工,不得擅自修改专项施工方案。因规划调整、设计变更等原因确需调整的,修改后的专项施工方案应当按照规定重新审核和论证。涉及资金或者工期调整的,建设单位应当按照约定予以调整。

2. 企业负责人、项目负责人及专职安全管理人员现场监管

工程项目进行超过一定规模的危险性较大的分部分项工程施工时,建筑施工企业负责人应到施工现场进行带班检查。

施工单位应当对危大工程施工作业人员进行登记,项目负责人应当在施工现场履职。项目专职安全生产管理人员应当对专项施工方案实施情况进行现场监督,对未按照专项施工方案施工的,应当要求立即整改,并及时报告项目负责人,项目负责人应当及时组织限期整改。

施工单位应当按照规定对危大工程进行施工监测和安全巡视,发现危及人身安全的紧急情况,应当立即组织作业人员撤离危险区域。

3. 监理单位履行监督责任

监理单位应当结合危大工程专项施工方案编制监理实施细则,并对危大工程施工实施专项巡视检查。监理单位发现施工单位未按照专项施工方案施工的,应当要求其进行整改;情节严重的,应当要求其暂停施工,并及时报告建设单位。施工单位拒不整改或者不停止施工的,监理单位应当及时报告建设单位和工程所在地住房城乡建设主管部门。

对于按照规定需要验收的危大工程,施工单位、监理单位应当组织相关人员进行验收。验收合格的,经施工单位项目技术负责人及总监理工程师签字确认后,方可进入下一道工序。

危大工程验收合格后,施工单位应当在施工现场明显位置设置验收标识牌,公示验收时间及责任人员。

4. 危大工程发生险情或事故的处理

危大工程发生险情或者事故时,施工单位应当立即采取应急处置措施,并报告工程所在地住房城乡建设主管部门。建设、勘察、设计、监理等单位应当配合施工单位开展应急抢险

工作。危大工程应急抢险结束后,建设单位应当组织勘察、设计、施工、监理等单位制订工程恢复方案,并对应急抢险工作进行后评估。

施工、监理单位应当建立危大工程安全管理档案。施工单位应当将专项施工方案及审核、专家论证、交底、现场检查、验收及整改等相关资料纳入档案管理。监理单位应当将监理实施细则、专项施工方案审查、专项巡视检查、验收及整改等相关资料纳入档案管理。

(三)安全施工技术交底

安全施工技术交底是指生产负责人在生产作业前对直接生产作业人员进行的该作业的安全操作规程和注意事项的培训,并通过书面文件方式予以确认。安全施工技术交底的目的就是让所有的安全生产从业人员都对安全生产有所了解,最大限度避免安全事故的发生。《建设工程安全生产管理条例》规定,建设工程施工前,施工单位负责项目管理的技术人员应当对有关安全施工的技术要求向施工作业班组、作业人员作出详细说明,并由双方签字确认。施工前的详细说明制度,就是我们通常说的交底制度。如果安全施工技术交底不到位,将为建筑工程埋下安全隐患。

1. 安全施工技术交底的类别

安全施工技术交底包括:施工工种安全技术交底,分部分项工程施工安全技术交底(如房屋工程包括地基与地基工程,主体结构工程,屋面防水工程,地面、装饰及门窗、水、暖、电气安装工程等),大型特殊工程单项安全技术交底,设备安装工程技术交底,使用新工艺、新技术、新材料施工的安全技术交底。

2. 安全施工技术交底的具体要求

对于安全施工技术交底,应当做到:①项目经理部必须实行逐级安全技术交底制度,纵向延伸到班组全体作业人员;②技术交底必须具体、明确、针对性强;③技术交底的内容应针对分部分项工程施工中给作业人员带来的潜在隐含危险因素和存在问题;④优先采用新的安全技术措施;⑤将工程概况、施工方法、施工程序、安全技术措施等向工长、班组长进行详细交底;⑥保持书面安全技术交底签字记录。具体内容包括:准备施工项目的作业特点和危险点、针对危险点的具体预防措施、应注意的安全事项、相应的安全操作规程和标准、发生事故后应及时采取的避难和急救措施等。

施工单位负责项目管理的技术人员与作业班组和作业人员进行安全技术交底后应当由双方确认。确认的方式是填写安全技术措施交底单,主要内容应当包括工程名称、分部分项工程名称、安全技术措施交底内容及交底时间、施工单位负责项目管理的技术人员签字、接受任务负责人签字等。由双方确定的交底制度,有利于明确双方的安全责任,因此,施工单位应当将安全技术措施的交底制度落到实处,使之真正起到保障安全施工的作用。

二、施工现场安全防范措施

(一)危险部位设置安全警示标志

《安全生产法》规定,生产经营单位应当在有较大危险因素的生产经营场所和有关设施、设备上,设置明显的安全警示标志。安全警示标志应当设置在生产经营场所和有关设施、设备的醒目位置,让每一个在该场所从事生产经营活动的劳动者或者该设施、设备的使用者,都能够清楚地看到。而且,警示标志不能模糊不清,必须易于辨认。

《建设工程安全生产管理条例》进一步规定,施工单位应当在施工现场入口处、施工起重机械、临时用电设施、脚手架、出入通道口、楼梯口、电梯井口、孔洞口、桥梁口、隧道口、基坑边沿、爆破物及有害危险气体和液体存放处等危险部位,设置明显的安全警示标志。该条例列举了针对施工现场容易出现生产安全事故的危险部位,施工单位应当根据建设工程的实际情况,使用的设施、设备和材料的情况,存储物品的情况等具体确定本施工现场的危险部位,并设置明显的安全警示标志。安全警示标志必须符合国家标准,如《安全标志及其使用导则》(GB 2894—2008)、《用人单位职业病危害告知与警示标识管理规范》(安监总厅安健〔2014〕111号)等。

(二)不同施工阶段和暂停施工应采取的安全施工措施

《建设工程安全生产管理条例》规定,施工单位应当根据不同施工阶段和周围环境及季节、气候的变化,在施工现场采取相应的安全施工措施。施工现场暂时停止施工的,施工单位应当做好现场防护,所需费用由责任方承担,或者按照合同约定执行。由于施工有一定的时间,且露天的较多,因此,需要根据地下施工、高空施工等不同的施工阶段,采取不同的安全措施。同时,还应当根据环境和季节、气候变化,加强季节性劳动保护工作。

针对一些有较大危险的工程,在施工时更应注意。例如,土方工程在雨季施工时,应全面检查原有排水系统,进行疏浚或加固,必要时要增加排水措施,保证水流畅通,傍山沿河地区应制定防汛措施;在开挖基坑(槽)或管沟时,应四周垒填土埂,防止雨水流入,并要特别注意边坡和直立壁的稳定,必要时可放缓边坡或增设支撑,并加强对边坡和支撑的检查;雨期施工不宜靠房屋墙壁和围墙堆土,防止倒塌事故。大风、大雨期间应暂停施工。

(三)对施工现场周边的安全防护措施

《建设工程安全生产管理条例》规定,施工单位对因建设工程施工可能造成损害的毗邻建筑物、构筑物和地下管线等,应当采取专项防护措施。施工单位应当遵守有关环境保护法律、法规的规定,在施工现场采取措施,防止或者减少粉尘、废气、废水、固体废物、噪声、振动和施工照明对人和环境的危害及污染。在城市市区内的建设工程,施工单位应当对施工现场实行封闭围挡。

另外,一般来说,高度危险活动区域或者高度危险物存放区域都同社会大众的活动场所相隔绝。如果在管理人已经采取足够的安全措施并且尽到充分警示义务的情况下,受害人未经许可进入该高度危险区域这一行为本身就说明受害人对于损害的发生具有过错。对于这类情况,高度危险活动区域或者高度危险物存放区域的管理人可以减轻或者不承担责任。

(四)危险作业的施工现场安全管理

《安全生产法》规定,生产经营单位进行爆破、吊装、动火、临时用电以及国务院应急管理部门会同国务院有关部门规定的其他危险作业,应当安排专门人员进行现场安全管理,确保操作规程的遵守和安全措施的落实。进行危险作业时,作业人员必须严格按照操作规程进行操作,同时生产经营单位应当采取必要的事故防范措施,以防止生产安全事故的发生。在事故防范措施中,有必要安排专门的人员进行作业现场的安全管理。

另外,《危险化学品安全管理条例》规定,进行可能危及危险化学品管道安全的施工作业,施工单位应当在开工的7日前书面通知管道所属单位,并与管道所属单位共同制定应急预案,采取相应的安全防护措施。管道所属单位应当指派专门人员到现场进行管道安全保护指导。

住房和城乡建设部安全生产管理委员会办公室《关于印发起重机械、基坑工程等五项危险性较大的分部分项工程施工安全要点的通知》(建安办函[2017]12号)对基坑工程施工安全要点、脚手架施工安全要点、模板支架施工安全要点等内容亦有更为详细的规定。

(五)安全设备、机械设备、防护用具等管理要求

《安全生产法》规定,安全设备的设计、制造、安装、使用、检测、维修、改造和报废,应当符合国家标准或者行业标准。生产经营单位必须对安全设备进行经常性维护、保养,并定期检测,保证正常运转。维护、保养、检测应当作好记录,并由有关人员签字。生产经营单位不得关闭、破坏直接关系生产安全的监控、报警、防护、救生设备、设施,或者篡改、隐瞒、销毁其相关数据、信息。安全设备安装后,还必须进行经常性的检查、维护、保养,以保证其处于正常运转的状态。

《建设工程安全生产管理条例》规定,施工单位采购、租赁的安全防护用具、机械设备、施工机具及配件,应当具有生产(制造)许可证、产品合格证,并在进入施工现场前进行查验。施工现场的安全防护用具、机械设备、施工机具及配件必须由专人管理,定期进行检查、维修和保养,建立相应的资料档案,并按照国家有关规定及时报废。2021年,住房和城乡建设部发布了《房屋建筑和市政基础设施工程危及生产安全施工工艺、设备和材料淘汰目录(第一批)》,明确了禁止和限制危及生产安全施工工艺、设备和材料共计22项。

三、施工现场消防安全责任和消防安全措施

(一)相关单位的消防安全职责

《中华人民共和国消防法》明确规定了关于机关、团体、企业、事业等单位应当履行的消防安全职责;还明确规定了单位的主要责任人是本单位的消防安全责任人,对本单位的消防安全工作全面负责。《国务院关于加强和改进消防工作的意见》(国发[2011]46号)规定,机关、团体、企业、事业单位法定代表人是本单位消防安全第一责任人。各单位要依法履行职责,保障必要的消防投入,切实提高检查消除火灾隐患、组织扑救初起火灾、组织人员疏散逃生和消防宣传教育培训的能力。

消防安全重在预防,消防安全预防又重在各单位切实承担起本单位消防安全预防的职责。根据实际需求和总结消防安全的经验、教训,消防安全职责大体包括:落实消防安全责任制,制定消防安全制度、操作规程,制定预案;配置器材,设置标志;消防设施定期检测;保障消防通道畅通,保证防火防烟分区、防火间距符合消防技术标准;组织防火检查,消除火灾隐患;组织消防演练等。

(二)落实消防安全职责的具体要求

国务院办公厅发布的《消防安全责任制实施办法》规定,机关、团体、企业、事业等单位应当落实消防安全主体责任,履行下列职责:

(1)明确各级、各岗位消防安全责任人及其职责,制定本单位的消防安全制度、消防安全操作规程、灭火和应急疏散预案。定期组织开展灭火和应急疏散演练,进行消防工作检查考核,保证各项规章制度落实。

(2)保证防火检查巡查、消防设施器材维护保养、建筑消防设施检测、火灾隐患整改、专职或志愿消防队和微型消防站建设等消防工作所需资金的投入。生产经营单位安全费用应当保证适当比例用于消防工作。

(3)按照相关标准配备消防设施、器材,设置消防安全标志,定期检验维修,对建筑消防设施每年至少进行一次全面检测,确保完好有效。设有消防控制室的,实行24小时值班制度,每班不少于2人,并持证上岗。

(4)保障疏散通道、安全出口、消防车通道畅通,保证防火防烟分区、防火间距符合消防技术标准。人员密集场所的门窗不得设置影响逃生和灭火救援的障碍物。保证建筑构件、建筑材料和室内装修装饰材料等符合消防技术标准。

(5)定期开展防火检查、巡查,及时消除火灾隐患。

(6)根据需要建立专职或志愿消防队、微型消防站,加强队伍建设,定期组织训练演练,加强消防装备配备和灭火药剂储备,建立与公安消防队联勤联动机制,提高扑救初起火灾能力。

(7)消防法律、法规、规章以及政策文件规定的其他职责。

(三)建立消防安全责任制度

《建设工程安全生产管理条例》规定,施工单位应当在施工现场建立消防安全责任制度,确定消防安全责任人,制定用火、用电、使用易燃易爆材料等各项消防安全管理制度和操作规程,设置消防通道、消防水源,配备消防设施和灭火器材,并在施工现场入口处设置明显标志。因此,施工单位必须制定消防安全制度、消防安全操作规程。例如,制定用火用电制度、易燃易爆危险物品管理制度、消防安全检查制度、消防设施维护保养制度、消防控制室值班制度、员工消防教育培训制度等。同时,要结合本企业的实际,制定生产、经营、储运、科研过程中预防火灾的操作规程,确保消防安全。此外,施工单位还应当结合本单位防火工作的特点,有重点地进行消防安全知识的宣传教育,增强作业人员的消防安全意识,使作业人员了解本岗位的火灾特点,会使用灭火器材扑救初起火灾,会报火警,会自救逃生。

第五节 建设工程安全事故的应急救援和调查处理

安全生产面临着严峻形势,特别是矿山、危险化学品、建筑施工、道路交通等行业或领域事故多发的源头没有得到根本遏制。地方政府在安全生产工作中负有越来越重要的职责,社会各界对于生产安全事故报告和调查处理的关注度越来越高。因此,国务院制定《生产安全事故报告和调查处理条例》,加强安全事故的防范能力和妥善处理事故发生后的工作。

一、生产安全事故的概念和分类

(一)生产安全事故的概念

事故一般是指造成死亡、疾病、伤害、损坏或者其他损失的意外情况。人们在进行有目的的活动过程中,发生了违背人们意愿的不幸事件,使其有目的的行动暂时或永久地停止。事故可能造成人员的死亡、疾病、伤害、损坏、财产损失或其他损失。

生产安全事故是指生产经营单位在生产经营活动(包括与生产经营有关的活动)中突然发生的,伤害人身安全和健康,或者损坏设备、设施,或者造成经济损失的,导致原生产经营活动(包括与生产经营有关的活动)暂时中止或永远终止的意外事件。

(二)生产安全事故的分类

《安全生产法》规定的生产安全一般事故、较大事故、重大事故、特别重大事故的划分标准由国务院规定。国务院应急管理部门和其他负有安全生产监督管理职责的部门应当根据各自的职责分工,制定相关行业、领域重大危险源的辨识标准和重大事故隐患的判定标准。

《生产安全事故报告和调查处理条例》规定,根据生产安全事故(以下简称事故)造成的人员伤亡或者直接经济损失,事故一般分为以下等级:

(1)特别重大事故,是指造成30人以上死亡,或者100人以上重伤(包括急性工业中毒,下同),或者1亿元以上直接经济损失的事故;

(2)重大事故,是指造成10人以上30人以下死亡,或者50人以上100人以下重伤,或者5 000万元以上1亿元以下直接经济损失的事故;

(3)较大事故,是指造成3人以上10人以下死亡,或者10人以上50人以下重伤,或者1 000万元以上5 000万元以下直接经济损失的事故;

(4)一般事故,是指造成3人以下死亡,或者10人以下重伤,或者1 000万元以下直接经济损失的事故。

以上分类中,所称的"以上"包括本数,所称的"以下"不包括本数。

二、生产安全事故应急救援预案

(一)施工生产安全事故应急救援预案的编制

1.施工生产安全事故应急救援预案的编制主体

《生产安全事故应急预案管理办法》规定,应急管理部负责全国应急预案的综合协调管理工作。县级以上地方各级人民政府应急管理部门负责本行政区域内应急预案的综合协调管理工作。生产经营单位主要负责人负责组织编制和实施本单位的应急预案,并对应急预案的真实性和实用性负责;各分管负责人应当按照职责分工落实应急预案规定的职责。

《建设工程安全生产管理条例》规定,施工单位应当制定本单位生产安全事故应急救援预案,建立应急救援组织或者配备应急救援人员,配备必要的应急救援器材、设备,并定期组织演练。施工单位应当根据建设工程施工的特点、范围,对施工现场易发生重大事故的部位、环节进行监控,制定施工现场生产安全事故应急救援预案。实行施工总承包的,由总承包单位统一组织编制建设工程生产安全事故应急救援预案,工程总承包单位和分包单位按照应急救援预案,各自建立应急救援组织或者配备应急救援人员,配备救援器材、设备,并定期组织演练。

2. 施工生产安全事故应急救援预案的编制要求

《生产安全事故应急预案管理办法》规定,应急预案的编制应当遵循以人为本、依法依规、符合实际、注重实效的原则,以应急处置为核心,明确应急职责、规范应急程序、细化保障措施。应急预案的编制应当符合下列基本要求:①有关法律、法规、规章和标准的规定;②本地区、本部门、本单位的安全生产实际情况;③本地区、本部门、本单位的危险性分析情况;④应急组织和人员的职责分工明确,并有具体的落实措施;⑤有明确、具体的应急程序和处置措施,并与其应急能力相适应;⑥有明确的应急保障措施,满足本地区、本部门、本单位的应急工作需要;⑦应急预案基本要素齐全、完整,应急预案附件提供的信息准确;⑧应急预案内容与相关应急预案相互衔接。

生产经营单位组织应急预案编制过程中,应当根据法律、法规、规章的规定或者实际需要,征求相关应急救援队伍、公民、法人或者其他组织的意见。生产经营单位编制的各类应急预案之间应当相互衔接,并与相关人民政府及其部门、应急救援队伍和涉及的其他单位的应急预案相衔接。

(二)生产安全事故应急救援预案的评审、公布与备案

1. 生产安全事故应急救援预案的评审

《生产安全事故应急预案管理办法》规定,地方各级人民政府应急管理部门应当组织有关专家对本部门编制的部门应急预案进行审定;必要时,可以召开听证会,听取社会有关方面的意见。参加应急预案评审的人员应当包括有关安全生产及应急管理方面的专家。评审人员与所评审应急预案的生产经营单位有利害关系的,应当回避。应急预案的评审或者论证应当注重基本要素的完整性、组织体系的合理性、应急处置程序和措施的针对性、应急保障措施的可行性、应急预案的衔接性等内容。

2. 生产安全事故应急救援预案的公布与备案

《生产安全事故应急预案管理办法》规定,地方各级人民政府应急管理部门的应急预案,应当报同级人民政府备案,同时抄送上一级人民政府应急管理部门,并依法向社会公布。地方各级人民政府其他负有安全生产监督管理职责的部门的应急预案,应当抄送同级人民政府应急管理部门。

(三)生产安全事故应急预案的实施

1. 生产安全事故应急救援预案演练

《生产安全事故应急条例》规定,县级以上地方人民政府以及县级以上人民政府负有安全生产监督管理职责的部门,乡、镇人民政府以及街道办事处等地方人民政府派出机关,应当至少每2年组织1次生产安全事故应急救援预案演练。易燃易爆物品、危险化学品等危险物品的生产、经营、储存、运输单位,矿山、金属冶炼、城市轨道交通运营、建筑施工单位,以及宾馆、商场、娱乐场所、旅游景区等人员密集场所经营单位,应当至少每半年组织1次生产

安全事故应急救援预案演练,并将演练情况报送所在地县级以上地方人民政府负有安全生产监督管理职责的部门。县级以上地方人民政府负有安全生产监督管理职责的部门应当对本行政区域内上述规定的重点生产经营单位的生产安全事故应急救援预案演练进行抽查;发现演练不符合要求的,应当责令限期改正。

应急预案演练结束后,应急预案演练组织单位应当对应急预案演练效果进行评估,撰写应急预案演练评估报告,分析存在的问题,并对应急预案提出修订意见。

2. 生产安全事故应急救援措施

《生产安全事故应急条例》规定,有关地方人民政府及其部门接到生产安全事故报告后,应当按照国家有关规定上报事故情况,启动相应的生产安全事故应急救援预案,并按照应急救援预案的规定采取下列一项或者多项应急救援措施:①组织抢救遇险人员,救治受伤人员,研判事故发展趋势以及可能造成的危害;②通知可能受到事故影响的单位和人员,隔离事故现场,划定警戒区域,疏散受到威胁的人员,实施交通管制;③采取必要措施,防止事故危害扩大和次生、衍生灾害发生,避免或者减少事故对环境造成的危害;④依法发布调用和征用应急资源的决定;⑤依法向应急救援队伍下达救援命令;⑥维护事故现场秩序,组织安抚遇险人员和遇险遇难人员亲属;⑦依法发布有关事故情况和应急救援工作的信息;⑧法律、法规规定的其他应急救援措施。有关地方人民政府不能有效控制生产安全事故的,应当及时向上级人民政府报告。上级人民政府应当及时采取措施,统一指挥应急救援。

应急救援队伍接到有关人民政府及其部门的救援命令或者签有应急救援协议的生产经营单位的救援请求后,应当立即参加生产安全事故应急救援。

发生生产安全事故后,有关人民政府认为有必要的,可以设立由本级人民政府及其有关部门负责人、应急救援专家、应急救援队伍负责人、事故发生单位负责人等人员组成的应急救援现场指挥部,并指定现场指挥部总指挥。现场指挥部实行总指挥负责制,按照本级人民政府的授权组织制定并实施生产安全事故现场应急救援方案,协调、指挥有关单位和个人参加现场应急救援。参加生产安全事故现场应急救援的单位和个人应当服从现场指挥部的统一指挥。在生产安全事故应急救援过程中,发现可能直接危及应急救援人员生命安全的紧急情况时,现场指挥部或者统一指挥应急救援的人民政府应当立即采取相应措施消除隐患,降低或者化解风险,必要时可以暂时撤离应急救援人员。

生产安全事故发生地人民政府应当为应急救援人员提供必需的后勤保障,并组织通信、交通运输、医疗卫生、气象、水文、地质、电力、供水等单位协助应急救援。

3. 生产安全事故应急预案实施情况总结评估

《生产安全事故应急预案管理办法》规定,生产经营单位发生事故时,应当第一时间启动应急响应,组织有关力量进行救援,并按照规定将事故信息及应急响应启动情况报告事故发生地县级以上人民政府应急管理部门和其他负有安全生产监督管理职责的部门。生产安全事故应急处置和应急救援结束后,事故发生单位应当对应急预案实施情况进行总结评估。

三、建设工程安全事故报告

实行施工总承包的建设工程,由总承包单位负责上报事故。事故报告应当及时、准确、完整,任何单位和个人对事故不得迟报、漏报、谎报或者瞒报。

《建设工程安全生产管理条例》第五十条规定:"施工单位发生生产安全事故,应当按照国家有关伤亡事故报告和调查处理的规定,及时、如实地向负责安全生产监督管理的部门、建设行政主管部门或者其他有关部门报告;特种设备发生事故的,还应当同时向特种设备安全监督管理部门报告。接到报告的部门应当按照国家有关规定,如实上报。"

事故发生后,事故现场有关人员应当立即向本单位负责人报告;单位负责人接到报告后,应当于1小时内向事故发生地县级以上人民政府安全生产监督管理部门和负有安全生产监督管理职责的有关部门报告。

情况紧急时,事故现场有关人员可以直接向事故发生地县级以上人民政府安全生产监督管理部门和负有安全生产监督管理职责的有关部门报告。重大事故逐级上报至国务院安全生产监督管理部门和负有安全生产监督管理职责的有关部门。安全生产监督管理部门和负有安全生产监督管理职责的有关部门依照规定上报事故情况,应当同时报告本级人民政府。国务院安全生产监督管理部门和负有安全生产监督管理职责的有关部门以及省级人民政府接到发生重大事故的报告后,应当立即报告国务院。必要时,安全生产监督管理部门和负有安全生产监督管理职责的有关部门可以越级上报事故情况。安全生产监督管理部门和负有安全生产监督管理职责的有关部门逐级上报事故情况,每级上报的时间不得超过2小时。

事故报告的主要内容包括:①事故发生单位概况;②事故发生的时间、地点以及事故现场情况;③事故的简要经过;④事故已经造成或者可能造成的伤亡人数(包括下落不明的人数)和初步估计的直接经济损失;⑤已经采取的措施;⑥其他应当报告的情况。

事故报告后出现新情况的,应当及时补报。自事故发生之日起30日内,事故造成的伤亡人数发生变化的,应当及时补报。道路交通事故、火灾事故自发生之日起7日内,事故造成的伤亡人数发生变化的,应当及时补报。

四、事故调查

特别重大事故由国务院或者国务院授权有关部门组织事故调查组进行调查。重大事故、较大事故、一般事故分别由事故发生地省级人民政府、设区的市级人民政府、县级人民政府负责调查。省级人民政府、设区的市级人民政府、县级人民政府可以直接组织事故调查组进行调查,也可以授权或者委托有关部门组织事故调查组进行调查。

未造成人员伤亡的一般事故,县级人民政府也可以委托事故发生单位组织事故调查组进行调查。上级人民政府认为必要时,可以调查由下级人民政府负责调查的事故。

自事故发生之日起30日内(道路交通事故、火灾事故自发生之日起7日内),因事故伤亡人数变化导致事故等级发生变化,依照规定应当由上级人民政府负责调查的,上级人民政府可以另行组织事故调查组进行调查。

特别重大事故以下等级事故,事故发生地与事故发生单位不在同一个县级以上行政区域的,由事故发生地人民政府负责调查,事故发生单位所在地人民政府应当派人参加。

(一)事故调查组

1. 事故调查组的组成原则

事故调查组的组成应当遵循精简、效能的原则。根据事故的具体情况,事故调查组由有关人民政府、安全生产监督管理部门、负有安全生产监督管理职责的有关部门、监察机关、公安机关以及工会派人组成,并应当邀请人民检察院派人参加。事故调查组可以聘请有关专家参与调查。

2. 事故调查组成员的基本条件

事故调查组成员应当具有事故调查所需要的知识和专长,并与所调查的事故没有直接利害关系。所谓没有直接利害关系,是指事故调查组成员与事故发生单位没有直接利害关系,与事故单位的主要负责人、主管人员、有关责任人没有直接利害关系。事故调查组组成时,发现被推荐为事故调查组成员的人选与所调查的事故有直接利害关系的,组织事故调查的人民政府或者有关部门应当将该成员予以调整;事故调查组组成时,有关部门、单位中与所调查的事故有直接利害关系的人员应当主动回避,不应参加事故调查工作;事故调查组组成后,有关部门、单位发现其成员与所调查的事故有直接利害关系的,事故调查组应当将该成员予以更换或者停止其事故调查工作。

事故调查组组长由负责事故调查的人民政府指定,也可以由授权组织事故调查组的有关部门指定,事故调查组应当根据事故的具体情况和事故等级,设事故调查组副组长1～3人,副组长一般情况下应当是有关地方政府或者有关部门的负责人,副组长在事故调查组成员中产生,协助组长开展事故调查工作。对一般等级的事故可只设组长一名,不再设置副组长。

3. 事故调查组的职责

(1)查明事故发生的经过、人员伤亡情况和直接经济损失。
(2)查明事故原因和性质。
(3)确定事故责任,提出针对事故责任者的处理建议。
(4)提出防止事故发生的措施。
(5)提交事故调查报告。

(二)事故调查程序

事故发生后,事故单位必须迅速抢救伤员并派专人严格保护事故现场。未经调查和记录的事故现场,不得任意变动。根据国务院发布的《特别重大事故调查程序暂行规定》,特大事故发生后,事故发生地的有关单位必须严格保护事故现场。

事故发生后,发生事故的单位应立即对事故现场和损坏的设备进行照相、录像、绘制草图,并收集资料。因紧急抢修、防止事故扩大以及疏导交通等,需要变动现场的,必须经企业有关领导和安全生产监督管理部门同意,并作出标志、绘制现场简图、写出书面记录,保存必要的痕迹物证。

事故发生后,企业安全生产监督管理部门或其指定的部门应立即组织当值值班人员、现场作业人员和其他有关人员在下班离开事故现场前分别如实提供现场情况并写出事故的原始材料。安全生产监督管理部门要及时收集有关资料,并妥善保管。事故调查组成立后,安全生产监督管理部门及时将有关材料移交事故调查组。

事故调查组应根据事故情况查阅有关运行、检修试验、验收的记录文件和事故发生时的录音、故障录波图、计算机打印记录等,及时整理出说明事故情况的图表和分析事故所必需的各种资料和数据。事故调查组在收集原始资料时应对事故现场搜集到的所有物件（如破损部件、碎片、残留物等）保持原样，并贴上标签，注明地点、时间、物件管理人。

事故调查组有权向事故发生单位、有关部门及有关人员了解事故的有关情况并索取有关资料，任何单位和个人不得拒绝。

事故调查中发现涉嫌犯罪的，事故调查组应当及时将有关材料或者复印件移交司法机关处理。

事故调查中需要进行技术鉴定的，事故调查组应当委托具有国家规定资质的单位进行技术鉴定。必要时，事故调查组可以直接组织专家进行技术鉴定。技术鉴定所需时间不计入事故调查期限。

(三) 事故调查报告

事故调查组应当自事故发生之日起60日内提交事故调查报告；特殊情况下，经负责事故调查的人民政府批准，提交事故调查报告的期限可以适当延长，但延长的期限最长不超过60日。事故调查报告应当包括下列内容：

(1) 事故发生单位概况；
(2) 事故发生经过和事故救援情况；
(3) 事故造成的人员伤亡和直接经济损失；
(4) 事故发生的原因和事故性质；
(5) 事故责任的认定以及对事故责任者的处理建议；
(6) 事故防范和整改措施。

事故调查报告应当附具有关证据材料。事故调查组成员应当在事故调查报告上签名。事故调查报告报送负责事故调查的人民政府后，事故调查工作即告结束。事故调查的有关资料应当归档保存。

五、事故处理

(一) 事故处理原则

(1) 贯彻落实"四不放过"原则。

"四不放过"，即事故原因未查明不放过，责任人未处理不放过，整改措施未落实不放过，有关人员未受到教育不放过。

(2) 坚持"政府统一领导、分级负责"的原则。

生产安全事故报告和调查处理必须坚持政府统一领导、分级负责的原则。

(3) 重在完善程序，明确责任。

规范生产安全事故的报告和调查处理，首先需要完善有关程序，为事故报告和调查处理工作提供明确的"操作规程"。同时，明确政府及其有关部门、事故发生单位及其主要负责人以及其他单位和个人在事故报告和调查处理中所负的责任。

(二) 事故处理时限

重大事故、较大事故、一般事故，负责事故调查的人民政府应当自收到事故调查报告之日起15日内作出批复;特别重大事故,30日内作出批复,特殊情况下,批复时间可以适当延长,但延长的时间最长不超过30日。

(三)事故批复落实

有关机关应当按照人民政府的批复,依照法律、行政法规规定的权限和程序,对事故发生单位和有关人员进行行政处罚,对负有事故责任的国家工作人员进行处分。事故发生单位应当按照负责事故调查的人民政府的批复,对本单位负有事故责任的人员进行处理。负有事故责任的人员涉嫌犯罪的,依法追究刑事责任。

(四)事故发生单位的整改防范

事故发生单位应当认真吸取事故教训,落实防范和整改措施,防止事故再次发生。防范和整改措施的落实情况应当接受工会和职工的监督。

第六节 建设工程安全生产评价

一、安全生产评价的概念和意义

安全生产评价是指运用定量或定性的方法,对生产经营单位和建设工程项目存在的职业危险因素和有害因素进行识别、分析和评估。

对建筑施工企业开展安全生产评价有利于加强施工企业安全生产的监督管理,有利于科学地评价施工企业安全生产业绩及相应的安全生产能力,有利于实现施工企业安全生产工作的规范化和制度化,有利于促进施工企业完善安全生产条件,有利于促进施工企业安全生产管理水平的提高。

二、施工企业安全生产评价标准和内容

《施工企业安全生产评价标准》(JGJ/T 77—2010)为实施施工企业安全生产评价,促使施工企业完善安全生产条件提供了科学的依据。

(一)施工企业安全生产条件

施工企业安全生产条件应按安全生产管理、安全技术管理、设备和设施管理、企业市场行为和施工现场安全管理等5项内容进行考核。

第一,安全生产管理评价应为对企业安全管理制度建立和落实情况的考核,其内容应包括安全生产责任制度、安全文明资金保障制度、安全教育培训制度、安全检查及隐患排查制度、生产安全事故报告处理制度、安全生产应急救援制度等6个评定项目。

第二,安全技术管理评价应为对企业安全技术管理工作的考核,其内容应包括法规、标准和操作规程配置,施工组织设计,专项施工方案(措施),安全技术交底,危险源控制等5个评定项目。

第三,设备和设施管理评价应为对企业设备和设施安全管理工作的考核,其内容应包括设备安全管理、设施和防护用品、安全标志、安全检查测试工具等4个评定项目。

第四,企业市场行为评价应为对企业安全管理市场行为的考核,其内容包括安全生产许可证、安全生产文明施工、安全质量标准化达标、资质机构与人员管理制度等4个评定项目。

第五,施工现场安全管理评价应为对企业所属施工现场安全状况的考核,其内容应包括施工现场安全达标、安全文明资金保障、资质和资格管理、生产安全事故控制、设备设施工艺选用、保险等6个评定项目。

(二)施工企业安全生产评价方法

为提高企业安全生产的综合能力,施工企业应当建立安全生产评价机构,并建立施工企业的安全生产评价的监督管理体制,每年度应至少进行一次自我考核评价。

发生下列情况之一时,企业应再进行复核评价:
(1)适用法律、法规发生变化时;
(2)企业组织机构和体制发生重大变化后;
(3)发生生产安全事故后;
(4)其他影响安全生产管理的重大变化。

(三)施工企业安全生产评价等级的划分

施工企业安全生产考核评定应分为合格、基本合格、不合格3个等级,并宜符合下列要求:对有在建工程的企业,安全生产考核评定宜分为合格、不合格2个等级;对无在建工程的企业,安全生产考核评定宜分为基本合格、不合格2个等级。

第七章 建设工程环境保护法律制度

环境是指影响人类生存和发展的各种天然的和经过人工改造的自然因素的总体,包括大气、水、海洋、土地、矿藏、森林、草原、湿地、野生生物、自然遗迹、人文遗迹、自然保护区、风景名胜区、城市和乡村等。根据《中华人民共和国环境保护法》,保护环境是国家的基本国策。环境保护坚持保护优先、预防为主、综合治理、公众参与、损害担责的原则。

国家在倡导保护环境的同时,进一步加强了环境保护的立法工作,制定、发布了多部环境保护方面的法律,如《中华人民共和国环境保护法》《中华人民共和国大气污染防治法》《中华人民共和国水污染防治法》《中华人民共和国固体废物污染环境防治法》《中华人民共和国噪声污染防治法》等。

第一节 建设工程大气污染防治

一、项目规划阶段大气污染防治

编制可能对国家大气污染防治重点区域的大气环境造成严重污染的有关工业园区等规划,应当依法进行环境影响评价,规划编制机关应当与重点区域内有关省、自治区、直辖市人民政府或者有关部门会商。重点区域内有关省、自治区、直辖市建设可能对相邻省、自治区、直辖市大气环境质量产生重大影响的项目,应当及时通报有关信息,进行会商。会商意见及其采纳情况作为环境影响评价文件审查或者审批的重要依据。

二、建设项目大气污染防治

企业事业单位和其他生产经营者建设对大气环境有影响的项目,应当依法进行环境影响评价、公开环境影响评价文件;向大气排放污染物的,应当符合大气污染物排放标准,遵守重点大气污染物排放总量控制要求。国家大气污染防治重点区域内新建、改建、扩建用煤项目的,应当实行煤炭的等量或者减量替代。

三、施工扬尘污染防治

(1)建设单位扬尘污染防治责任。

建设单位应当将防治扬尘污染的费用列入工程造价,并在施工承包合同中明确施工单位扬尘污染防治责任。暂时不能开工的建设用地,建设单位应当对裸露地面进行覆盖;超过三个月的,应当进行绿化、铺装或者遮盖。

(2)施工单位扬尘污染防治责任。

施工单位应当制定具体的施工扬尘污染防治实施方案。从事房屋建筑、市政基础设施建设、河道整治以及建筑物拆除等施工单位,应当向负责监督管理扬尘污染防治的主管部门备案。施工单位应当在施工工地设置硬质围挡，并采取覆盖、分段作业、择时施工、洒水抑尘、冲洗地面和车辆等有效防尘降尘措施。建筑土方、工程渣土、建筑垃圾应当及时清运；在场地内堆存的，应当采用密闭式防尘网遮盖。工程渣土、建筑垃圾应当进行资源化处理。施工单位应当在施工工地公示扬尘污染防治措施、负责人、扬尘监督管理主管部门等信息。

（3）施工运输、贮存阶段的扬尘污染防治责任。

运输煤炭、垃圾、渣土、砂石、土方、灰浆等散装、流体物料的车辆应当采取密闭或者其他措施防止物料遗撒造成扬尘污染，并按照规定路线行驶。装卸物料应当采取密闭或者喷淋等方式防治扬尘污染。贮存煤炭、煤矸石、煤渣、煤灰、水泥、石灰、石膏、砂土等易产生扬尘的物料应当密闭；不能密闭的，应当设置不低于堆放物高度的严密围挡，并采取有效覆盖措施防治扬尘污染。码头、矿山、填埋场和消纳场应当实施分区作业，并采取有效措施防治扬尘污染。

四、严重污染大气环境的工艺、设备和产品的防治

国家对严重污染大气环境的工艺、设备和产品实行淘汰制度。国务院经济综合主管部门会同国务院有关部门确定严重污染大气环境的工艺、设备和产品淘汰期限，并纳入国家综合性产业政策目录。生产者、进口者、销售者或者使用者应当在规定期限内停止生产、进口、销售或者使用列入上述规定目录中的设备和产品。工艺的采用者应当在规定期限内停止采用列入上述规定目录中的工艺。被淘汰的设备和产品，不得转让给他人使用。

五、施工车辆、设备的大气污染防治

在用重型柴油车、非道路移动机械未安装污染控制装置或者污染控制装置不符合要求，不能达标排放的，应当加装或者更换符合要求的污染控制装置。在用机动车排放大气污染物超过标准的，应当进行维修；经维修或者采用污染控制技术后，大气污染物排放仍不符合国家在用机动车排放标准的，应当强制报废。其所有人应当将机动车交售给报废机动车回收拆解企业，由报废机动车回收拆解企业按照国家有关规定进行登记、拆解、销毁等处理。国家鼓励和支持高排放机动车船、非道路移动机械提前报废。发动机油、氮氧化物还原剂、燃料和润滑油添加剂以及其他添加剂的有害物质含量和其他大气环境保护指标，应当符合有关标准的要求，不得损害机动车船污染控制装置效果和耐久性，不得增加新的大气污染物排放。

六、向大气排放污染物防治

企业事业单位和其他生产经营者向大气排放污染物的，应当依照法律法规和国务院生态环境主管部门的规定设置大气污染物排放口。禁止通过偷排、篡改或者伪造监测数据、以逃避现场检查为目的的临时停产、非紧急情况下开启应急排放通道、不正常运行大气污染防治设施等逃避监管的方式排放大气污染物。

企业事业单位和其他生产经营者应当按照国家有关规定和监测规范，对其排放的工业废气和国家有关部门公布的有毒有害大气污染物名录中的有毒有害大气污染物进行监测，并保存原始监测记录。其中，重点排污单位应当安装、使用大气污染物排放自动监测设备，与生态环境主管部门的监控设备联网，保证监测设备正常运行并依法公开排放信息。

钢铁、建材、有色金属、石油、化工、制药、矿产开采等企业，应当加强精细化管理，采取集中收集处理等措施，严格控制粉尘和气态污染物的排放。工业生产企业应当采取密闭、围挡、遮盖、清扫、洒水等措施，减少内部物料的堆存、传输、装卸等环节产生的粉尘和气态污染物的排放。

七、违法行为应承担的法律责任

（一）拒绝监督检查或者在接受监督检查时弄虚作假的法律责任

违反《中华人民共和国大气污染防治法》规定，以拒绝进入现场等方式拒不接受生态环境主管部门及其环境执法机构或者其他负有大气环境保护监督管理职责的部门的监督检查，或者在接受监督检查时弄虚作假的，由县级以上人民政府生态环境主管部门或者其他负有大气环境保护监督管理职责的部门责令改正，处二万元以上二十万元以下的罚款；构成违反治安管理行为的，由公安机关依法予以处罚。

（二）违反施工扬尘防治的法律责任

违反《中华人民共和国大气污染防治法》规定，施工单位有下列行为之一的，由县级以上人民政府住房城乡建设等主管部门按照职责责令改正，处一万元以上十万元以下的罚款；拒不改正的，责令停工整治：①施工工地未设置硬质围挡，或者未采取覆盖、分段作业、择时施工、洒水抑尘、冲洗地面和车辆等有效防尘降尘措施的；②建筑土方、工程渣土、建筑垃圾未及时清运，或者未采用密闭式防尘网遮盖的。

建设单位未对暂时不能开工的建设用地的裸露地面进行覆盖，或者未对超过三个月不能开工的建设用地的裸露地面进行绿化、铺装或者遮盖的，由县级以上人民政府住房城乡建设等主管部门依照上述规定予以处罚。

运输煤炭、垃圾、渣土、砂石、土方、灰浆等散装、流体物料的车辆，未采取密闭或者其他措施防止物料遗撒的，由县级以上地方人民政府确定的监督管理部门责令改正，处二千元以上二万元以下的罚款；拒不改正的，车辆不得上道路行驶。

违反《中华人民共和国大气污染防治法》规定，有下列行为之一的，由县级以上人民政府生态环境等主管部门按照职责责令改正，处一万元以上十万元以下的罚款；拒不改正的，责令停工整治或者停业整治：①未密闭煤炭、煤矸石、煤渣、煤灰、水泥、石灰、石膏、砂土等易产生扬尘的物料的；②对不能密闭的易产生扬尘的物料，未设置不低于堆放物高度的严密围挡，或者未采取有效覆盖措施防治扬尘污染的；③装卸物料未采取密闭或者喷淋等方式控制扬尘排放的；④存放煤炭、煤矸石、煤渣、煤灰等物料，未采取防燃措施的；⑤码头、矿山、填埋场和消纳场未采取有效措施防治扬尘污染的；⑥排放有毒有害大气污染物名录中所列有毒有害大气污染物的企业事业单位，未按照规定建设环境风险预警体系或者对排放口和周边环境进行定期监测、排查环境安全隐患并采取有效措施防范环境风险的；⑦向大气排放持久性有机污染物的企业事业单位和其他生产经营者以及废弃物焚烧设施的运营单位，未按照国家有关规定采取有利于减少持久性有机污染物排放的技术方法和工艺，配备净化装置的；⑧未采取措施防止排放恶臭气体的。

(三)违反施工车辆、设备的大气污染防治的法律责任

违反《中华人民共和国大气污染防治法》规定,使用排放不合格的非道路移动机械,或者在用重型柴油车、非道路移动机械未按照规定加装、更换污染控制装置的,由县级以上人民政府生态环境等主管部门按照职责责令改正,处五千元的罚款。在禁止使用高排放非道路移动机械的区域使用高排放非道路移动机械的,由城市人民政府生态环境等主管部门依法予以处罚。

(四)造成大气污染事故的法律责任

违反《中华人民共和国大气污染防治法》规定,造成大气污染事故的,由县级以上人民政府生态环境主管部门依照规定处以罚款;对直接负责的主管人员和其他直接责任人员可以处上一年度从本企业事业单位取得收入百分之五十以下的罚款。对造成一般或者较大大气污染事故的,按照污染事故造成直接损失的一倍以上三倍以下计算罚款;对造成重大或者特大大气污染事故的,按照污染事故造成的直接损失的三倍以上五倍以下计算罚款。

第二节 建设工程水污染防治

一、排污许可

直接或者间接向水体排放工业废水和医疗污水以及其他按照规定应当取得排污许可证方可排放的废水、污水的企业事业单位和其他生产经营者,应当取得排污许可证;城镇污水集中处理设施的运营单位,也应当取得排污许可证。排污许可证应当明确排放水污染物的种类、浓度、总量和排放去向等要求。禁止企业事业单位和其他生产经营者无排污许可证或者违反排污许可证的规定向水体排放废水、污水。

二、建设项目水污染防治

新建、改建、扩建直接或者间接向水体排放污染物的建设项目和其他水上设施,应当依法进行环境影响评价。建设单位在江河、湖泊新建、改建、扩建排污口的,应当取得水行政主管部门或者流域管理机构同意;涉及通航、渔业水域的,环境保护主管部门在审批环境影响评价文件时,应当征求交通、渔业主管部门的意见。建设项目的水污染防治设施,应当与主体工程同时设计、同时施工、同时投入使用。水污染防治设施应当符合经批准或者备案的环境影响评价文件的要求。

从事开发建设活动,应当采取有效措施,维护流域生态环境功能,严守生态保护红线。禁止在饮用水水源一级保护区内新建、改建、扩建与供水设施和保护水源无关的建设项目。禁止在饮用水水源二级保护区内新建、改建、扩建排放污染物的建设项目。禁止在饮用水水源准保护区内新建、扩建对水体污染严重的建设项目;改建建设项目,不得增加排污量。

三、施工水污染防治

(一)禁止事项

禁止向水体排放油类、酸液、碱液或者剧毒废液。禁止在水体清洗装贮过油类或者有毒污染物的车辆和容器。禁止向水体排放、倾倒放射性固体废物或者含有高放射性和中放射性物质的废水。禁止向水体排放、倾倒工业废渣、城镇垃圾和其他废弃物。禁止将含有汞、镉、砷、铬、铅、氰化物、黄磷等的可溶性剧毒废渣向水体排放、倾倒或者直接埋入地下。禁止在江河、湖泊、运河、渠道、水库最高水位线以下的滩地和岸坡堆放、存贮固体废弃物和其他污染物。禁止利用渗井、渗坑、裂隙、溶洞,私设暗管,篡改、伪造监测数据,或者不正常运行水污染防治设施等逃避监管的方式排放水污染物。在饮用水水源保护区内,禁止设置排污口。

(二)管理事项

向水体排放含低放射性物质的废水,应当符合国家有关放射性污染防治的规定和标准。向水体排放含热废水,应当采取措施,保证水体的水温符合水环境质量标准。存放可溶性剧毒废渣的场所,应当采取防水、防渗、防流失的措施。工业集聚区、矿山开采区、尾矿库、危险废物处置场、垃圾填埋场等的运营、管理单位,应当采取防渗漏等措施,并建设地下水水质监测井进行监测,防止地下水污染。多层地下水的含水层水质差异大的,应当分层开采;对已受污染的潜水和承压水,不得混合开采。兴建地下工程设施或者进行地下勘探、采矿等活动,应当采取防护性措施,防止地下水污染。报废矿井、钻井或者取水井等,应当实施封井或者回填。

根据《城镇排水与污水处理条例》,从事工业、建筑、餐饮、医疗等活动的企业事业单位、个体工商户(以下称排水户)向城镇排水设施排放污水的,应当向城镇排水主管部门申请领取污水排入排水管网许可证。城镇排水主管部门应当按照国家有关标准,重点对影响城镇排水与污水处理设施安全运行的事项进行审查。排水户应当按照污水排入排水管网许可证的要求排放污水。排水单位和个人应当按照国家有关规定缴纳污水处理费。向城镇污水处理设施排放污水、缴纳污水处理费的,不再缴纳排污费。

四、违法行为应承担的法律责任

(一)违反排污许可管理的法律责任

《中华人民共和国水污染防治法》规定,有下列行为之一的,由县级以上人民政府环境保护主管部门责令改正或者责令限制生产、停产整治,并处十万元以上一百万元以下的罚款;情节严重的,报经有批准权的人民政府批准,责令停业、关闭:①未依法取得排污许可证排放水污染物的;②超过水污染物排放标准或者超过重点水污染物排放总量控制指标排放水污染物的;③利用渗井、渗坑、裂隙、溶洞,私设暗管,篡改、伪造监测数据,或者不正常运行水污染防治设施等逃避监管的方式排放水污染物的;④未按照规定进行预处理,向污水集中处理设施排放不符合处理工艺要求的工业废水的。

(二)违反建设项目的水污染防治的法律责任

《中华人民共和国水污染防治法》规定,有下列行为之一的,由县级以上地方人民政府环境保护主管部门责令停止违法行为,处十万元以上五十万元以下的罚款;并报经有批准权的人民政府批准,责令拆除或者关闭:①在饮用水水源一级保护区内新建、改建、扩建与供水设施和保护水源无关的建设项目的;②在饮用水水源二级保护区内新建、改建、扩建排放污染物的建设项目的;③在饮用水水源准保护区内新建、扩建对水体污染严重的建设项目,或者改建建设项目增加排污量的。

(三)违反水污染防治禁止事项和管理事项的法律责任

《中华人民共和国水污染防治法》规定,有下列行为之一的,由县级以上地方人民政府环境保护主管部门责令停止违法行为,限期采取治理措施,消除污染,处以罚款,逾期不采取治理措施的,环境保护主管部门可以指定有治理能力的单位代为治理,所需费用由违法者承担:①向水体排放油类、酸液、碱液的;②向水体排放剧毒废液,或者将含有汞、镉、砷、铬、铅、氰化物、黄磷等的可溶性剧毒废渣向水体排放、倾倒或者直接埋入地下的;③在水体清洗装贮过油类、有毒污染物的车辆或者容器的;④向水体排放、倾倒工业废渣、城镇垃圾或者其他废弃物,或者在江河、湖泊、运河、渠道、水库最高水位线以下的滩地、岸坡堆放、存贮固体废弃物或者其他污染物的;⑤向水体排放、倾倒放射性固体废物或者含有高放射性、中放射性物质的废水的;⑥违反国家有关规定或者标准,向水体排放含低放射性物质的废水、热废水或者含病原体的污水的;⑦未采取防渗漏等措施,或者未建设地下水水质监测井进行监测的;⑧加油站等的地下油罐未使用双层罐或者采取建造防渗池等其他有效措施,或者未进行防渗漏监测的;⑨未按照规定采取防护性措施,或者利用无防渗漏措施的沟渠、坑塘等输送或者存贮含有毒污染物的废水、含病原体的污水或者其他废弃物的。

第三节 建设工程固体废物污染防治

一、建设项目固体废物污染防治

建设产生、贮存、利用、处置固体废物的项目,应当依法进行环境影响评价,并遵守国家有关建设项目环境保护管理的规定。建设项目的环境影响评价文件确定需要配套建设的固体废物污染环境防治设施,应当与主体工程同时设计、同时施工、同时投入使用。建设项目的初步设计,应当按照环境保护设计规范的要求,将固体废物污染环境防治内容纳入环境影响评价文件,落实防治固体废物污染环境和破坏生态的措施以及固体废物污染环境防治设施投资概算。建设单位应当依照有关法律法规的规定,对配套建设的固体废物污染环境防治设施进行验收,编制验收报告,并向社会公开。

在生态保护红线区域、永久基本农田集中区域和其他需要特别保护的区域内,禁止建设工业固体废物、危险废物集中贮存、利用、处置的设施、场所和生活垃圾填埋场。

二、建筑垃圾污染防治

工程施工单位应当编制建筑垃圾处理方案,采取污染防治措施,并报县级以上地方人民政府环境卫生主管部门备案。工程施工单位应当及时清运工程施工过程中产生的建筑垃圾等固体废物,并按照环境卫生主管部门的规定进行利用或者处置。工程施工单位不得擅自倾倒、抛撒或者堆放工程施工过程中产生的建筑垃圾。县级以上地方人民政府环境卫生主管部门负责建筑垃圾污染环境防治工作,建立建筑垃圾全过程管理制度,规范建筑垃圾产生、收集、贮存、运输、利用、处置行为,推进综合利用,加强建筑垃圾处置设施、场所建设,保障处置安全,防止污染环境。

根据《住房和城乡建设部关于推进建筑垃圾减量化的指导意见》(建质〔2020〕46号),对于建筑垃圾污染防治进一步明确规定:①实行建筑垃圾分类管理。施工单位应建立建筑垃圾分类收集与存放管理制度,实行分类收集、分类存放、分类处置。鼓励以末端处置为导向对建筑垃圾进行细化分类。严禁将危险废物和生活垃圾混入建筑垃圾。②引导施工现场建筑垃圾再利用。施工单位应充分利用混凝土、钢筋、模板、珍珠岩保温材料等余料,在满足质量要求的前提下,根据实际需求加工制作成各类工程材料,实行循环利用。施工现场不具备就地利用条件的,应按规定及时转运到建筑垃圾处置场所进行资源化处置和再利用。③减少施工现场建筑垃圾排放。施工单位应实时统计并监控建筑垃圾产生量,及时采取针对性措施降低建筑垃圾排放量。鼓励采用现场泥沙分离、泥浆脱水预处理等工艺,减少工程渣土和工程泥浆排放。

三、工业固体废物许可管理与污染防治

产生工业固体废物的单位应当取得排污许可证。产生工业固体废物的单位应当向所在地生态环境主管部门提供工业固体废物的种类、数量、流向、贮存、利用、处置等有关资料,以及减少工业固体废物产生、促进综合利用的具体措施,并执行排污许可管理制度的相关规定。产生工业固体废物的单位应当根据经济、技术条件对工业固体废物加以利用;对暂时不利用或者不能利用的,应当按照国务院生态环境等主管部门的规定建设贮存设施、场所,安全分类存放,或者采取无害化处置措施。贮存工业固体废物应当采取符合国家环境保护标准的防护措施。建设工业固体废物贮存、处置的设施、场所,应当符合国家环境保护标准。

矿山企业应当采取科学的开采方法和选矿工艺,减少尾矿、煤矸石、废石等矿业固体废物的产生量和贮存量。国家鼓励采取先进工艺对尾矿、煤矸石、废石等矿业固体废物进行综合利用。尾矿、煤矸石、废石等矿业固体废物贮存设施停止使用后,矿山企业应当按照国家有关环境保护等规定进行封场,防止造成环境污染和生态破坏。

四、危险废物污染防治

(一)设施、场所的建设规划

省、自治区、直辖市人民政府应当组织有关部门编制危险废物集中处置设施、场所的建设规划,科学评估危险废物处置需求,合理布局危险废物集中处置设施、场所,确保本行政区域的危险废物得到妥善处置。编制危险废物集中处置设施、场所的建设规划,应当征求有关

行业协会、企业事业单位、专家和公众等方面的意见。

(二)计划、台账管理与识别标志

产生危险废物的单位，应当按照国家有关规定制订危险废物管理计划；建立危险废物管理台账，如实记录有关信息，并通过国家危险废物信息管理系统向所在地生态环境主管部门申报危险废物的种类、产生量、流向、贮存、处置等有关资料。危险废物管理计划应当包括减少危险废物产生量和降低危险废物危害性的措施以及危险废物贮存、利用、处置措施。危险废物管理计划应当报产生危险废物的单位所在地生态环境主管部门备案。产生危险废物的单位已经取得排污许可证的，执行排污许可管理制度的规定。对危险废物的容器和包装物以及收集、贮存、运输、利用、处置危险废物的设施、场所，应当按照规定设置危险废物识别标志。

(三)日常管理、运输及处置

收集、贮存危险废物，应当按照危险废物特性分类进行。禁止混合收集、贮存、运输、处置性质不相容而未经安全性处置的危险废物。贮存危险废物应当采取符合国家环境保护标准的防护措施。禁止将危险废物混入非危险废物中贮存。产生、收集、贮存、运输、利用、处置危险废物的单位，应当依法制定意外事故的防范措施和应急预案，并向所在地生态环境主管部门和其他负有固体废物污染环境防治监督管理职责的部门备案；生态环境主管部门和其他负有固体废物污染环境防治监督管理职责的部门应当进行检查。

五、违法行为应承担的法律责任

(一)违反建筑垃圾污染防治的法律责任

工程施工单位未编制建筑垃圾处理方案报备案，或者未及时清运施工过程中产生的固体废物的；工程施工单位擅自倾倒、抛撒、堆放工程施工过程中产生的建筑垃圾，或者未按照规定对施工过程中产生的固体废物进行利用或者处置的，由县级以上地方人民政府环境卫生主管部门责令改正，处以罚款，没收违法所得。

(二)违反一般固体废物、工业固体废物污染防治的法律责任

《中华人民共和国固体废物污染环境防治法》规定，有下列行为之一，由生态环境主管部门责令改正，处以罚款，没收违法所得；情节严重的，报经有批准权的人民政府批准，可以责令停业或者关闭：①产生、收集、贮存、运输、利用、处置固体废物的单位未依法及时公开固体废物污染环境防治信息的；②生活垃圾处理单位未按照国家有关规定安装使用监测设备、实时监测污染物的排放情况并公开污染排放数据的；③将列入限期淘汰名录被淘汰的设备转让给他人使用的；④在生态保护红线区域、永久基本农田集中区域和其他需要特别保护的区域内，建设工业固体废物、危险废物集中贮存、利用、处置的设施、场所和生活垃圾填埋场的；⑤转移固体废物出省、自治区、直辖市行政区域贮存、处置未经批准的；⑥转移固体废物出省、自治区、直辖市行政区域利用未报备案的；⑦擅自倾倒、堆放、丢弃、遗撒工业固体废物，或者未采取相应防范措施，造成工业固体废物扬散、流失、渗漏或者其他环境污染的；⑧产生

工业固体废物的单位未建立固体废物管理台账并如实记录的;⑨产生工业固体废物的单位违反法律规定委托他人运输、利用、处置工业固体废物的;⑩贮存工业固体废物未采取符合国家环境保护标准的防护措施的;⑪单位和其他生产经营者违反固体废物管理其他要求,污染环境、破坏生态的。

第八章 建设工程纠纷解决机制

建设工程纠纷解决机制有协商解决机制、行政解决机制、仲裁解决机制和民事诉讼解决机制。每一种机制都有特定的优点和固定程序,共同为建筑市场的健康有序发展贡献力量。

第一节 建设工程纠纷主要种类

在建设工程领域常见的是民事纠纷和行政纠纷。

一、建设工程民事纠纷

建设工程民事纠纷,是在建设工程活动中平等主体之间发生的以民事权利义务法律关系为内容的争议。民事纠纷作为法律纠纷的一种,一般来说,是因为违反了民事法律规范而引起的。民事纠纷可以分为两大类:一类是财产关系方面的民事纠纷,另一类是人身关系的民事纠纷。在建设工程领域,较为普遍和重要的民事纠纷是合同纠纷与侵权纠纷。

(一)建设工程合同纠纷种类

从广义上讲,建设工程合同包括建设工程勘察合同、建设工程设计合同、建设工程施工合同、建设工程监理合同等;狭义的建设工程合同仅指建设工程施工合同。《中华人民共和国民法典》中规定了建设工程合同包括工程勘察、设计、施工合同。在司法实践中,建设工程设计合同和建设工程施工合同纠纷案件居多,建设工程勘察合同、建设工程监理合同纠纷案件较少发生。

1. 建设工程勘察合同纠纷

建设工程勘察合同是指承包人接受发包人的委托,完成建设工程地理、地质等情况的调查研究工作,发包人支付相应价款的合同。所谓工程勘察,是指为工程建设的规划、设计、施工、运营及综合治理等,对地形、地质及水文等要素进行测绘、勘探、测试及综合评定,并提供可行性评价与建设所需的勘察成果资料,以及进行岩土工程勘察、设计、处理、监测的活动。在司法实践中,建设工程勘察合同纠纷案件较为少见,一般由发包人以勘察成果不符合发包人的要求为由拒付勘察费而引起。

2. 建设工程设计合同纠纷

建设工程设计合同是指承包人接受发包人的委托,完成建设工程设计工作,发包人支付相应价款的合同。所谓工程设计,是指运用工程技术理论及技术经济方法,按照现行技术标准,对新建、扩建、改建项目的工艺、土建、公用工程、环境工程等进行综合性设计,包括必须的非标准设备设计及经济技术分析,并提供作为建设依据的文件和图纸的活动。根据不同的阶段,建设工程设计一般分为两种:一是初步设计,即在建设项目立项阶段,设计人为项目决策提供可行性资料的设计;二是施工设计,在建设项目被批准立项后,设计人就具体施工方案所进行的设计。与勘察工作相同,设计工作也是一项专业性很强的工作,因此我国法律对于设计单位、设计人员也有严格的规定。建设工程设计合同纠纷的产生往往与合同条款不明确、设计质量不达标、双方当事人意思表示不真实等有关。

3. 建设工程施工合同纠纷

建设工程施工合同是指承包人接受发包人的委托,完成建设工程施工任务,发包人支付相应价款的合同。工程施工包括土建施工和装饰施工两种形式,建设工程施工合同一般也包括土建工程施工合同和装饰工程施工合同。在司法实践中,建设工程施工合同纠纷案件最为常见,诉因一般为发包人拖欠工程款、承包人建设工程质量有缺陷、承包人逾期竣工等。此类案件审理中的法律要点繁多,如合同效力的认定、诉讼参加人的确定、举证责任分配、工程款的确定、工期认定、工程质量缺陷责任的划分、违约责任的认定等。

4. 建设工程监理合同纠纷

建设工程监理合同是指具有建筑工程监理资质的监理单位受工程项目建设方的委托,对建设工程进行监理服务,建设方向监理单位支付报酬的合同。所谓建设工程监理,是指监理单位接受工程项目建设方的委托,依据国家批准的工程项目建设文件、工程建设的相关法律法规和工程建设合同,对建设工程施工质量、建设工期、建设资金使用等进行的监督和管理,以保证工程建设项目能够科学、合理地实现合同目的。对于某些国家投资的、大型的建筑工程,国务院规定实行强制监理;除此以外的其他建设工程,建设方可以选择自行监理或委托具有相应资质的监理单位进行工程监理。建设工程监理也是一项专业技术要求非常高的工作,因此国家对监理单位和监理人员实施严格的资格管理制度。建设工程监理合同产生纠纷的原因包括合同条款不明确、双方沟通不畅和监理工作不到位等。

(二)建设工程合同纠纷特点

1. 案件数量呈上升趋势

近年来,建设工程合同纠纷案件的收案数、收案率都在逐年增加或上升,而且出现上升较快的趋势。

2. 案件法律关系复杂

从建设工程的承包方式上看,有承包、转包、分包、挂靠等多种方式,涉及发包方、承包方、分包方、转包方、挂靠企业、挂靠个人、劳动者等多个主体之间的关系,从合同主体来看,建设工程合同的主体既有企业法人,又有个人,法人和个人又涉及有无承包资质等问题。不同的承包方式、不同的签约主体,使案件的关系错综复杂,给认定案件事实、合同效力及责任承担带来很多困难。

3. 案件审理难度较大

建设工程合同纠纷案件所涉标的额巨大,通常都会达到几十万,甚至上百万元;当事人讼争问题多,诉讼中本诉与反诉交织,各方矛盾激化;法律关系复杂,涉及合伙、挂靠、分包、转包等诸多法律关系,既有民事关系,又有行政管理关系夹杂其中,如相关行政职能部门对施工企业资质、相关竣工验收等的审查;适用法律有难度,案件处理涉及的法律法规繁多,尤其是强制性规定多,相关的行政法规、部门规章、标准性文件多,不仅包括《中华人民共和国民法典》,还包括有关建筑市场管理的行政法、经济法,另外建筑领域还存在许多习惯、惯例;疑难问题悬而未决、新情况与新问题层出不穷,给正确审理案件带来了一定难度。

4. 案件审理周期长

由于建设工程合同纠纷案件的争议内容和案件事实错综复杂、证据数量大,本身就需比一般的案件消耗更多的工作量与时间,再加上绝大多数案件还需开展工程造价、工程质量等方面的鉴定才能确定原因和责任,鉴定的环节多、时间长,此外,一方当事人要求重新鉴定的也不在少数,无形中就拖延了案件的审理时间。

5. 调解难度较大

建设工程合同纠纷案件调解率偏低主要原因有:一是当事人对合同的条款争议较大,特别是工程量和计价问题。除质量外,工程量和价款是建立工程合同各方的核心关注点,而由于工程的工期一般较长,工序较多,管理复杂,对工程量的计算往往争议较大。此外,合同外工程如何计价、材料和人工费是否调差及如何调等也存在较大争议。因工程量和单价直接牵涉到的工程款的结算,当事人之间就很难磋商。二是工程各方地位悬殊,利益相对。在工程建设中,发包方(付款方)一般处于强势地位,施工方处于劣势地位。一旦发生纠纷,发包方不太愿意调解,要求对方让步,而施工方下面又有农民工、小包工头等,也不愿意让步,否则自己就要亏损,导致互不相让,不易调解。

(三)建设工程侵权纠纷

侵权纠纷,是指因侵害民事权益产生的纠纷。建设工程领域常见的侵权纠纷,如施工中造成对他人财产或者人身损害而产生的侵权纠纷,未经许可使用他人的专利、工法等造成的知识产权侵权纠纷等。

发包人和承包人就有关工期、质量、造价等产生的建设工程合同争议,是建设工程领域最常见的民事纠纷。

二、建设工程行政纠纷

建设工程行政纠纷,是在建设工程活动中行政机关之间或行政机关同公民、法人和其他组织之间由于行政行为而引起的纠纷。在行政法律关系中,一方面,行政机关对公民、法人和其他组织行使行政管理职权,应当依法行政;另一方面,公民、法人和其他组织也应当依法约束自己的行为,做到自觉守法。在各种行政纠纷中,既有因行政机关超越职权、滥用职权、行政不作为、违反法定程序、事实认定错误、适用法律错误等引起的纠纷,也有公民、法人或其他组织逃避监督管理、非法抗拒监督管理或误解法律规定等而产生的纠纷。

在建设工程领域,易引发行政纠纷的行政行为主要有行政许可、行政处罚、行政强制和行政裁决。

常见的建设工程行政许可有施工许可、专业人员执业资格注册、企业资质等级核准、安全生产许可等。行政许可易引发的行政纠纷通常是行政机关的行政不作为、违反法定程序等。

常见的行政处罚为警告、罚款、没收违法所得、责令停业整顿、降低资质等级、吊销资质证书等。行政处罚易导致的行政纠纷,通常是行政处罚超越职权、滥用职权、违反法定程序、事实认定错误、适用法律错误等。

行政强制,包括行政强制措施和行政强制执行。行政强制措施是指行政机关在行政管理过程中,为制止违法行为、防止证据损毁、避免危害发生、控制危险扩大等情形,依法对公民的人身自由实施暂时性限制,或者对公民、法人或其他组织的财物实施暂时性控制的行政行为。行政强制执行是指行政机关或者行政机关申请人民法院,对不履行行政决定的公民、法人或其他组织,依法强制履行义务的行政行为。行政强制易导致的行政纠纷,通常是行政强制超越职权、滥用职权、违反法定程序、事实认定错误、适用法律错误等。

常见的行政裁决有对特定的侵权纠纷、损害赔偿纠纷、权属纠纷、国有资产产权纠纷以及劳动工资、经济补偿纠纷等的裁决。行政裁决易引发的行政纠纷,通常是行政裁决违反法定程序、事实认定错误、适用法律错误等。

三、建设工程纠纷的法律解决途径

(一)和解

和解是民事纠纷的当事人在自愿互谅的基础上,就已经发生的争议进行协商、妥协与让步并达成协议,自行(无第三方参与劝说)解决争议的一种方式。通常它不仅从形式上消除当事人之间的对抗,还从心理上消除对抗,这是解决合同纠纷最省时间、最便捷的好方法。但需要注意的是,和解不具有强制执行力,性质上仍属于当事人之间的约定。

和解可以在民事纠纷的任何阶段进行,无论是否已经进入仲裁或诉讼程序,只要仲裁裁决未作出或者终审裁判未生效,当事人均可自行和解。和解也可与仲裁、诉讼程序相结合:当事人达成和解协议的,已提请仲裁的,可以请求仲裁庭根据和解协议作出裁决书或调解书;已提起诉讼的,可以请求法庭在和解协议基础上制作调解书,或者由当事人双方达成和解协议,由人民法院记录在卷。

(二)调解

调解是指双方当事人以外的第三方应纠纷当事人的请求,以法律、法规和政策或合同约定以及社会公德为依据,对纠纷双方进行疏导、劝说,促使他们相互谅解,进行协商,自愿达成协议,解决纠纷的活动。

在我国,调解的主要方式是人民调解、行政调解、仲裁调解、专业机构调解和人民法院调解。

(三)仲裁

仲裁是当事人根据在纠纷发生前或纠纷发生后达成的协议,自愿将纠纷提交第三方(仲裁机构)作出裁决,纠纷各方都有义务执行该裁决的一种解决纠纷的方式。

根据《中华人民共和国仲裁法》的规定,该法的调整范围仅限于民商事仲裁,即"平等主体的公民、法人和其他组织之间发生的合同纠纷和其他财产权益纠纷";劳动争议仲裁等不受《中华人民共和国仲裁法》的调整,依法应当由行政机关处理的行政争议等不能仲裁。

仲裁的基本特点包括自愿性、专业性、灵活性、保密性、快捷性。

(四)民事诉讼

民事诉讼是指人民法院在当事人和其他诉讼参与人的参加下,以审理、裁判、执行等方式解决民事纠纷的活动,以及由此产生的各种诉讼关系的总和。诉讼参与人包括原告、被告、第三人、证人、鉴定人、勘验人等。民事诉讼是以司法方式解决平等主体之间的纠纷,是由人民法院代表国家行使审判权解决民事争议的方式。它既不同于群众自治组织性质的人民调解委员会以调解方式解决纠纷,也不同于由民间性质的仲裁委员会以仲裁方式解决纠纷。

在我国,《中华人民共和国民事诉讼法》是调整和规范人民法院及诉讼参与人的各种民事诉讼活动的基本法律。民事诉讼的基本特征为:公权性、程序性、强制性。

第二节 协商解决机制

一、协商

协商,也称为和解,是指当事人双方在自愿友好的基础上,本着解决问题与分歧的诚意,互相沟通,互相谅解,自行解决争端的一种方式。协商是一种快速、经济、有效的争端解决方式,事实上,在工程建设过程中,双方当事人发生纠纷时,解决争端的首选方式也是协商。

(一)协商的原则

1. 合法原则

当事人双方在解决争端的过程中,应遵守国家法律、法规和有关政策的规定。在没有相应法律、法规和政策的情况下,自行协商后达成的协议不得损害国家和社会的公共利益。在解决合同争端时,如果发现有行贿受贿等行为,要积极进行揭发检举,请有关机关对其处理。对于违约责任的处理,过错方应主动承担违约责任,承担责任的方式主要有支付违约金和赔偿金等;而受害方也要积极追究过错方的责任,一经发现受害方以团结合作之名假公济私,损害国家和社会公共利益,应当依法追究当事人的法律责任。

2. 平等、自愿原则

当事人双方要在平等、自愿的前提下自行协商解决矛盾争端。也就是说,双方当事人的法律地位是平等的,双方要互相尊重,都有权提出自己的理由和建议,都有权对对方的观点进行辩论。

3. 互谅互让原则

在建设工程争端的协商过程中,双方当事人要互相谅解,互相谦让,勇于承担各自的责任。双方当事人在如实陈述客观事实和理由的基础上,也要多从自身找原因,认识到在引起合同争端问题上自己应当承担的责任,而不能一味地推卸责任,片面强调对自己有利的事实和理由,或片面指责对方当事人,要求对方承担责任。即使自身没有过错,也要得理让人,以诚相待,这也正是合同的协作履行原则在处理建设工程争端中的具体运用。

(二)协商的类型

协商达成协议,在形式上既可以是口头的,也可以是书面的。协商的应用也很灵活,可以在各个阶段达成和解协议。

1. 诉讼前的和解

诉讼前的和解,是指发生诉讼以前,双方当事人互相协商,达成协议,自行解决争执。这是当事人依法处分自己民事实体权利的民事法律行为。和解成立后,当事人所争执的权利即归确定,所抛弃的权利随即消失,当事人不得任意反悔要求撤销。但是,如果事后发现和解所依据的文件是伪造或涂改的,或者当事人在和解时不知道该和解事件已为人民法院判决所确定,或者当事人对重要的争执有重大误解而达成和解协议的,当事人都可以要求撤销和解协议。

2. 诉讼中的和解

诉讼中的和解,是当事人在诉讼进行中互相协商,达成协议,解决双方的争执。《中华人民共和国民事诉讼法》第五十三条规定:"双方当事人可以自行和解。"这种和解在人民法院作出判决前,当事人都可以进行。当事人可以就全部诉讼请求达成和解协议,也可以就个别诉讼请求达成和解协议。当事人达成和解协议后,原告既可以撤诉,双方也可以请求人民法院对和解事项制作调解书,经当事人签名、盖章产生法律效力。

3. 执行中的和解

执行中的和解,是人民法院在执行已发生法律效力的民事判决、裁定过程中,当事人自行达成协议,自动履行、生效和解协议的行为。《中华人民共和国民事诉讼法》规定,在执行中,双方当事人自行和解达成协议的,执行员应当将协议内容记入笔录,由双方当事人签名或者盖章。一方当事人不履行和解协议的或者反悔的,对方当事人可以申请人民法院按照原生效法律文书强制执行。

4. 仲裁中的和解

《中华人民共和国仲裁法》规定,当事人申请仲裁后,可以自行和解。和解是双方当事人的自愿行为,不需要仲裁庭的参与。达成和解协议的,可以请求仲裁庭根据和解协议作出裁决书,也可以撤回仲裁申请。当事人达成和解协议,撤回仲裁申请后反悔的,可以根据仲裁协议申请仲裁。

(三)协商的效力

和解达成的协议不具有强制执行效力,如果一方当事人不按照和解协议履行,另一方当事人不可以请求人民法院强制履行,但可以根据约定申请仲裁,也可以向人民法院提起诉讼。

仲裁庭或人民法院通过对和解协议的审查,对于意思真实而又不违反法律强制性或禁止性仲裁规定的和解协议予以支持,也可以支持遵守协议方要求违反协议方就不执行该和解协议承担违约责任的请求。但是,对于一方非自愿作出的或者违反法律强制性或禁止性规定的和解协议,不予支持。

二、调解

(一)调解的概念

调解,是指第三人应争端当事人的请求,依据法律规范或合同约定,通过查明事实、教育疏导,促使双方在平等协商的基础上互相作出适当的让步,自愿达成协议,从而解决建设工程争端的方式。

调解主要是在双方当事人以外第三人的主持、协调下,通过说服教育来解决双方的争端。第三人受理双方当事人任何一方提出的建设工程争端。

第三人调解与当事人自行协商并没有本质的区别。也就是说,这两种方式实质上都需要双方当事人协商一致。第三人调解的过程,也是双方当事人协商的过程。它们的区别主要在于:调解要有第三人主持,由第三人促使争端当事人达成解决协议;而自行协商则不需要第三人协调,仅仅由当事人双方自己协商解决。

(二)调解的类型

根据调解人的不同,我国调解的形式主要有人民调解、行政调解、仲裁调解、专业机构调解和人民法院调解等。

1. 人民调解

人民调解是指人民调解委员会通过说服、疏导等方式,促使当事人在平等协商基础上,自愿达成调解协议,解决民间纠纷的活动。人民调解制度作为一种司法辅助制度,是人民群众自己解决纠纷的法律制度,也是一种具有中国特色的司法制度。

人民调解的组织形式是人民调解委员会,《中华人民共和国人民调解法》规定,人民调解委员会是村民委员会和居民委员会下设的调解民间纠纷的群众性组织,在人民政府和基层人民法院指导下进行工作。

人民调解应当遵循的程序为:①当事人申请调解;②人民调解委员会主动调解;③指定调解员或由当事人选定调解员进行调解;④达成协议;⑤调解结束。

经人民调解委员会调解达成调解协议的,可以制作调解协议书。当事人认为无须制作调解协议的,可以采取口头协议的方式,人民调解员应当记录协议内容。经人民调解委员会调解达成的调解协议具有法律约束力,当事人应当按照约定履行。当事人就调解协议的履行或者调解协议的内容发生争议的,一方当事人可以向人民法院提起诉讼。

经人民调解委员会调解达成调解协议后,双方当事人认为有必要的,可以自调解协议生效之日起三十日内共同向人民法院申请司法确认。人民法院依法确认调解协议有效,一方当事人拒绝履行或者未全部履行的,对方当事人可以向人民法院申请强制执行。

2. 行政调解

行政调解是指国家行政机关应纠纷当事人的请求,依据法律、法规、政策,对属于其职权管辖范围内的纠纷,耐心地说服教育,使纠纷的双方当事人互相谅解,在平等协商的基础上达成一致协议,促成当事人解决纠纷。

行政调解分为两种:一是基层人民政府,即乡、镇人民政府对一般民间纠纷的调解;二是国家行政机关依照法律规定对某些特定民事纠纷或经济纠纷等进行的调解。

行政调解属于诉讼外调解。行政调解达成的协议也不具有强制约束力。

3. 仲裁调解

仲裁调解是仲裁机构对受理的仲裁案件进行的调解。仲裁庭在作出裁决前,可以先行调解。当事人自愿调解的,仲裁庭应当调解。调解不成的,应当及时作出裁决。调解达成协议的,仲裁庭应当制作调解书或者根据协议的结果制作裁决书。调解书与裁决书具有同等法律效力。调解书经双方当事人签收后,即发生法律效力。在调解书签收前当事人反悔的,仲裁庭应当及时作出裁决。

调解可以在仲裁程序中进行,即在征得当事人同意后,仲裁庭在仲裁程序进行过程中担任调解员的角色,对其审理的案件进行调解,以解决当事人之间的争议。

4. 专业机构调解

专业机构调解是当事人在发生争议前或争议后,协议约定由指定的具有独立调解规则的机构按照其调解规则进行调解。专业机构进行调解达成的调解协议对当事人双方均有约束力。

5. 人民法院调解

《中华人民共和国民事诉讼法》第九十六条规定:"人民法院审理民事案件,根据当事人自愿的原则,在事实清楚的基础上,分清是非,进行调解。"人民法院调解是人民法院对受理的民事案件、经济纠纷案件和轻微刑事案件在双方当事人自愿的基础上进行的调解,是诉讼内调解。调解书经双方当事人签收后,即具有法律效力,效力与判决书相同,如果一方不履行,另一方当事人可以向人民法院申请强制执行。

第三节 行政解决机制

一、行政强制

行政强制包括行政强制措施和行政强制执行。

(一)行政强制措施

1. 概念

行政强制措施是指行政机关在行政管理过程中,为制止违法行为、防止证据损毁、避免危害发生、控制危险扩大等情形,依法对公民的人身自由实施暂时性限制,或对公民、法人、其他组织的财物实施暂时性控制的行为。

2. 特点

(1)制止性和预防性。

行政强制措施的目的在于制止正在发生的违法行为或者避免不好的结果发生。

(2)暂时性。

行政强制措施是对人身或者财产的暂时性控制,一旦其目的实现,则一般应当解除,而非一直延续下去。行政强制措施一般不是对行政相对人法律责任(权利义务)的最终安排。

(3)非惩罚性。

行政强制措施是对正在发生的违法行为进行的控制或者是对尚未发生的危险后果进行的预防,本身不具有惩罚性。

3. 种类

《中华人民共和国行政强制法》列举了行政强制措施的种类。

(1)限制公民人身自由:行政机关为了制止违法或避免危害发生,对公民人身自由实施暂时性限制。

(2)查封场所、设施或者财物:行政机关对行政相对人的场所、设施或者财物进行就地封存,不准转移和处理的措施(外在表现形式为贴封条)。

(3)扣押财物:行政机关将行政相对人的财物转移至别的场所加以扣留,不准其占有、使用和处分的措施。

(4)冻结存款、汇款:行政机关限制行政相对人的金融资产流动的措施。

(5)其他行政强制措施。

4. 实施程序

(1)一般规定。

行政强制措施的一般规定为:报请行政机关负责人批准—两人以上行政执法人员实施并出示执法身份证件—通知当事人到场—当场告知当事人采取行政强制措施的理由、依据以及当事人依法享有的权利、救济途径—听取陈述和申辩—制作现场笔录—各方签名或盖章。

(2)特殊规定。

紧急情况下当场实施行政强制措施的特殊规定,批准程序从事前变为事后。情况紧急,需要对财产当场实施行政强制措施的,可不经事先批准当场就实施行政强制措施,行政执法人员应当在二十四小时内向行政机关负责人报告并补办批准手续。行政机关负责人认为不应当采取行政强制措施的,应当立即解除。情况紧急,需要对当事人当场实施行政强制措施的,可不经事先批准当场就实施限制人身自由的行政强制措施,当场告知或实施强制措施后立即通知当事人家属实施强制措施的行政机关、地点和期限;在返回行政机关后,立即向行政机关负责人报告并补办批准手续。

(二)行政强制执行

1. 概念

行政强制执行是指行政机关或者行政机关申请人民法院,对不履行行政决定的公民、法人或其他组织,依法强制履行义务的行为。

2. 特点

(1)依附性。

当事人不履行基础决定所确定的权利义务安排,才有必要实施行政强制执行。因此,行政强制执行必须依附于基础决定而存在。换句话说,行政强制执行,是对已作出的行政决定的执行。

(2)目的性。

行政强制执行的目的是实现基础决定所确定的权利义务安排。一般来说,基础决定的权利义务不获实现,行政强制执行则不罢休。这与行政强制措施的暂时性有根本差异。

3. 种类

(1)直接强制执行。

直接强制执行是行政机关动用国家强制力直接实现基础决定所设定权利义务安排的行为,如划拨、拍卖等。

(2)间接强制执行。

间接强制执行是指行政机关通过间接手段迫使义务人履行其应当履行的法定义务或者达到与履行义务相同状态的措施。间接强制执行包括执行罚与代履行。执行罚是指对不履行义务的当事人按日加处一定的新的金钱给付义务,以迫使其尽快履行义务的措施。代履行是指行政机关自己或委托没有利害关系的第三人代替义务人履行排除妨碍、恢复原状等义务,并在履行后向义务人收取合理成本费用的强制执行方式。

4. 实施程序

行政机关的强制执行,一般按照如下程序展开。

(1)启动。

行政机关作出行政决定后,当事人在履行期限内不履行义务的,具有行政强制执行权的行政机关可以启动实施行政强制执行。

(2)书面催告。

行政机关作出行政强制执行决定之前,应当事先书面催告当事人履行义务。催告应载明履行义务的期限、方式,以及当事人的陈述、申辩权利。如果涉及金钱给付的,催告应有明确的金额和给付方式。

(3)听取陈述和申辩。

当事人收到催告书后可以进行陈述和申辩,行政机关应当充分听取当事人意见并进行记录、复核。当事人提出的事实、理由、证据成立的,行政机关应当采纳。

(4)作出书面强制执行决定书并送达。

经催告当事人逾期无正当理由仍不履行的,行政机关可以作出行政强制执行决定书。行政强制执行决定应当以书面形式作出,载明当事人的姓名(名称)、地址,强制执行的理由和依据,方式和时间,复议、诉讼的途径和期限,行政机关的名称、印章和日期。行政机关根据执行内容、标的等不同,分别采取不同的强制执行方式,并遵守不同的程序规定。

二、行政复议

(一)概念

行政复议是指行政相对人认为行政机关的行政行为侵犯其合法权益,依法向行政复议机关提出复查具体行政行为的申请,行政复议机关依照法定程序对被申请的具体行政行为进行合法、适当性审查,并作出行政复议决定的法律制度。

(二)受案范围

公民、法人或者其他组织认为行政机关的行政行为侵犯其合法权益,可以向行政复议机关提出行政复议申请。因此,只有对行政行为不服的,才属于行政复议的受案范围。

对下列具体行政行为不服的,可以申请行政复议:行政许可,行政处罚,行政强制措施,行政强制执行,部分行政确认,行政征收及其补偿决定,行政征用及其补偿决定,不履行法定职责,行政裁决,行政给付,行政命令,政府信息公开工作。

(三)参加人

1. 行政复议申请人

申请行政复议的公民、法人或者其他组织是申请人。有权申请行政复议的公民死亡的,其近亲属可以申请行政复议。有权申请行政复议的法人或者其他组织终止的,其权利义务承受人可以申请行政复议。有权申请行政复议的公民为无民事行为能力人或者限制民事行为能力人的,其法定代理人可以代为申请行政复议。

2. 行政复议代表人

同一行政复议案件申请人人数众多的,可以由申请人推选代表人参加行政复议。代表人参加行政复议的行为对其所代表的申请人发生效力,但是代表人变更行政复议请求、撤回行政复议申请、承认第三人请求的,应当经被代表的申请人同意。

3. 行政复议第三人

申请人以外的同被申请行政复议的行政行为或者行政复议案件处理结果有利害关系的公民、法人或者其他组织,可以作为第三人申请参加行政复议,或者由行政复议机构通知其作为第三人参加行政复议。第三人不参加行政复议,不影响行政复议案件的审理。

4. 行政复议代理人

申请人、第三人可以委托一至二名律师、基层法律服务工作者或者其他代理人代为参加行政复议。申请人、第三人委托代理人的,应当向行政复议机构提交授权委托书、委托人及被委托人的身份证明文件。授权委托书应当载明委托事项、权限和期限。申请人、第三人变更或者解除代理人权限的,应当书面告知行政复议机构。

5. 行政复议被申请人

公民、法人或者其他组织对行政行为不服申请行政复议的,作出行政行为的行政机关或者法律、法规、规章授权的组织是被申请人。两个以上行政机关以共同的名义作出同一行政行为的,共同作出行政行为的行政机关是被申请人。行政机关委托的组织作出行政行为的,委托的行政机关是被申请人。作出行政行为的行政机关被撤销或者职权变更的,继续行使其职权的行政机关是被申请人。

(四)申请期限及方式

1. 一般申请期限

公民、法人或者其他组织认为行政行为侵犯其合法权益的,可以自知道或者应当知道该行政行为之日起六十日内提出行政复议申请;但是法律规定的申请期限超过六十日的除外。因不可抗力或者其他正当理由耽误法定申请期限的,申请期限自障碍消除之日起继续计算。

行政机关作出行政行为时,未告知公民、法人或者其他组织申请行政复议的权利、行政复议机关和申请期限的,申请期限自公民、法人或者其他组织知道或者应当知道申请行政复议的权利、行政复议机关和申请期限之日起计算,但是自知道或者应当知道行政行为内容之日起最长不得超过一年。

2. 最长申请期限

因不动产提出的行政复议申请自行政行为作出之日起超过二十年,其他行政复议申请自行政行为作出之日起超过五年的,行政复议机关不予受理。

3. 申请方式

申请人申请行政复议,可以书面申请;书面申请有困难的,也可以口头申请。书面申请的,可以通过邮寄或者行政复议机关指定的互联网渠道等方式提交行政复议申请书,也可以当面提交行政复议申请书。行政机关通过互联网渠道送达行政行为决定书的,应当同时提供提交行政复议申请书的互联网渠道。口头申请的,行政复议机关应当当场记录申请人的基本情况、行政复议请求、申请行政复议的主要事实、理由和时间。申请人对两个以上行政行为不服的,应当分别申请行政复议。

(五)管辖

1. 人民政府管辖

县级以上地方各级人民政府管辖下列行政复议案件:对本级人民政府工作部门作出的行政行为不服的;对下一级人民政府作出的行政行为不服的;对本级人民政府依法设立的派出机关作出的行政行为不服的;对本级人民政府或者其工作部门管理的法律、法规、规章授权的组织作出的行政行为不服的。

省、自治区、直辖市人民政府同时管辖对本机关作出的行政行为不服的行政复议案件。省、自治区人民政府依法设立的派出机关参照设区的市级人民政府的职责权限,管辖相关行政复议案件。对县级以上地方各级人民政府工作部门依法设立的派出机构依照法律、法规、规章规定,以派出机构的名义作出的行政行为不服的行政复议案件,由本级人民政府管辖;其中,对直辖市、设区的市人民政府工作部门按照行政区划设立的派出机构作出的行政行为不服的,也可以由其所在地的人民政府管辖。

2. 国务院部门管辖

国务院部门管辖下列行政复议案件:对本部门作出的行政行为不服的;对本部门依法设立的派出机构依照法律、行政法规、部门规章规定,以派出机构的名义作出的行政行为不服的;对本部门管理的法律、行政法规、部门规章授权的组织作出的行政行为不服的。

对海关、金融、外汇管理等实行垂直领导的行政机关、税务和国家安全机关的行政行为不服的,向上一级主管部门申请行政复议。对履行行政复议机构职责的地方人民政府司法行政部门的行政行为不服的,可以向本级人民政府申请行政复议,也可以向上一级司法行政部门申请行政复议。

(六)审理

1. 举证责任分配

被申请人对其作出的行政行为的合法性、适当性负有举证责任。有下列情形之一的,申请人应当提供证据:认为被申请人不履行法定职责的,提供曾经要求被申请人履行法定职责的证据,但是被申请人应当依职权主动履行法定职责或者申请人因正当理由不能提供的除外;提出行政赔偿请求的,提供受行政行为侵害而造成损害的证据,但是因被申请人原因导致申请人无法举证的,由被申请人承担举证责任;法律、法规规定需要申请人提供证据的其他情形。

2. 决定期限

行政复议机关应当自受理申请之日起六十日内作出行政复议决定;但是法律规定的行政复议期限少于六十日的除外。情况复杂,不能在规定期限内作出行政复议决定的,经行政复议机构的负责人批准,可以适当延长,并书面告知申请人和被申请人,但延长期限最多不超过三十日。

(七)结案

1. 不作出行政复议决定的结案

(1)和解结案。

当事人对裁量行政行为不服申请行政复议,申请人与被申请人在复议决定作出前自愿达成和解的,应当向复议机构提交书面和解协议;和解内容不损害社会公共利益和他人合法权益的,复议机构应当准许。

(2)调解结案。

裁量行政行为案件、行政赔偿案件、行政补偿案件,复议机关可以按照自愿、合法的原则进行调解。当事人经调解达成协议的,复议机关应当制作行政复议调解书,载明行政复议请求、事实、理由和调解结果,并加盖行政复议机关印章。行政复议调解书经双方当事人签字,即具有法律效力。调解未达成协议或调解书生效前一方反悔的,复议机关应当及时作出行政复议决定。

2. 作出行政复议决定的结案

(1)被申请人获胜的行政复议决定。

被申请人在行政复议中获胜,即被申请的行政行为认定事实清楚,证据确凿,适用依据正确,程序合法,内容适当的,复议机关应当决定维持该具体行政行为。特殊情形下,被申请人在行政复议中获胜,不能作出维持决定,而应当决定驳回申请人的复议申请。

(2)申请人获胜的行政复议决定。

申请人针对作为申请复议而获胜的,原则上通用撤销、变更、确认违法的复议决定。被申请行政行为有下列情形之一的,复议机关应当决定撤销、变更或确认该行政行为违法:主要事实不清、证据不足的;适用的依据不合法的;违反法定程序的;超越职权或者滥用职权的;行政行为明显不当的。

一般情况下,对于违法或不当的行政行为,撤销决定、变更决定、确认违法决定三者可以通用,但下列两种情况除外:只有一般合理性问题的行为,可以撤销或变更,但不能确认违法;只有程序违法的行为,可以撤销或确认违法,但不得变更。

申请人针对不作为申请复议而获胜的,复议机关应当作出履行决定,责令被申请人在一定期限内履行职责;不作为已经造成不可挽回的损失,履行职责失去现实意义的,复议机关应当确认不作为违法。

三、行政诉讼

(一)概念

行政诉讼,是指人民法院应当事人的请求,通过审查具体行政行为合法性的方式,解决特定范围内行政争议的活动,是公民、法人或其他组织依法请求人民法院对行政机关具体行政行为的合法性进行审查并依法裁判的法律制度。

(二)受案范围

1.予以受理的行政案件

《中华人民共和国行政诉讼法》规定,人民法院受理公民、法人或者其他组织提起的下列诉讼:对行政拘留、暂扣或者吊销许可证和执照、责令停产停业、没收违法所得、没收非法财物、罚款、警告等行政处罚不服的;对限制人身自由或者对财产的查封、扣押、冻结等行政强制措施和行政强制执行不服的;申请行政许可,行政机关拒绝或者在法定期限内不予答复,或者对行政机关作出的有关行政许可的其他决定不服的;对行政机关作出的关于确认土地、矿藏、水流、森林、山岭、草原、荒地、滩涂、海域等自然资源的所有权或者使用权的决定不服的;对征收、征用决定及其补偿决定不服的;申请行政机关履行保护人身权、财产权等合法权益的法定职责,行政机关拒绝履行或者不予答复的;认为行政机关侵犯其经营自主权或者农村土地承包经营权、农村土地经营权的;认为行政机关滥用行政权力排除或者限制竞争的;认为行政机关违法集资、摊派费用或者违法要求履行其他义务的;认为行政机关没有依法支付抚恤金、最低生活保障待遇或者社会保险待遇的;认为行政机关不依法履行、未按照约定履行或者违法变更、解除政府特许经营协议、土地房屋征收补偿协议等协议的;认为行政机关侵犯其他人身权、财产权等合法权益的。

2.不予受理的行政案件

人民法院不受理公民、法人或者其他组织对下列事项提起的诉讼:国防、外交等国家行为;行政法规、规章或者行政机关制定、发布的具有普遍约束力的决定、命令;行政机关对行政机关工作人员的奖惩、任免等决定;法律规定由行政机关最终裁决的行政行为。

(三)管辖

1. 级别管辖

级别管辖解决的是不同级别的人民法院之间在审理第一审行政诉讼案件时的权限分工。基层人民法院管辖第一审行政案件。中级人民法院管辖的第一审行政案件:对国务院部门或者县级以上地方人民政府所作的行政行为提起诉讼的案件;海关处理的案件;本辖区内重大、复杂的案件;其他法律规定由中级人民法院管辖的案件。高级人民法院管辖本辖区内重大、复杂的第一审行政案件。最高人民法院管辖全国范围内重大、复杂的第一审行政案件。

2. 地域管辖

(1)一般地域管辖。

在行政诉讼中按照最初作出具体行政行为的行政机关所在地划分案件管辖称作一般地域管辖,有时也称普遍地域管辖。行政案件由最初作出具体行政行为的行政机关所在地人民法院管辖。经复议的案件,复议机关改变原具体行政行为的,也可以由复议机关所在地人民法院管辖。

(2)特殊地域管辖。

行政诉讼的特殊地域管辖,是指法律针对特别案件所列举规定的特别管辖。

不管是复议维持案件,还是复议改变案件,都可以由最初作出行政行为的机关所在地人民法院或者复议机关所在地人民法院管辖。也就是说,经复议的案件,有权管辖的人民法院包括最初作出行政行为的机关所在地人民法院,也包括复议机关所在地人民法院,原告可以选择任一人民法院起诉。因不动产提起的行政诉讼,由不动产所在地人民法院专属管辖。对限制人身自由的行政强制措施不服提起的诉讼,被采取限制人身自由强制措施的对象起诉的,由被告所在地人民法院或者原告所在地人民法院管辖,对此原告可以进行选择。

(四)第一审程序

1. 起诉条件

根据《中华人民共和国行政诉讼法》第四十九条的规定,提起诉讼应当符合如下条件:原告是行政行为的相对人以及其他与行政行为有利害关系的公民、法人或者其他组织;有明确的被告;有具体的诉讼请求和事实根据;属于人民法院受案范围和受诉人民法院管辖。原告的起诉不符合起诉条件的,人民法院裁定不予立案;已经立案的,裁定驳回起诉。

2. 起诉期限

(1)起诉行政行为(作为)的案件。

如果行政机关作出了一个行政行为,当事人不服提起诉讼,起诉期限一般为六个月。这六个月的起诉期限分为三个起算点:①行政机关既告知行政相对人行政行为内容,又告知其享有起诉权利和期限的,知道行政行为作出之日起六个月内,法律另有规定的除外。②当事人既不知道行政行为内容,也不知道起诉权利和期限的,自其实际知道或应当知道行政行为内容之日起六个月内;但自行政行为作出之日起不超过五年,涉及不动产不超过二十年。③行政机关告知了行政相对人行政行为的内容,但是没有告知其起诉的权利和期限的,从知道或应当知道起诉期限之日起六个月内,但从知道或者应当知道行政行为内容之日起最长不得超过一年。

(2)起诉行政不作为的案件。

行政不作为案件,即行政主体不履行其法定职责,造成当事人合法权益的损害,因而提起的行政诉讼。起诉行政不作为案件,其起诉期限的计算与起诉行政行为(作为)的案件有所不同,包括三种具体情况:①如果法律、法规、规章或其他行政规范性文件规定了行政机关履行职责的期限,则从该期限届满之日起六个月内,当事人可以起诉。②如果上述文件没有规定行政机关履行职责的期限,则行政机关在接到申请之日起两个月内仍不履行职责的,当事人可以起诉,期限为六个月。③当事人在紧急情况下请求行政机关履行职责,行政机关不履行的,可以立即起诉。

经复议后再起诉的案件当事人对于行政争议,经行政复议之后仍然不服复议决定的,其提起行政诉讼的期限,分为以下两种情况:①复议机关作出复议决定的,当事人可以在收到复议决定书之日起十五日内起诉;②复议机关逾期不作出决定的,当事人可以在复议期满之日起十五日内起诉。

3. 庭审程序

庭审程序包括开庭准备、开庭审理、法庭调查、法庭辩论、合议庭评议、宣读判决等环节。对于合议庭人员的回避,院长担任审判长时的回避,由审判委员会决定;审判人员的回避,由院长决定;其他人员的回避,由审判长决定。

4. 判决

人民法院经过审理,作出的判决有如下几种情形:具体行政行为证据确凿,适用法律、法规正确,符合法定程序的,判决维持;具体行政行为有主要证据不足的,适用法律、法规错误的,违反法定程序的,超越职权的,滥用职权的等情形之一的,判决撤销或者部分撤销,并可以判决被告重新作出具体行政行为;被告不履行或者拖延履行法定职责的,判决其在一定期限内履行;行政处罚显失公正的,可以判决变更。

(五)第二审程序

1. 上诉

当事人不服人民法院第一审判决的,有权在判决书送达之日起十五日内向上一级人民法院提起上诉。当事人不服人民法院第一审裁定的,有权在裁定书送达之日起十日内向上一级人民法院提起上诉。逾期不提起上诉的,人民法院的第一审判决或者裁定发生法律效力。

2. 审理方式

人民法院对上诉案件,应当组成合议庭,开庭审理。经过阅卷、调查和询问当事人,对没有提出新的事实、证据或者理由,合议庭认为不需要开庭审理的,也可以不开庭审理。

3. 审理期限

人民法院审理上诉案件,应当在收到上诉状之日起三个月内作出终审判决。有特殊情况需要延长的,由高级人民法院批准,高级人民法院审理上诉案件需要延长的,由最高人民法院批准。

4. 裁判

人民法院审理上诉案件,按照下列情形,分别处理:原判决、裁定认定事实清楚,适用法律、法规正确的,判决或者裁定驳回上诉,维持原判决、裁定;原判决、裁定认定事实错误或者适用法律、法规错误的,依法改判、撤销或者变更;原判决认定基本事实不清、证据不足的,发回原审人民法院重审,或者查清事实后改判;原判决遗漏当事人或者违法缺席判决等严重违反法定程序的,裁定撤销原判决,发回原审人民法院重审。

原审人民法院对发回重审的案件作出判决后,当事人提起上诉的,第二审人民法院不得再次发回重审。人民法院审理上诉案件,需要改变原审判决的,应当同时对被诉行政行为作出判决。

第四节 仲裁解决机制

仲裁是指发生争议的双方当事人,根据其在争议发生前或争议发生后所达成的协议,自愿将该争议提交中立的第三者进行裁判的争议解决制度和方式。

仲裁的范围是有限的,下列纠纷不能仲裁:婚姻、收养、监护、抚养、继承纠纷;依法应当由行政机关处理的行政争议。

一、仲裁相比诉讼程序而言具有的特点

1. 自愿性

当事人采用仲裁方式解决纠纷,应当双方自愿,达成仲裁协议。没有仲裁协议,一方申请仲裁的,仲裁委员会不予受理。在仲裁的整个过程中,许多内容都可以由双方当事人自主确定。例如,双方当事人可以通过签订仲裁协议,自主选择仲裁机构和仲裁员。而诉讼则是国家司法机关依法行使司法权力,对争议进行强制性裁决的一种方式,当事人不能自主选择法官。

2. 专业性

仲裁机构都备有分专业的、由专家组成的仲裁员名册供当事人进行选择。相对法官来说,他们更了解涉及纠纷的专业知识,对公正性有着保障作用。

3. 灵活性

仲裁程序相对简单灵活,当事人可以自主选择仲裁地点、仲裁规则等,满足当事人的个性化需求。而诉讼程序较为严格,受法律法规的严格约束,程序较为固定。

4. 保密性

仲裁程序一般是保密的,除非当事人同意,仲裁庭的裁决和相关文件不对外公开,不允许旁听或采访,所以不会因为仲裁程序导致秘密泄露。而诉讼程序一般是公开的,庭审过程和判决结果均会对外公开。

5. 快捷性

仲裁裁决是一裁终局的,当事人一般无法再次就同一争议再申请仲裁或向人民法院提

起诉讼,审理期限较短,效率较高,使矛盾争端迅速得以解决。而诉讼程序可以通过上诉进行救济,审限长,过程慢。

二、仲裁委员会和仲裁员

1. 仲裁委员会

仲裁委员会可以在直辖市和省、自治区人民政府所在地的市设立,也可以根据需要在其他设区的市设立,不按行政区划层层设立。仲裁委员会由主任一人、副主任二至四人和委员七至十一人组成。仲裁委员会的主任、副主任和委员由法律、经济贸易专家和有实际工作经验的人员担任。仲裁委员会的组成人员中,法律、经济贸易专家不得少于三分之二。

2. 仲裁员

仲裁员应当符合下列条件之一:①通过国家统一法律职业资格考试取得法律职业资格,从事仲裁工作满八年的;②从事律师工作满八年的;③曾任法官满八年的;④从事法律研究、教学工作并具有高级职称的;⑤具有法律知识、从事经济贸易等专业工作并具有高级职称或者具有同等专业水平的。仲裁委员会按照不同专业设仲裁员名册。

三、仲裁协议

仲裁协议,是指双方当事人在自愿、协商、平等互利的基础之上将他们之间已经发生或者可能发生的争议提交仲裁解决的书面文件,是申请仲裁的必备材料。仲裁协议包括合同中订立的仲裁条款和以其他书面方式在纠纷发生前或者纠纷发生后达成的请求仲裁的协议。

1. 仲裁协议的内容

仲裁协议应当包括:请求仲裁的意思表示、仲裁事项、选定的仲裁委员会。

2. 仲裁协议无效的情形

有下列情形之一的,仲裁协议无效:约定的仲裁事项超出法律规定的仲裁范围的;无民事行为能力人或者限制民事行为能力人订立的仲裁协议;一方采取胁迫手段,迫使对方订立仲裁协议的。

3. 仲裁协议的效力

仲裁协议对仲裁事项或者仲裁委员会没有约定或者约定不明确的,当事人可以补充协议;达不成补充协议的,仲裁协议无效。仲裁协议独立存在,合同的变更、解除、终止或者无效,不影响仲裁协议的效力。当事人对仲裁协议的效力有异议的,可以请求仲裁委员会作出决定或者请求人民法院作出裁定。一方请求仲裁委员会作出决定,另一方请求人民法院作出裁定的,由人民法院裁定。当事人对仲裁协议的效力有异议,应当在仲裁庭首次开庭前提出。

四、仲裁程序

1. 申请和受理

(1)申请。

当事人申请仲裁应当符合的条件:有仲裁协议;有具体的仲裁请求和事实、理由;属于仲裁委员会的受理范围。当事人申请仲裁,应当向仲裁委员会递交仲裁协议、仲裁申请书及副本。

仲裁申请书的内容应包括:当事人的姓名、性别、年龄、职业、工作单位和住所,法人或者其他组织的名称、住所和法定代表人或者主要负责人的姓名、职务;仲裁请求和所根据的事实、理由;证据和证据来源、证人姓名和住所。

(2)受理。

仲裁委员会收到仲裁申请书之日起五日内,认为符合受理条件的,应当受理,并通知当事人;认为不符合受理条件的,应当书面通知当事人不予受理,并说明理由。当事人、法定代理人可以委托律师和其他代理人进行仲裁活动。委托律师和其他代理人进行仲裁活动的,应当向仲裁委员会提交授权委托书。

2. 仲裁庭的组成

仲裁庭可以由三名仲裁员或者一名仲裁员组成。由三名仲裁员组成的,设首席仲裁员。当事人约定由三名仲裁员组成仲裁庭的,应当各自选定或者各自委托仲裁委员会主任指定一名仲裁员,第三名仲裁员由当事人共同选定或者共同委托仲裁委员会主任指定。第三名仲裁员是首席仲裁员。当事人约定由一名仲裁员成立仲裁庭的,应当由当事人共同选定或者共同委托仲裁委员会主任指定仲裁员。

仲裁员有下列情形之一的,必须回避,当事人也有权提出回避申请:是本案当事人或者当事人、代理人的近亲属;与本案有利害关系;与本案当事人、代理人有其他关系,可能影响公正仲裁的;私自会见当事人、代理人,或者接受当事人、代理人的请客送礼的。

仲裁员是否回避,由仲裁委员会主任决定;仲裁委员会主任担任仲裁员时,由仲裁委员会集体决定。

3. 开庭和裁决

(1)开庭。

仲裁应当开庭进行。当事人协议不开庭的,仲裁庭可以根据仲裁申请书、答辩书以及其他材料作出裁决。仲裁不公开进行。当事人协议公开的,可以公开进行,但涉及国家秘密的除外。

仲裁委员会应当在仲裁规则规定的期限内将开庭日期通知双方当事人。当事人有正当理由的,可以在仲裁规则规定的期限内请求延期开庭。是否延期,由仲裁庭决定。

申请人经书面通知,无正当理由不到庭或者未经仲裁庭许可中途退庭的,可以视为撤回仲裁申请。被申请人经书面通知,无正当理由不到庭或者未经仲裁庭许可中途退庭的,可以缺席裁决。

(2)裁决。

裁决应当按照多数仲裁员的意见作出,少数仲裁员的不同意见可以记入笔录。仲裁庭不能形成多数意见时,裁决应当按照首席仲裁员的意见作出。

裁决书应当写明仲裁请求、争议事实、裁决理由、裁决结果、仲裁费用的负担和裁决日期。当事人协议不愿写明争议事实和裁决理由的,可以不写。裁决书由仲裁员签名,加盖仲裁委员会印章。对裁决持不同意见的仲裁员,可以签名,也可以不签名。裁决书自作出之日起发生法律效力。

4. 申请撤销裁决

当事人提出证据证明裁决有下列情形之一的,可以向仲裁委员会所在地的中级人民法院申请撤销裁决:没有仲裁协议的;裁决的事项不属于仲裁协议的范围或者仲裁委员会无权仲裁的;仲裁庭的组成或者仲裁的程序违反法定程序的;裁决所根据的证据是伪造的;对方当事人隐瞒了足以影响公正裁决的证据的;仲裁员在仲裁该案时有索贿受贿,徇私舞弊,枉法裁决行为的。

当事人申请撤销裁决的,应当自收到裁决书之日起六个月内提出。人民法院应当在受理撤销裁决申请之日起两个月内作出撤销裁决或者驳回申请的裁定。

5. 仲裁裁决的执行

当事人应当履行裁决。一方当事人不履行的,另一方当事人可以依照民事诉讼法的有关规定向人民法院申请执行。受申请的人民法院应当执行。一方当事人申请执行裁决,另一方当事人申请撤销裁决的,人民法院应当裁定中止执行。人民法院裁定撤销裁决的,应当裁定终结执行。撤销裁决的申请被裁定驳回的,人民法院应当裁定恢复执行。

第五节 民事诉讼解决机制

一、民事诉讼的概念和原则

(一)民事诉讼的概念

民事诉讼是指人民法院在当事人和其他诉讼参与人的参与下,按照法律规定的程序,审理和解决民事案件的诉讼活动以及在活动中产生的各种法律关系的总和。民事诉讼实质上是利用国家审判权解决平等主体之间的人身、财产权利义务纠纷。

(二)民事诉讼的原则

民事诉讼的原则包括当事人诉讼权利平等原则、辩论原则、诚信原则、处分原则、支持起诉原则等。

1. 当事人诉讼权利平等原则

《中华人民共和国民事诉讼法》第八条规定:"民事诉讼当事人有平等的诉讼权利。人民法院审理民事案件,应当保障和便利当事人行使诉讼权利,对当事人在适用法律上一律平等。"这是当事人诉讼权利平等原则的法律依据。

法律上之所以确立这一原则,是因为当事人的诉讼权利是保护当事人实体权利的手段,实体权利是诉讼权利保护的对象。我国法律规定,民事主体之间的实体权利平等。实体权利平等是诉讼权利平等的前提和基础,没有实体权利的平等,就无所谓诉讼权利的平等,而诉讼权利平等又是实体权利平等的保障,没有诉讼权利平等,实体权利平等就无法真正地彻底实现。因此,当事人诉讼权利平等这一原则建立在当事人实体权利平等的基础之上。

2. 辩论原则

《中华人民共和国民事诉讼法》第十二条规定:"人民法院审理民事案件时,当事人有权进行辩论。"这一规定是辩论原则的法律依据。

辩论原则,是指在人民法院的主持下,当事人有权就案件事实和争议的问题,各自陈述自己的主张和根据,互相进行反驳和答辩。当事人通过辩论证明案件事实,人民法院通过辩论查明案件事实,人民法院在诉讼中应当充分保障当事人辩论权的行使。

辩论原则以宪法赋予公民的广泛的民主权利为基础,以民事诉讼双方当事人在诉讼中享有平等的诉讼地位为前提。

3. 诚信原则

《中华人民共和国民事诉讼法》第十三条第一款规定:"民事诉讼应当遵循诚信原则。"

诚信原则是指人民法院、当事人及其他诉讼参与人在审理民事案件和进行民事诉讼活动时,应当公正、善意、诚实、严守诚信。

4. 处分原则

《中华人民共和国民事诉讼法》第十三条第二款规定:"当事人有权在法律规定的范围内处分自己的民事权利和诉讼权利。"这一规定是处分原则确立的法律依据。

所谓处分原则,是指当事人在诉讼过程中有权对自己的实体权利和诉讼权利依法予以支配,即决定是否行使或如何行使自己的实体权利和诉讼权利。

处分原则的确立,以当事人有权对自己的民事权益进行处分为基础。当事人在民事诉讼中享有处分权,有权支配自己的实体权利和诉讼权利,贯穿于诉讼全过程。处分原则是受法律限制的,即我国的处分原则是依法处分,当事人处分自己的实体权利和诉讼权利,应当在法律允许的范围内进行,遵循民事诉讼诚信原则,不得损害国家、社会、集体的利益,也不得损害其他公民的合法权益。

5. 支持起诉原则

《中华人民共和国民事诉讼法》第十五条规定:"机关、社会团体、企业事业单位对损害国家、集体或者个人民事权益的行为,可以支持受损害的单位或者个人向人民法院起诉。"这是法律上关于支持起诉原则的规定。

支持起诉原则,是指在受害人不敢或不能起诉时,机关、团体、企业事业单位可以支持受害人向人民法院提起诉讼。这项原则的确立,目的在于通过利用社会力量,扶助弱小,扶正祛邪,以弘扬社会主义法治精神。

二、起诉条件

当事人向人民法院提起诉讼,应当符合法律规定的起诉条件。根据《中华人民共和国民事诉讼法》,起诉必须符合下列条件:①原告是与本案有直接利害关系的公民、法人和其他组织;②有明确的被告;③有具体的诉讼请求和事实、理由;④属于人民法院受理民事诉讼的范围和受诉人民法院管辖。

三、诉讼参加人

诉讼参加人是指因权利和义务发生争议,以自己的名义进行诉讼,并受法律判决约束的公民、法人或其他组织,诉讼参加人包括原告与被告、共同诉讼人、第三人、诉讼代理人。

(一)原告与被告

原告是与本案有直接利害关系的公民、法人和其他组织,意指原告必须是民事权益受到侵害或者与他人发生争议的公民、法人和其他组织。民事权益未受侵害,也未与他人发生争议的公民、法人和其他组织,不是民事诉讼的原告。建设工程施工合同纠纷的原告,应当是建设工程施工合同的一方当事人,因合同相对方不履行或未完全履行建设工程施工合同而提起诉讼。被告或者是建设工程施工合同的相对方,或者与建设工程施工合同存在密切关系。

(二)共同诉讼人

从当事人的构成形式上看,有的诉讼是一对一的诉讼,即原告和被告各有一名。而有的诉讼则不然,其中一方当事人或双方当事人为二人以上,这样的诉讼就称为共同诉讼。原告为二人以上的称为共同原告,被告为二人以上的称为共同被告。

共同诉讼的形成主要基于两种情况:一种是某些实体法律关系的主体为二人以上,如共同所有人等,那么一旦发生争议,将该实体法律关系纳入诉讼轨道成为诉讼标的,这些共同权利人或义务人就自然成为共同诉讼人。另一种情况是虽然主体间并无共同的权利义务,但他们的纠纷属于同种类型,出于诉讼经济和诉讼效益的考虑,而将他们的诉讼合并审理,形成共同诉讼。

(三)第三人

民事诉讼的第三人,是指对当事人争议的诉讼标的具有独立的请求权,或者虽无独立请求权,但案件处理结果同他有法律上的利害关系,因而参加到他人已开始的诉讼中去的人。第三人分为有独立请求权的第三人和无独立请求权的第三人。对当事人双方的诉讼标的有独立请求权的,为有独立请求权的第三人;对当事人双方的诉讼标的无独立请求权的,但案件处理结果同他有法律上的利害关系的,为无独立请求权第三人。建设工程施工合同中,根据以下情形确定需要参加诉讼的第三人。

(1)实际施工人以发包人为被告主张权利,而未将转包人或违法分包人列为被告的,转包人或违法分包人应当作为第三人参加诉讼。

(2)实际施工人以发包人为被告提起代位权诉讼的,可将转包人或违法分包人列为第三人。

(四)诉讼代理人

无诉讼行为能力人由他的监护人作为法定代理人代为诉讼。法定代理人之间互相推诿代理责任的,由人民法院指定其中一人代为诉讼。当事人、法定代理人可以委托一至二人作为诉讼代理人。

四、诉讼程序

(一)管辖

1.级别管辖

我国人民法院分为四级:基层人民法院、中级人民法院、高级人民法院和最高人民法院,级别管辖是划分四级人民法院之间受理第一审民事案件的分工和权限。

(1) 基层人民法院管辖。

基层人民法院管辖第一审民事案件,但《中华人民共和国民事诉讼法》另有规定的除外。

(2) 中级人民法院管辖。

中级人民法院管辖下列第一审民事案件:重大涉外案件;在本辖区有重大影响的案件;最高人民法院确定由中级人民法院管辖的案件(海事海商案件、公益诉讼案件、专利纠纷案件、大部分与仲裁相关的案件)。

(3) 高级人民法院管辖。

高级人民法院管辖在本辖区有重大影响的第一审民事案件。

(4) 最高人民法院管辖。

最高人民法院管辖下列第一审民事案件:在全国有重大影响的案件;认为应当由本院审理的案件。

2. 地域管辖

(1) 一般地域管辖。

一般地域管辖指根据人民法院辖区与当事人所在地之间的隶属关系来确定的管辖。原则上由被告所在地人民法院管辖,即"原告就被告"。具体有如下规定。

①对公民提起的民事诉讼,由被告住所地人民法院管辖;被告住所地与经常居住地不一致的,由经常居住地人民法院管辖。

②对法人或者其他组织提起的民事诉讼,由被告住所地人民法院管辖。

③同一诉讼的几个被告住所地、经常居住地在两个以上人民法院辖区的,各该人民法院都有管辖权。

④双方当事人都被监禁或者被采取强制性教育措施的,由被告原住所地人民法院管辖。被告被监禁或者被采取强制性教育措施一年以上的,由被告被监禁地或者被采取强制性教育措施地人民法院管辖。

但是下列民事诉讼,由原告住所地人民法院管辖;原告住所地与经常居住地不一致的,由原告经常居住地人民法院管辖,即"被告就原告"。具体有如下规定。

①对不在中华人民共和国领域内居住的人提起的有关身份关系的诉讼。

②对下落不明或者宣告失踪的人提起的有关身份关系的诉讼。

③对被采取强制性教育措施的人提起的诉讼。

④对被监禁的人提起的诉讼。

⑤被告一方被注销户籍的。

(2) 特殊地域管辖。

特殊地域管辖是指以引起法律关系发生、变更、消灭的法律事实所在地与人民法院辖区之间的关系为标准而确定的管辖。具体包括侵权纠纷、合同纠纷、公司诉讼、共同海损、海难救助等。

①侵权纠纷的管辖。

因侵权行为提起的诉讼,由侵权行为地或者被告住所地人民法院管辖。

信息网络侵权行为实施地包括实施被诉侵权行为的计算机等信息设备所在地,侵权结果发生地包括被侵权人住所地。

因产品、服务质量不合格造成他人财产、人身损害提起的诉讼,产品制造地、产品销售地、服务提供地、侵权行为地和被告住所地人民法院都有管辖权。

②合同纠纷的管辖。

因合同纠纷提起的诉讼,由被告住所地或者合同履行地人民法院管辖。

合同约定履行地点的,以约定的履行地点为合同履行地。

合同对履行地点没有约定或者约定不明确,争议标的为给付货币的,接收货币一方所在地为合同履行地;交付不动产的,不动产所在地为合同履行地;其他标的,履行义务一方所在地为合同履行地;财产租赁合同、融资租赁合同以租赁物使用地为合同履行地;以信息网络方式订立的买卖合同,通过信息网络交付标的的,以买受人住所地为合同履行地;通过其他方式交付标的的,收货地为合同履行地。

合同没有实际履行,当事人双方住所地都不在合同约定的履行地的,由被告住所地人民法院管辖。

③其他特殊地域管辖。

公司诉讼由公司住所地人民法院管辖。公司诉讼包括股东名册记载、请求变更公司登记、股东知情权、公司决议、公司合并、公司分立、公司减资、公司增资等纠纷提起的诉讼。

因财产保险合同纠纷提起的诉讼,如果保险标的物是运输工具或者运输中的货物,可以由运输工具登记注册地、运输目的地、保险事故发生地人民法院管辖。因人身保险合同纠纷提起的诉讼,可以由被保险人住所地人民法院管辖。

因票据纠纷提起的诉讼,由票据支付地或者被告住所地人民法院管辖。

因铁路、公路、水上、航空运输和联合运输合同纠纷提起的诉讼,由运输始发地、目的地或者被告住所地人民法院管辖。

因铁路、公路、水上和航空事故请求损害赔偿提起的诉讼,由事故发生地或者车辆、船舶最先到达地、航空器最先降落地或者被告住所地人民法院管辖。

因共同海损提起的诉讼,由船舶最先到达地、共同海损理算地或者航程终止地的人民法院管辖。

因海难救助费用提起的诉讼,由救助地或者被救助船舶最先到达地人民法院管辖。

(3)专属管辖。

因不动产纠纷提起的诉讼,由不动产所在地人民法院管辖。不动产纠纷是指因不动产的权利确认、分割、相邻关系等引起的物权纠纷。农村土地承包经营合同纠纷、房屋租赁合同纠纷、建设工程施工合同纠纷、政策性房屋买卖合同纠纷,按照不动产纠纷确定管辖。不动产已登记的,以不动产登记簿记载的所在地为不动产所在地;不动产未登记的,以不动产实际所在地为不动产所在地。

(4)协议管辖。

合同或者其他财产权益纠纷的当事人可以书面协议选择被告住所地、合同履行地、合同签订地、原告住所地、标的物所在地等与争议有实际联系的地点的人民法院管辖,但不得违反级别管辖和专属管辖的规定。管辖协议约定两个以上与争议有实际联系的地点的人民法院管辖,原告可以向其中一个人民法院起诉。

(5)移送管辖和管辖权转移。

移送管辖是指人民法院立案后,当事人在答辩期间届满后未应诉答辩,人民法院在一审开庭前,发现案件不属于本院管辖的,应当移送有管辖权的人民法院。移送管辖只能移送一次,受移送人民法院认为自己也没有管辖权的,不得将案件再行移送,也不得将案件退回移送人民法院,只能报请上级人民法院指定管辖。

管辖权转移是指根据上级人民法院的决定或同意,将案件管辖权在上下级人民法院之间进行转移,其实质是对级别管辖的一种变通和个别调整。

(二)收集涉诉证据

证据既是当事人证明自己主张的凭据,也是法官认定案件事实的根据。它是诉讼的核心问题,它在诉讼中的作用是决定性的,可以说全部诉讼活动实际上都是围绕证据的收集和运用进行的。我国民事诉讼法律规定,当事人对自己提出的诉讼请求所依据的事实或者反驳对方诉讼请求所依据的事实,应当提供证据加以证明,即法律规定当事人对自己的主张负有法律上的举证责任。故当事人只有收集并向人民法院提供充分的证据来证明自己的主张,才能使自己的诉讼请求得到人民法院的支持,否则,则会面临败诉的风险或结果。建设工程合同纠纷往往存在大量的证据,因此,收集、筛选和向人民法院提交涉诉证据就显得尤为重要。一般来说,建设工程合同纠纷通常要准备和向人民法院提交以下证据:

(1)建设工程合同、补充协议、中标文件及材料、修改合同的设计变更文件、洽商记录、会议纪要及资料、图表、备忘录、工程签证单;

(2)建筑规划、用地、施工等许可证,资质证书、营业执照、法人执照等证明其合法主体资格的有关证据;

(3)工程预算、决算书;

(4)拨付、收取工程款凭证、结算凭证;

(5)施工图纸;

(6)施工记录;

(7)发包方供应材料和设备的证明;

(8)承包方采购材料和设备的证明;

(9)开工报告、竣工报告、竣工验收手续;

(10)有关部门的质检报告、审价、审计和鉴定意见;

(11)国家机关的有关文件;

(12)电子数据等其他证据。

对上述所列证据,当事人可根据个案的不同情况,对证据进行筛选后有目的地进行提交。筛选证据时,可考虑以下几个方面:证据须对自己有利;证据能足以支持自己的诉讼请求,具有充分关联性;证据证明内容具体明确,具有完整性;证据相互之间无冲突,具有一致性;尽量提交经双方认可、证明力大、具有说服效果的证据;如证据数量较多,可通过证据目录形式对证据所需证明的内容予以罗列,方便法官有序审查和自己轻松举证。

(三)提出诉前保全

这里所述的诉前保全主要是指诉讼前的财产保全,即利害关系人因情况紧急,不立即申请财产保全将会使其合法权益受到难以弥补的损害的,可以在起诉前向人民法院申请采取财产保全措施。建设工程合同纠纷当事人在诉讼前为制止或预防他方当事人的恶意行为或其他原因造成该方当事人财产的减损或争议标的物的灭失,避免自己合法权益受到难以弥补的损害及日后生效裁判文书不能执行或难以执行情况的发生,向人民法院申请对该方当事人的财产或争议的标的物采取诉前保全强制措施是十分必要的。

需要注意的是,申请诉前保全,必须提供担保,如不提供担保的,人民法院将会驳回申请。同时,申请人在人民法院采取保全措施后三十日内应当就纠纷提起诉讼或申请仲裁,如逾期不起诉或不申请的,人民法院将解除财产保全。另外,申请保全的财产限于请求的范围,或者与纠纷有关的财物。如申请有错误的,申请人应当赔偿被申请人因保全所遭受的损失。

(四)第一审程序

建设工程纠纷案件总体上是一类较为疑难、复杂的案件,涉及主体多、证据材料繁多、标的数额大、事实查明难、法律关系复杂。人民法院在开庭审理前,往往要做很多的庭前准备工作。第一审程序通常包括证据交换、庭前会议、开庭审理。

1. 证据交换

证据交换是对证据较多或疑难、复杂案件适用举证时限的特殊制度,指在人民法院的组织下,双方当事人在指定的时间和地点将各自持有的证据与对方当事人相互交换。证据交换的目的在于整理证据、固定争议焦点、避免证据突袭,使开庭审理围绕争议焦点进行,保障庭审的顺利开展。对于证据不多或案情简单,通过指定举证期限能够固定争议焦点和证据的案件,不必采用证据交换的方式;对于证据较多或疑难、复杂的案件,仅通过举证期限不易达到整理、固定争议焦点和证据的效果的案件,人民法院应当组织证据交换。

证据交换的时间在答辩期限届满后、开庭审理前。证据交换时间的确定有两种方式:一是双方当事人协商一致,人民法院批准;二是人民法院直接指定。

2. 庭前会议

根据案件具体情况,庭前会议可以包括下列内容:明确原告的诉讼请求和被告的答辩意见;审查处理当事人增加、变更诉讼请求的申请和提出的反诉,以及第三人提出的与本案有关的诉讼请求;根据当事人的申请决定调查收集证据,委托鉴定,要求当事人提供证据,进行勘验,进行证据保全;组织交换证据;归纳争议焦点;进行调解。庭前会议是庭前准备的一项重要内容,有利于提高庭审质量和效率,加速诉讼程序的进程,促进当事人和解、调解。

3. 开庭审理

开庭审理是民事诉讼程序的核心阶段。法官根据双方当事人的诉辩意见归纳和确定争议焦点,围绕争议焦点进行法庭调查、开展法庭辩论,并由当事人陈述最后意见。

开庭审理案件应公开进行,涉及国家秘密、个人隐私或者法律另有规定的,以及当事人在离婚案件、涉及商业秘密的案件中申请不公开开庭的除外。

适用普通程序审理的案件,应当在开庭三日前用传票传唤当事人。原告经传票传唤,无正当理由拒不到庭的,或者未经法庭许可中途退庭的,可以按撤诉处理;被告反诉的,可以缺席判决。被告经传票传唤,无正当理由拒不到庭的,或者未经法庭许可中途退庭的,可以缺席判决。

法庭审理应当围绕当事人争议的事实、证据和法律适用等焦点问题进行。

法庭调查按照下列顺序进行：当事人陈述；告知证人的权利义务，证人作证，宣读未到庭的证人证言；出示书证、物证、视听资料和电子数据；宣读鉴定意见；宣读勘验笔录。

当事人在庭审中对其在审理前的准备阶段认可的事实和证据提出不同意见的，人民法院应当责令其说明理由。必要时，可以责令其提供相应证据。人民法院应当结合当事人的诉讼能力、证据和案件的具体情况进行审查。理由成立的，可以列入争议焦点进行审理。

法庭辩论按照下列顺序进行：原告及其诉讼代理人发言；被告及其诉讼代理人答辩；第三人及其诉讼代理人发言或者答辩；互相辩论。法庭辩论终结，由审判长按照原告、被告、第三人的先后顺序征询各方最后意见。

法庭辩论终结，应当依法作出判决。判决前能够调解的，还可以进行调解，调解不成的，应当及时判决。

(五) 第二审程序

第二审程序，又称上诉审程序或终审程序，是指诉讼当事人不服地方各级人民法院尚未生效的判决、裁定，依法向上一级人民法院提起上诉，由上一级人民法院对案件重新进行审理的程序。

当事人不服地方人民法院第一审判决的，有权在判决书送达之日起十五日内向上一级人民法院提起上诉。当事人不服地方人民法院第一审裁定的，有权在裁定书送达之日起十日内向上一级人民法院提起上诉。在上述规定的期限内，当事人未提起上诉的，即丧失上诉权利，一审判决、裁定发生法律效力。

第二审人民法院应围绕上诉人提出的上诉请求进行审理，上诉人的上诉请求未涉及的问题，第二审人民法院不予审理，但一审判决违反法律禁止性规定，或者损害国家利益、社会公共利益、他人合法权益的除外。第二审人民法院对上诉案件原则上应进行开庭审理，在开庭前，也可以组织证据交换、庭前会议等准备程序。合议庭经过阅卷、调查和询问当事人，对没有提出新的事实、证据或者理由认为案件不需要开庭审理的，也可以不开庭。

第二审人民法院对上诉案件的处理分为四种情形：原判决、裁定认定事实清楚，适用法律正确的，以判决、裁定方式驳回上诉，维持原判决、裁定；原判决、裁定认定事实错误或者适用法律错误的，以判决、裁定方式依法改判、撤销或者变更；原判决认定基本事实不清的，裁定撤销原判决，发回原审人民法院重审，或者查清事实后改判；原判决遗漏当事人或者违法缺席判决等严重违反法定程序的，裁定撤销原判决，发回原审人民法院重审。其中，严重违反法定程序包括：审判组织的组成不合法的；应当回避的审判人员未回避的；无诉讼行为能力人未经法定代理人代为诉讼的；违法剥夺当事人辩论权利的。发回重审的案件判决或裁定后再上诉的，不得二次发回重审。

第二审人民法院作出的判决、裁定是终审判决、裁定，当事人没有上诉权。第二审人民法院审理对判决、裁定的上诉案件，应当分别在案件第二审立案之日起三个月内和三十日内审结和作出终审裁定。

(六) 审判监督程序

审判监督程序，也叫再审程序，是指人民法院对已经发生法律效力的判决、裁定，发现确有错误需要纠正，依法对发生法律效力的判决、裁定、调解书再次审理的程序。审判监督程序是加强法律监督,维护当事人合法权益,保障人民法院裁判的公正而设立的一项重要补救程序。

当事人认为人民法院作出的生效判决、裁定错误的,有权在判决、裁定发生法律效力后六个月内申请再审。以下四种情形,当事人申请再审的期限是知道或者应当知道该情形之日起六个月内:当事人有新的证据足以推翻原判决、裁定;原判决、裁定认定事实的主要证据是伪造的;据以作出原判决、裁定的法律文书被撤销或者变更;审判人员审理该案件时有贪污受贿、徇私舞弊、枉法裁判行为。当事人对已经发生法律效力的调解书,提出证据证明调解违反自愿原则或者调解协议的内容违反法律的,可以申请再审。

当事人申请再审,一般向上一级人民法院提出;当事人一方人数众多或者当事人双方为公民的案件,也可以向原审人民法院申请再审。

当事人申请再审被驳回的,可以向人民检察院申请检察建议或者抗诉。

(七)执行程序

执行是指人民法院依照法定的程序,对生效的法律文书确定的给付内容,以国家强制力为后盾,依法采取强制措施,迫使义务人履行义务的行为。

执行必须要以生效的法律文书为依据。发生法律效力的民事判决、裁定,当事人必须履行。一方拒绝履行的,对方当事人可以向人民法院申请执行,也可以由审判员移送执行员执行。调解书和其他应当由人民法院执行的法律文书,当事人必须履行。一方拒绝履行的,对方当事人可以向人民法院申请执行。

申请执行的期间为二年。申请执行时效的中止、中断,适用法律有关诉讼时效中止、中断的规定。上述规定的期间从法律文书规定履行期间的最后一日起计算;法律文书规定分期履行的,从最后一期履行期限届满之日起计算;法律文书未规定履行期间的,从法律文书生效之日起计算。

参考文献

[1] 陈东佐. 建筑法规概论[M]. 6版. 北京:中国建筑工业出版社,2021.
[2] 雷明. 建筑法规[M]. 北京:清华大学出版社,2016.
[3] 孙剑. 建设法规[M]. 北京:中国建筑工业出版社,2023.
[4] 秦华,王永仁. 建筑法规概论[M]. 北京:中国建筑工业出版社,2023.
[5] 董良峰,张友志. 建设法规[M]. 南京:东南大学出版社,2013.
[6] 刘亚臣,朱昊. 新编建设法规[M]. 北京:机械工业出版社,2009.
[7] 黄南铨,朱国红,张秋娇. 工程建设法规与实务[M]. 北京:中国传媒大学出版社,2016.
[8] 全国二级建造师职业资格考试用书编写委员会. 建设工程法规及相关知识[M]. 北京:中国建筑工业出版社,2016.
[9] 李永福. 建设工程法规[M]. 北京:中国建筑工业出版社,2011.
[10] 严超君. 建设法规[M]. 杭州:浙江大学出版社,2013.
[11] 沈宗灵. 法理学[M]. 3版. 北京:北京大学出版社,2009.
[12] 林文学. 建设工程合同纠纷司法实务研究[M]. 北京:法律出版社,2014.